ENTRETIENS SUR LA FIN DES TEMPS

Jean-Claude CARRIÈRE
Jean DELUMEAU
Umberto ECO
Stephen JAY GOULD

ENTRETIENS SUR LA FIN DES TEMPS

réalisés par
Catherine David, Frédéric Lenoir
et Jean-Philippe de Tonnac

Fayard

ISBN : 2-266-09357-6

AVANT-PROPOS

Quand surviendra l'an 2000, les producteurs de Hollywood nous auront sans doute proposé tous les scénarios possibles de la fin du monde. Après le retour des dinosaures, l'arrivée des extra-terrestres et la chute des météorites, on attend avec impatience l'apocalypse nucléaire, les tremblements de terre et les raz de marée dévastateurs... Pourtant, la plupart des spectateurs qui se pressent dans les salles obscures pour frissonner à l'approche du déluge de feu s'apprêtent à fêter joyeusement le tournant du millénaire dans les meilleurs restaurants de la planète. En fait, hormis les anxieux chroniques, les illuminés et les adeptes des sectes apocalyptiques, nul n'attend sérieusement la fin des temps pour le 31 décembre 1999. Beaucoup ont même oublié jusqu'à la signification de cette date, et célébreront plutôt l'avènement du triple zéro que le deux millième anniversaire de la naissance du Christ. Or, c'est bien de cela, et uniquement de cela, qu'il s'agit, même si, pour la petite histoire, les spécialistes s'accordent à dire que, Jésus étant né cinq ou six ans avant le début officiel de l'ère chrétienne, nous serions déjà entrés depuis quelques années dans le troisième millénaire !

Ainsi cette date de l'an 2000, qui frappe l'imagination, sert de prétexte à un étonnant marketing de l'apocalypse. Mais ne peut-elle aussi être l'occasion, et plus sérieusement, de méditer sur la notion de « fin des temps », et, au-delà, sur la signification philosophique du temps ? Le moment n'est-il pas venu aussi de dresser un bilan de deux mille ans de civilisation chrétienne, et de réfléchir aux enjeux d'une société en pleine mutation ? Pour mener cette réflexion, les journalistes que nous sommes ont souhaité interroger quatre interlocuteurs d'une envergure intellectuelle exceptionnelle, issus d'horizons très variés : le savant américain Stephen Jay Gould, l'historien français Jean Delumeau, le scénariste et écrivain français Jean-Claude Carrière, le sémiologue et romancier italien Umberto Eco. Ainsi est né ce livre.

Comme Jean Delumeau l'explique longuement dans ces pages, le thème de la « fin des temps » est directement issu de la Bible qui, à l'inverse des sagesses grecques ou orientales, inventa la notion d'un temps linéaire, avec une origine et une fin. Nous verrons d'ailleurs comment cette conception du temps a influencé tout le développement de la pensée occidentale, même la plus profane. Si le Livre de la Genèse entend raconter l'origine du monde, les différents récits eschatologiques de la Bible — dont la célèbre Apocalypse de Jean — s'attachent à décrire la fin des temps. L'Apocalypse, ce texte étonnant, annonce, sans les dater, un certain nombre d'événements, pour la plupart dramatiques, qui doivent ponctuer l'histoire de l'humanité jusqu'au jour du Jugement dernier, où Dieu interrompra le cours de l'histoire et jugera toutes les créatures selon leurs actes. Ce livre parle aussi d'une période de mille ans, précédant la fin des temps, où le diable sera enchaîné, et qui verra le triomphe du Christ sur terre. Jean Delumeau et Stephen Jay Gould rappellent ici combien cette prédiction a marqué les esprits tout au long des deux mille ans écoulés : ces attentes dites « millénaristes » ont suscité bien plus de troubles et de passions que le tournant du premier millénaire, qui laissa, contrairement aux idées reçues, la plupart des chrétiens dans l'indifférence. Quant aux peurs et aux attentes de la fin du monde, elles se développèrent surtout à la Renaissance, période d'angoisse, où chaque événement marquant fut interprété comme le signe de la réalisation d'une prophétie de l'Apocalypse.

Ces croyances et ces peurs typiquement religieuses ont déserté l'imaginaire des Occidentaux avec le déclin du monde chrétien et la sécularisation de la société. Toutefois, comme le souligne Umberto Eco, « la pensée de la fin des temps est aujourd'hui plus caractéristique du monde laïque que du monde chrétien. Celui-ci fait de cette pensée un objet de méditation et le monde laïque feint de l'ignorer, mais cette pensée le hante ». Autrement dit plus personne, à l'image des héros du roman d'Eco, *Le Nom de la rose*, n'interprète les « signes des temps » comme des signes de la « fin des temps » décrite par l'Apocalypse. Nul ne redoute que « les étoiles tombent du ciel », que « la Bête surgisse de la mer » ou que « les sauterelles s'élancent du puits de l'abîme ». Cependant le monde profane est confronté à d'autres peurs eschatologiques, étrangères à toute thématique religieuse, mais non moins effrayantes : la menace nucléaire, le trou dans la couche d'ozone et toutes les possibles catastrophes écologiques, la résurgence de l'intégrisme et des menaces sectaires, le fossé Nord-Sud, l'« horreur économique », la possibilité d'une nouvelle collision avec une météorite, etc.

Ce que rappelle à sa manière chacun de nos quatre grands témoins, c'est que toute époque troublée engendre ses propres fantasmes d'anéantissement. Nous demeurons en effet inéluctablement marqués du sceau de la conception judéo-chrétienne de la flèche du temps, du sens de l'histoire et de la fin des temps. Jean-Claude Carrière ne manque d'ailleurs pas de rappeler la conception cyclique du temps des Orientaux et d'expliquer que si, pour les hindous, nous vivons bien une période de destruction — le Kâliyuga — celle-ci est aussi le prélude à un nouvel âge d'or. Il n'en demeure pas moins que nombre de nos contemporains ont le sentiment de vivre une époque imprévisible et redoutent plus ou moins confusément une grande catastrophe. Le tirage spectaculaire des réimpressions des prophéties de Nostradamus qui prédisent la fin du monde en juillet 1999, l'inquiétude que suscite déjà l'annonce d'une éclipse solaire totale le 11 août 1999, le succès mondial du *Code secret de la Bible* qui prédit l'apocalypse pour le tournant du siècle, les énormes scores de films-catastrophes tels que *Armageddon* (une expression biblique qui signifie la « fin des temps ») sont autant de révélateurs d'une sourde angoisse. L'humanité commence à mettre en question les fabuleux progrès techniques qui portaient tous ses espoirs : ne vont-ils pas finalement causer sa perte ? Au fond, même si presque personne ne redoute vraiment l'échéance de l'an 2000, beaucoup ne seraient pas surpris de voir notre fier navire heurter soudain un iceberg. Le mythe moderne du *Titanic* exprime peut-être, mieux que tout autre, les peurs cachées de notre époque.

Ce qui reste indiscutablement frappant, c'est la coïncidence entre cette période de grands bouleversements et un changement de millénaire. Cette concordance des temps, qu'elle soit signifiante ou fortuite, a été pour nous un prétexte pour une discussion passionnante avec quelques-uns des grands esprits de notre époque. Pendant un an, nous avons ainsi mené ces conversations tambour battant, à Paris, à New York, à Milan et en Bretagne. Chacun de nos quatre auteurs a relu attentivement l'ensemble des contributions et réagi aux textes des autres intervenants, élargissant ainsi le champ du dialogue. Nous avons également demandé à chacun une conclusion ; elles sont rassemblées à la fin de l'ouvrage.

Quatre thèmes majeurs servent de fils rouges à ces entretiens. L'an 2000, sa signification, et les questions de calendrier qui s'y rattachent ; la notion de « fin des temps », avec sa double résonance, religieuse et profane ; la question du temps lui-même, dans sa dimension philosophique et scientifique ; notre époque enfin, sa spécificité, ses enjeux, ses menaces, ses promesses. Tous ces thèmes se mêlent et se répondent au long des discussions. Chaque entretien possède toutefois sa tonalité inimitable, liée à la personnalité du témoin et à son domaine d'investigation privilégié ; le lecteur pourra constater qu'une grande diversité de points de vue et de convictions intimes s'exprime ici. Cependant, il notera aussi de nombreuses convergences, révélatrices d'un certain état d'esprit partagé par tous. Stephen Jay Gould, Jean Delumeau, Jean-Claude Carrière et Umberto Eco (par ordre d'entrée en scène) s'accordent finalement autour de quelques mots clés : liberté, lucidité, raison, responsabilité, humour.

Catherine David
Frédéric Lenoir
Jean-Philippe de Tonnac

L'AN 2000 ET LES ÉCHELLES DU TEMPS

par

Stephen Jay Gould

Impossible de réfléchir sur la fin des temps sans prendre en compte le « temps profond » des paléontologues et des géologues, vertigineux télescope tourné vers les origines. Selon Stephen Jay Gould, la découverte, au XVIII*e siècle, que l'histoire de l'univers ne se comptait pas en milliers mais en milliards d'années a bouleversé les savants et constitué la plus grande révolution intellectuelle des temps modernes. Grâce aux livres de Stephen Jay Gould, nous avons aussi appris que la « fin des temps » a déjà eu lieu, maintes et maintes fois, chaque fois qu'une grande catastrophe a frappé la planète, et que nous sommes en fait les rescapés, les bénéficiaires de ces grandes extinctions, redevables de notre existence à ces fins du monde qui ont jalonné l'histoire du vivant. Non seulement la disparition des dinosaures, il y a 65 millions d'années, mais celle, par exemple, de la fin du permien, qui a rayé 95 % des espèces de la surface de la terre... Et si les choses s'étaient passées autrement, nous ne serions pas là pour en parler. Pour Stephen Jay Gould, l'évolution est fondée sur la* *contingence et ponctuée par d'imprévisibles apocalypses.*

Rembobiner le film. Visionner les origines. Stephen Jay Gould sentit s'éveiller ce désir en lui vers l'âge de cinq ans, quand il rencontra ses premiers dinosaures. Il comprit, quelques années plus tard, qu'il avait la chance d'être né en un siècle où la science offrait, pour la première fois, des instruments fiables pour opérer cette extension de l'imagination — pour monter cette superproduction de l'esprit. Il devint donc paléontologue, mais aux États-Unis les cloisonnements universitaires sont moins rigides qu'en Europe : la géologie, la biologie, l'astronomie, la philosophie, l'histoire, ainsi d'ailleurs que la musique classique et le base-ball, font partie de ses passions. Toutes ces disciplines, donc, irriguent et pimentent son enseignement à Harvard dans le département de zoologie, ainsi que les multiples publications qui font la joie de ses lecteurs.

Rien d'étonnant à ce qu'un esprit encyclopédique comme le sien, habitué aux changements d'échelle, se soit justement trouvé conduit à sortir de sa spécialité pour s'interroger, à l'aube du troisième millénaire, sur la mesure du temps qui gouverne notre société et nos vies, et notamment sur l'histoire du calendrier et les théories eschatologiques qui lui sont liées. On ne s'étonnera pas non plus de voir que le philosophe pointe ici sous l'historien. Les combats de Gould sont ceux d'un homme de science qui veut voir dans l'apparition de l'homme, non le résultat d'une intention quelconque, mais un épiphénomène de l'évolution.

Comment évaluer la réalité des dangers qui nous menacent aujourd'hui ? D'où vient la fascination de nos sociétés pour les apocalypses annoncées ? D'un excès de lucidité fondé sur des menaces réelles, ou d'une complaisance morbide pour le sensationnel et la tragédie ? C'est avec un mélange d'érudition et d'humour que Gould fait avancer les questions, toujours dans le sens de la rigueur et de la responsabilité. Sa vision d'historien porte loin, depuis le temps profond de l'évolution jusqu'aux grimaces du marketing de l'apocalypse.

— Enfant, vous vous réjouissiez à l'idée que vous seriez probablement vivant au moment du passage du prochain millénaire. Non par révérence pour le chiffre 2000, mais parce que vous saviez que, ce jour-là, tout le monde sur la terre allait penser à la même chose. Devons-nous craindre ce non-événement ou l'attendre tranquillement ?

— Il n'y a rien à craindre, il ne va rien arriver de spécial ! C'est justement ce qui est amusant : dans le passé, dans les civilisations religieuses, les gens avaient une terreur réelle, profonde, des catastrophes apocalyptiques. En notre âge séculier, ce qui nous effraie, c'est la panne informatique qui se produira si les ordinateurs interprètent le 00 de l'an 2000 comme un retour à 1900. Mais personne ne songe à prétendre que ce péril informatique sera une apocalypse au sens biblique.

Non, je vous assure, il ne se passera rien de spécial. Les gens feront la fête, il y aura quelques morts de plus sur les routes, quelques accidents dus à l'alcool, on verra peut-être apparaître de nouvelles sectes style « Heaven's Gate ». D'autres mépriseront ces fêtards en rappelant la trivialité et l'arbitraire de cette date, mais en fin de compte ce sera une fête merveilleuse, les gens s'embrasseront sur toute la planète. Et voilà, ce sera fait.

— *Suffit-il de dire aux inquiets qu'une date est arbitraire pour calmer leurs angoisses ?*

— Vous croyez que beaucoup de gens ont peur de la fin du monde ? En cette époque profane ? Non, je crois qu'on exagère... L'an 2000 est une date très spéciale, c'est vrai, mais pour des raisons qui tiennent à l'histoire du calendrier. Vous savez que nous aurons la chance très rare non seulement d'assister à un changement de millénaire, mais à un changement de siècle, comprenant un 29 février. Car l'an 2000 sera une année bissextile...

— *Bien sûr, comme 1996, puisque l'année bissextile tombe tous les quatre ans...*

— Ne croyez pas cela ! Dans notre calendrier actuel, l'année bissextile est supprimée tous les cent ans, à la frontière entre les siècles. Mais tous les quatre cents ans, le 29 février est rétabli au tournant du siècle... Cette exception se produira en 2000. Nous aurons donc le privilège, cette année-là, de jouir d'une journée supplémentaire qui n'existe qu'une fois tous les quatre siècles, et qui n'a existé qu'une seule fois jusqu'à maintenant, en l'an 1600, peu de temps après l'adoption du calendrier grégorien en 1582.

Les joies du calendrier

— *Pourquoi toutes ces corrections ? Ne pouvait-on imaginer un système moins biscornu ?*

— Le problème, voyez-vous, c'est que la nature ne produit pas de régularités astronomiques permettant d'établir des cycles numériques simples. La terre ne tourne pas autour du soleil en 365 jours, ni en 365 jours un quart, mais en 365 jours, 5 heures,

48 minutes, et 45,96768... secondes. Toutes les civilisations ont eu à résoudre ce problème. Ce qui montre d'ailleurs que le calendrier n'est pas arbitraire dans son principe, car il est fondé sur le mouvement des planètes.

— *Que voulez-vous dire ?*

— La nature nous fournit trois cycles principaux : la rotation de la terre sur elle-même, qui définit la durée des journées, la rotation de la lune autour de la terre, qui définit les mois lunaires, la rotation de la terre autour du soleil, qui définit l'année. Ces trois modes de calcul sont nécessaires ; les sociétés de chasse et d'agriculture ont besoin de connaître les saisons, les pêcheurs et les navigateurs ont besoin de connaître les marées... Pourquoi fait-on des calendriers ? Pour prédire les régularités naturelles. Dans une société agricole, il vous faut un calendrier solaire pour connaître la période favorable aux semis. Dans une société de pêcheurs, il vous faut un calendrier lunaire pour connaître les marées. Cependant, il est impossible d'établir entre eux un rapport arithmétique simple qui permettrait de les harmoniser. Voilà pourquoi nous avons tant de mal à calculer la date de Pâques, par exemple... Pâques est un cas particulièrement complexe, car sa date est déterminée en fonction des deux calendriers, solaire et lunaire. Elle tombe le premier dimanche après la première pleine lune (cycle lunaire) qui suit l'équinoxe de printemps (cycle solaire) et nécessite donc une coordination entre les deux cycles. La relation entre le calendrier et les cycles astronomiques n'est pas fausse, mais elle ne s'exprime pas en termes mathématiques simples. Le problème vient de la manière dont la nature fonctionne.

— *Les semaines ne correspondent à aucun cycle naturel...*

— En effet, la rotation de la terre nous dicte une division du temps en journées, mais le classement de ces journées en groupes de sept représente une décision arbitraire, propre à certaines cultures. Dans la mesure où 365 n'est pas divisible par 52, il y a chaque année une journée supplémentaire qui décale les semaines. C'est pourquoi un mardi en 1997 sera un mercredi en 98, un jeudi en 99, etc., sauf les années bissextiles.

— *À quoi correspondent exactement les années bissextiles ?*

— En 45 av. J.-C., Jules César réforme le calendrier romain et adopte les principes du calendrier julien, fondé sur une année estimée à 365 jours et un quart. César ne tient pas compte des heures et des minutes additionnelles et rétablit les trois quarts de la journée manquante en prévoyant une année de 366 jours, dite *bissextile* à cause de ses deux six, tous les quatre ans. Le système fonctionne à peu près bien, mais il ajoute subrepticement onze minutes et quatorze secondes à la durée de chaque année. Au cours des siècles, ces minutes supplémentaires se sont additionnées pour former des journées (à peu près sept journées par millénaire).

— *Le calendrier julien était donc condamné à devenir de plus en plus faux au cours des âges...*

— Oui, et au XVIe siècle, à l'époque du pape Grégoire XIII, il avait accumulé dix journées supplémentaires. À ce stade, la petite différence commençait à poser des problèmes pratiques aux prêtres et aux astronomes, notamment pour déterminer la date des équinoxes et des solstices. En 1578, Grégoire XIII confia à un éminent mathématicien jésuite, Christoph Clavius, le soin de proposer un nouveau système moins infidèle aux réalités astronomiques. Le nouveau calendrier fut proclamé en 1582. D'une part, il supprimait dix jours de l'année en cours : en 1582, les jours compris entre le 5 et le 14 octobre disparurent. Cette année-là, le 4 octobre fut suivi par le 15 octobre !

— *C'est ce qu'on appelle tuer le temps !*

— En quelque sorte ! Tout cela est arbitraire, bien sûr. Le temps ne s'est pas arrêté en 1582, les journées ont continué à se succéder normalement. Simplement, Clavius a remis les pendules à l'heure. (La Russie n'a fait cette correction qu'en 1918, c'est pourquoi la révolution dite d'octobre 1917 a eu lieu... en novembre selon le calendrier grégorien.) Mais il ne suffisait pas de faire reculer le calendrier de dix jours. Il fallait aussi éviter que l'approximation du calendrier julien ne se perpétue à nouveau dans les siècles suivants. Comment faire ?

— *Jouer avec les années bissextiles...*

— Exactement. Les années bissextiles dans le calendrier sont comme les jokers dans un jeu de cartes. On peut les ajouter ou les retirer en fonction des besoins. Clavius a donc remplacé la base de 365 jours un quart, qui était celle du calendrier julien, par une approximation beaucoup plus fine de la réalité : 365,2422 jours. Pour s'y conformer, il décida de supprimer une année bissextile une fois par siècle. Mais de la rétablir à tous les tournants de siècle divisibles par 400.

— *Il reste quand même un décalage infime...*

— Oui, actuellement, le décalage est de 25,96 secondes formant un jour en excès tous les 2 800 ans à peu près... On ne peut pas le réduire complètement. Ajoutez à cela la nécessité de faire coïncider le cycle lunaire et le cycle solaire. Les sociétés qui se livrent à la fois à la chasse et à la pêche ont besoin de réconcilier les deux cycles. La lune fait le tour de la terre en 29 jours et demi (plus précisément 29,53059... jours). L'année lunaire de 354 jours (douze lunaisons) est plus courte que l'année solaire de 11 jours. Comment les concilier ? Le calendrier lunaire, dit métonique, tente de s'adapter au calendrier solaire : il comprend des années ordinaires de 354 jours et parfois des années longues, exceptionnelles, de 384 jours. Le cycle métonique dure 19 ans, et ajoute un treizième mois dans 7 de ces 19 années. Le calendrier hébreu intercale un treizième mois de trente jours dans la troisième, la sixième, la huitième, la onzième, la quatorzième, la dix-septième et la dix-neuvième année d'un cycle métonique. C'est pourquoi les dates des fêtes du calendrier lunaire hébreu semblent reculer ou avancer selon les années. Quant au calendrier islamique, il ne tient pas compte de la correction métonique : d'où le fait que le ramadan semble constamment reculer par rapport au calendrier grégorien.

La complexité du calendrier est un défi permanent à l'astuce humaine. C'est pourquoi nous disons : si Dieu existe, soit il a le sens de l'humour, soit il est nul en mathématiques... Soit il est simplement incompréhensible pour un esprit humain.

Les caprices du zéro

— *Pourquoi le nombre 2000 nous en impose-t-il autant ? Parce que nous avons dix doigts ?*

— L'an 2000 aurait lieu dans l'histoire du monde même si nous avions un autre système de calcul. Mais nous lui attribuons une signification psychologique ; pour des raisons mystérieuses, car l'esprit humain semble avoir besoin de cycles ayant un sens dans un système mathématique. Dans notre système, les centaines et les milliers n'ont que le sens que nous leur donnons. Quand nous parlons du XIXe ou du XXe siècle, nous donnons un sens à des catégories arbitraires.

L'an 2000 nous semble spécial parce que notre système arithmétique est à base 10. Le chiffre 10 est une excellente base de calcul, présentant de nombreux avantages. Rien ne prouve que ce choix soit en rapport avec le fait que nous avons dix doigts, mais je serais surpris qu'il n'y ait aucun lien...

— *Nous aurions pu en avoir six ou huit, comme vous l'écrivez dans votre livre* Comme les huit doigts de la main[1].

— En effet, le hasard de l'évolution aurait pu nous en accorder un nombre différent, tout aussi fonctionnel. Les premiers vertébrés avaient six, sept ou huit doigts à chaque membre. La pentadactylie n'a sans doute pas été un stade universel chez les vertébrés terrestres. On aurait très bien pu imaginer une base huit pour le développement des mathématiques... Elle aurait cependant posé quelques problèmes aux pianistes et aux dactylos ! Cependant, le fait d'avoir dix doigts ne garantit pas que vous aurez un système déci-

1. Paris, Seuil, 1996.

mal. Les Mayas avaient une base 20, ils comptaient probablement les doigts des mains et des pieds. C'était un bon système mathématique, avec des cycles complexes analogues aux nôtres, des cycles de 1600 et 2400 ans. Bien sûr, dans un tel système, le chiffre 2000 n'a aucune signification particulière. Il procède bien entendu d'une logique mathématique, mais ce sont les chiffres que nous choisissons pour déterminer le début et la fin des cycles qui sont arbitraires. Cela dit, ces chiffres doivent être choisis dans une fourchette étroite. L'esprit fonctionne mal avec de grands nombres ; je doute qu'on puisse trouver un système numérique qui aurait une base 250. Les Aztèques avaient pris 52 comme base, ce qui est énorme...

— *Il y a ce vieux débat qui recommence tous les cent ans. Le nouveau siècle commence-t-il en l'an 00 ou en l'an 01 ? Le début de notre siècle a été célébré le 1er janvier 1901, mais selon toute probabilité, c'est au tournant de l'an 2000 que les célébrations vont avoir lieu cette fois-ci. Donc on peut dire — vous l'avez suggéré — que notre siècle n'aura eu que 99 ans...*

— On peut le dire... C'est une excellente solution à un débat qui date de plusieurs siècles, au moins depuis le tournant de 1599 et 1600. Ce débat est en fait trivial et dépourvu de signification, mais il passionne tout le monde. La raison pour laquelle ce problème de calcul est apparu est très bizarre, à la fois ridicule et fascinante.

— *Que s'est-il passé ?*

— Nous sommes au VIe siècle, à l'époque où le calendrier moderne a été établi, bien avant l'époque de Clavius, par le moine Dionysius Exiguus, dit Denys le Petit. Le pape Jean Ier lui a demandé de préparer une chronologie chrétienne de l'histoire humaine, fondée sur la date de la venue du Christ. Selon la pratique en usage à cette époque, Denys a l'habitude de dater les événements *ab urbe condita,* à partir de la fondation de Rome. C'est donc sur cette base qu'il place la date de la naissance du Christ le 25 décembre 753 *a.u.c.* Puis il place le début de l'ère chrétienne huit jours plus tard, le 1er janvier 754 *a. u. c.* — le jour de la circoncision du Christ, âgé de huit jours. Le 1er janvier était aussi, et ce n'était pas un hasard, le jour du Nouvel An dans le calendrier romain. Cette décision parfaitement légitime en son temps, compte tenu des informations dont dispose Denys au VIe siècle, va devenir une source de tracas sans fin pour les générations futures.

— *Pourquoi ?*

— Il ne faut pas lui en vouloir, il ne peut pas faire autrement, mais Denys n'utilise pas le zéro. De là tous nos problèmes. Quand il fait recommencer le temps le 1er janvier 754 *a.u.c.,* ce jour devient le 1er janvier de l'an 1. Et voilà pourquoi nos siècles commencent en 01 et non en 00. Si Denys avait appelé cette date fondatrice le 1er janvier de l'an zéro, toutes ces discussions sur le début des siècles et des millénaires n'auraient jamais eu lieu d'être...

— *Il n'y a pas pensé ?*

— Il ne pouvait pas y penser. Les mathématiques occidentales, à son époque, n'avaient pas encore développé de concept opératoire du zéro. Les Égyptiens l'avaient utilisé, mais sporadiquement. Les Chinois connaissaient le concept, mais pas le chiffre. Les Mayas le connaissaient mais ne s'en servaient pas.

Quant à notre zéro actuel, il n'a été inventé par les mathématiciens hindous et arabes qu'entre le VIIIe et le IXe siècle. Le choix du 1er janvier de l'an 1 est une convention, il n'est pas juste ou faux. Mais ce qu'il faut bien voir, c'est que le choix d'une convention, quelle qu'elle soit, comporte des conséquences à long terme. Si vous décidez que vous avez un an à la fin de votre première année d'existence, vous aurez cent ans à la fin de votre centième année sur terre... Ce qui signifie qu'au début de la centième année, vous n'avez que 99 ans. Si vous faites commencer le calendrier le 1er janvier de l'an 1, et si vous voulez absolument qu'un siècle dure 100 ans révolus, alors le siècle ne se termine qu'à la fin de la centième année. C'est au commencement de l'an 101 que le siècle suivant commence. C'est un raisonnement mathématiquement correct.

D'un autre côté, compte tenu de la manière dont nous écrivons nos chiffres, avec une base mathématique 10, le chiffre 100 a l'air beaucoup plus intéressant que l'an 101, et 1900 est plus intéressant que 1901. Entre 1899 et 1900, vous changez tous les chiffres sauf le premier. Entre 1900 et 1901 vous n'en changez qu'un. Entre 1999 et 2000, vous changez tous les chiffres. Entre 2000 et 2001, vous n'en changez qu'un. Vous pouvez dire que tout cela n'a aucun sens, aucune importance, que c'est imaginaire et trivial. Mais je vous dirai que c'est cela, un calendrier, c'est un ensemble de petits calculs servant à établir une convention valable pour tous. Et il n'y a aucun mal à s'y intéresser.

— *Ainsi chaque nouveau siècle ne commence pas en 00, comme notre intuition nous le suggère, mais en 01 comme le veut l'arithmétique.*

— Oui, et à partir de là les gens discutent sans fin :

d'un côté, ceux qui ont envie de faire coïncider le changement de siècle avec le changement de chiffres, de l'autre ceux qui tiennent à l'exactitude mathématique. C'est une discussion un peu ridicule, mais très amusante, car elle nous enseigne les petites faiblesses de la raison humaine. Certaines personnes se passionnent tellement pour ce problème qu'elles ne comprennent pas cette évidence : la raison pour laquelle personne n'arrive à le résoudre, c'est qu'il s'agit d'un problème sans solution. Les deux réponses sont justes, mais elles sont fondées sur des prémisses différentes. Tout dépend de ce qui vous paraît essentiel. Si vous me dites : le siècle doit commencer en 1901, ou en 2001, parce que tous les siècles doivent avoir cent ans, je vous réponds : en effet, c'est notre compréhension habituelle, mais c'est un code arbitraire. J'ai toute liberté pour choisir un autre code. Je peux décider que le premier siècle n'a eu que 99 ans. Cela paraît bizarre, mais de toute façon, à cette époque-là, le calendrier n'avait pas encore été inventé, alors quelle importance ?

Ce qui m'intéresse là-dedans, c'est que nous sommes à la veille d'une mutation historique dans l'histoire du calendrier, car c'est en l'an 2000 que la fête aura lieu, non en 2001.

— *Et pour la première fois...*

— Oui ! Autrefois, à chaque tournant de siècle, le peuple avait envie de choisir l'année 00, et les clercs imposaient l'année 01. Le premier grand débat public sur ce thème a eu lieu au moment du passage du XVIIe au XVIIIe siècle. À cette époque, le juge Samuel Sewall de Boston embaucha quatre joueurs de trompette pour sonner l'entrée dans le nouveau siècle à l'aube du 1er janvier 1701 — et non 1700. À la fin du XVIIIe siècle, le débat avait pris une ampleur internationale et reflétait clairement une division entre la culture des élites et celle du peuple. L'empereur Guillaume II partageait avec Sigmund Freud une préférence pour l'année 1900. Mais toutes les célébrations publiques eurent lieu en 1901, tous les grands dossiers dans les magazines furent publiés cette année-là.

Cette distinction entre la culture populaire et la conception élitiste est une ligne de fracture constante dans la civilisation européenne. Au début de notre siècle, les gens cultivés, les journalistes, les écrivains, les enseignants, tous ceux dont la voix se faisait entendre étaient partisans de choisir 1901, et ils ont gagné. Mais aujourd'hui, cent ans plus tard, cette ancienne distinction entre deux mondes culturels s'est largement estompée, en tout cas aux États-Unis. La culture populaire s'est répandue partout, à commencer par le jazz, et l'élite n'est plus en mesure d'imposer ses préférences en contradiction avec les aspirations de la plupart des gens. Ceux-là veulent fêter le nouveau millénaire en l'an 2000, et ils le feront. Et voilà, comme vous le disiez, pourquoi notre siècle n'aura que 99 ans. Bien sûr, c'est une boutade...

— *Et en 2100, que se passera-t-il ? Vous croyez qu'ils attendront 2101 pour faire la fête ?*

— Nous ne serons pas là, ni les uns ni les autres ! Et très peu de bébés déjà nés aujourd'hui seront témoins de cette grande date...

— *On dit aussi que Denys s'est trompé à propos de la date de la naissance du Christ.*

— Oui, par manque d'information, il a situé la naissance du Christ quatre ans après la mort du roi Hérode, ce qui ne cadre pas avec le récit des Évangiles. Nous n'avons pas de sources historiques en ce qui concerne la naissance du Christ, mais nous connaissons en revanche la date de la mort du fameux Hérode : 750 *a.u.c.*, ou 4 av. J.-C. Or, il est nécessaire que Hérode et Jésus aient passé au moins quelques jours ensemble sur la terre : sinon, les histoires racontées dans la Bible n'ont plus aucun sens. Souvenez-vous du massacre des Innocents, du retour des Rois mages dans leur pays... Si Hérode était au pouvoir quand Jésus est né, celui-ci est donc né en l'an – 4 ou avant... Que faire ?

En tout cas, c'est en vertu de ce décalage historique que l'archevêque James Ussher, primat d'Irlande, a calculé dans sa fameuse *Chronologie* publiée en 1650 que la création du monde avait eu lieu en – 4004, le 23 octobre à midi : la fin du monde devait donc se produire le 23 octobre 1997 à midi, soit exactement deux mille ans après la naissance du Christ, six mille ans après la Création.

« Mille ans sont comme un jour »

— *Dans votre dernier livre,* Millénium[1]*, vous montrez que les idéologies millénaristes sont issues de l'interprétation théologique d'une phrase de Pierre, dans la deuxième épître (3, 8) : « Un jour est comme mille ans et mille ans comme un jour. »*

— C'est la question, en effet : pourquoi accordons-nous tant d'importance au chiffre mille ? Nous venons de le voir, du point de vue des cycles naturels, il n'a aucune signification spéciale. Sa charge symbolique repose uniquement sur le fait que dans la Bible de nombreux passages posent une analogie entre mille ans pour nous et un jour pour Dieu. Pour les rédac-

1. Paris, Seuil, 1998.

teurs de la Bible, je crois que ces passages n'étaient pas censés désigner une durée précise, mais servaient plutôt à exalter la gloire de Dieu. Il faut rappeler que, dans la théologie chrétienne classique, le Millénium ne désigne pas une période de l'histoire humaine, mais un royaume de félicité qui doit durer mille ans, après le retour du Christ et jusqu'au Jugement dernier. L'avènement de ce Millénium commence par l'apocalypse, il est donc important de savoir quand il va arriver pour s'y préparer. C'est d'autant plus difficile que Jésus lui-même a clairement annoncé l'arrivée imminente du Royaume. Les temps sont proches, il est difficile de ne pas croire que le grand événement se produira pendant la vie de ceux qui l'écoutent prononcer le Sermon sur la montagne. Et puis...

— *Et puis il ne s'est rien passé !*

— C'est un schéma constant dans l'histoire des hommes, la seule certitude que nous ayons à propos de l'apocalypse : le démenti infligé aux prédictions par la réalité. Or, si l'événement que vous attendiez n'est pas au rendez-vous, vous avez le choix. Soit vous renoncez à votre croyance, soit vous retouchez la photo : j'avais mal compris, mes calculs étaient faux. Et vous faites des prodiges pour réinterpréter le message afin de découvrir la date véritable. C'est ainsi qu'on a vu apparaître sans cesse de nouveaux prophètes au cours de l'histoire.

— *Par définition, tous ces prophètes se sont trompés, puisque nous sommes là pour en parler...*

— Oui, et même l'excellent Ussher dont nous parlions tout à l'heure. Pourtant, c'était un homme très rigoureux. Simplement, il vivait dans un univers mental où l'histoire des hommes était celle racontée dans la Bible. À l'époque, la plupart des gens « savaient » que 6 000 ans devaient s'écouler entre la Création et le retour du Christ — le début du Millénium. Dieu a créé le monde en six jours et s'est reposé le septième, cela signifiait symboliquement que le monde allait durer 6 000 ans. Le septième jour correspondait au Millénium, qui devait apporter mille ans de repos et de félicité.

— *Cela correspond au shabbat...*

— Oui, c'est un grand shabbat.

— *Ces gens semblent avoir conçu un dieu ordonné qui ne se trompait pas dans les zéros.*

— Oui, tout était somme toute assez simple. Pour calculer la date de la fin du monde, il suffisait donc de calculer la date de sa création en remontant dans le temps de l'histoire biblique. C'est ainsi qu'Ussher a consacré sa vie et des milliers de pages à cette recherche. C'était un grand érudit, capable de faire de savants calculs, connaissant le latin, le grec et l'hébreu. Pour remonter dans le temps et évaluer la durée écoulée depuis la Création, il utilise de multiples sources : l'Ancien Testament, mais aussi les documents babyloniens, l'histoire romaine, les Évangiles. Selon Ussher le temple de Salomon a été construit à la mi-temps, 3 000 ans après la Création, et Jésus est né exactement mille ans plus tard, en l'an 4000 après la Création. Entre la naissance du Christ et le début du Millénium — du septième jour — il devait donc s'écouler exactement 2 000 ans.

— *Ussher n'a pas pris le risque de voir sa pro-*

phétie démentie de son vivant. Mais d'autres ont été plus téméraires...

— Oh oui, la liste est longue ! En fait, les prophètes n'ont jamais réussi à se mettre d'accord sur la « vraie » date ! En 1525, l'anabaptiste Thomas Müntzer, convaincu qu'il vit « à la fin de tous les temps », prend la tête d'une révolte de paysans en Thuringe et meurt décapité. Dans les années 1840, l'adventiste William Miller, suivi par cent mille disciples, attend la fin du monde pour le 21 mars 1843 ou 1844. Puis il change la date et propose le 22 octobre 1844... Les millerites ne se découragent pas pour autant... De nombreuses communautés protestantes aux États-Unis et au Canada, notamment les adventistes du septième jour et les témoins de Jéhovah, ont pour origine des sectes apocalyptiques de ce genre. Les témoins de Jéhovah ont dû réviser leur doctrine : leur fondateur, Charles Taze Russell, annonçait la fin des temps pour 1914...

— *Ce n'était pas si mal vu...*

— Mais ce n'était pas la fin du monde ! C'était une bonne cuvée pour l'assassinat des archiducs, mais non pour les troupes d'Armageddon. L'attente du cataclysme final peut avoir des effets explosifs dans la société, il peut conduire à l'effondrement de tous les interdits. En effet, si nous n'avons plus qu'une semaine à vivre, pourquoi obéir aux lois et craindre les puissants ? Et ensuite, que se passe-t-il ? Comment continuer à vivre ? Il est arrivé qu'une espérance apocalyptique déçue se prolonge par des luttes sociales dramatiques. Quant au vrai croyant, soit il se dirige vers une autre secte, soit il se déprime et ne s'en remet jamais, soit il devient encore plus dogmatique et refait ses calculs. La plupart des sectes survivent très bien à ces démentis répétés.

— *Et la grande peur de l'an mil, finalement, est-ce un mythe ou une réalité ?*

— J'ai eu le plus grand mal à me faire une opinion à ce sujet. La terreur de l'an mil a servi de punching-ball politique dans les cercles universitaires tout au long des deux derniers siècles. Les historiens romantiques du XIXe siècle adoraient cette idée ; les historiens rationalistes la détestent. Et ils n'ont cessé de ferrailler. Finalement, mon collègue l'historien Richard Landes m'a convaincu qu'il y avait eu, en effet, une certaine agitation millénariste en France et dans ce qui allait devenir l'Allemagne. Mais ces mouvements ne semblent pas avoir pris une grande ampleur, puisque le pape Sylvestre II qui régna de 999 à 1003, par exemple, n'y fait aucune allusion, pas plus que les chroniques royales. Il ne semble pas y avoir eu de panique générale, mais une certaine inquiétude.

— *Les gens ne savaient peut-être pas à quelle date ils vivaient ?*

— Je me suis longtemps posé cette question. Les gens, en cette époque lointaine, savaient-ils seulement que l'an mil approchait ? En fait, d'après Landes que j'ai consulté, il semble finalement que oui, ils le savaient. Le système de Denys le Petit distribuant les événements à partir de l'an 1 de l'ère chrétienne avait été largement popularisé à travers la fameuse chronologie de Bède le Vénérable, un moine anglais érudit du VIIIe siècle. Le moine Raoul Glaber annonçait que « Satan serait bientôt déchaîné, car les mille ans ont été accomplis ». Il affirma ensuite que la construction des cathédrales avait commencé aussitôt après l'an mil, quand on a compris que la fin des temps était retardée. « Trois ans après l'an mil, le monde revêtit la pure robe blanche des églises. » Puis Glaber annonça la fin des temps pour le millénaire de la Passion du Christ, en 1033.

Les ravages de l'espérance

— *Les prophéties apocalyptiques servent-elles à conjurer nos angoisses personnelles devant l'échéance de la mort ?*

— D'une certaine façon oui, on peut dire que toutes les religions sont issues de la conscience de la mort... Mais c'est plus compliqué que cela. Le plus souvent, la doctrine eschatologique comporte une promesse de résurrection. Vous allez revenir, vous pourrez arranger les affaires de vos amis et de vos enfants... Imaginez la joie de revoir vos chers défunts le jour du grand dévoilement ! Et puis, c'est tellement rassurant de savoir que vous allez ressusciter, même après avoir été mort pendant longtemps... Il n'y a pas qu'une dimension effroyable dans le millénarisme, ne sous-estimons pas les espérances que font naître les doctrines apocalyptiques. Souvenez-vous : il n'y a pas de raison de désespérer, la fin n'est pas la fin, mais le commencement d'un avenir radieux, la destruction salutaire de notre monde misérable ! C'est cette espérance-là qui fait des ravages. Il arrive qu'elle soit si forte qu'un peuple renonce à prendre soin de son pays et de lui-même. C'est ainsi que les Xhosas, en Afrique du Sud, se sont laissé réduire en esclavage sans protester : ils attendaient le retour de leurs ancêtres et l'avènement d'un ordre nouveau.

— *C'est terrible, le suicide consenti d'une communauté entière...*

— Oui, et c'est arrivé plus d'une fois. Notre société paie très cher les conséquences de ces croyances. Les adeptes de la secte « Heaven's Gate » croyaient qu'ils partaient vers la vie éternelle. Ils avaient fabriqué un syncrétisme explosif avec le millénarisme chrétien traditionnel, les mythes popularisés par la science-fiction populaire américaine, et les histoires d'OVNI. Ils se prenaient pour des envoyés du Niveau Supérieur à l'Humain, « venus de l'espace lointain pour ouvrir une porte vers le Royaume de Dieu à la fin de cette civilisation, à la fin de ce millénaire ». Un vaisseau stellaire les attendait dans la queue de la comète Hale-Bopp pour les ramener « chez eux ». Ils ont fait soigneusement leurs valises pour s'y rendre... et ils sont tous morts. On se souvient aussi des soldats iraniens, pendant la guerre Iran-Irak, qui partaient se faire tuer avec la clé du paradis autour du cou...

— *Dans nos sociétés occidentales, c'est plutôt le découragement qui guette. Ne trouvez-vous pas que c'est un des dangers de notre époque ?*

— Ce danger a toujours existé, il est peut-être à son apogée chez les intellectuels parisiens... Excusez-moi, je plaisante, mais il est vrai que la tendance à voir tout ce qui va mal est peut-être le symptôme des cultures hyper-sophistiquées qui n'ont plus l'enthousiasme naïf des enfants. C'est aussi une question de tempérament ; il y a des gens qui sont naturellement déprimés.

— *Pensez-vous que certaines périodes historiques soient plus réceptives aux tensions apocalyptiques ?*

— Oui, bien sûr... Le IIe siècle de notre ère, qui a vu se développer le gnosticisme, par exemple, et l'hérésie montaniste. En 156, un certain Montanus est entré en transe et a prédit le retour imminent du Christ. La Jérusalem céleste devait descendre s'établir sur la terre, en Phrygie... Bien que l'apocalypse annoncée fût en retard, une fois de plus, les montanistes ont persisté pendant plusieurs siècles. Et ce n'est un secret pour personne que l'Europe a vu fleurir les prophéties à l'époque des grandes pestes et des croisades... Mais ce qu'il faut bien voir, c'est que les mouvements apocalyptiques sont en général des mouvements sociaux.

— *Vous écrivez dans* Millénium *que « la ferveur apocalyptique est le terrain d'élection des misérables, des opprimés, des dépossédés, des révolutionnaires, des desperados, des révolutionnaires mystiques, et des sauveurs autoproclamés ». En somme, de tous ceux qui n'acceptent pas le monde tel qu'il est, de ceux pour qui la terre est une vallée de larmes.*

— C'est pourquoi en général les puissances établies, spirituelles ou temporelles, sont hostiles aux mouvements apocalyptiques et les combattent activement. Les prophètes sont perçus comme des révolutionnaires.

— *L'humanité a-t-elle besoin de grandes crises pour progresser ?*

— Peut-être pas, après tout ! Nous avons réussi à survivre jusqu'à présent ! Mais j'ai remarqué que nous ne nous décidons à agir que lorsque nous y sommes acculés. Nous ne commençons à trouver des solutions à la famine que lorsque beaucoup de gens sont morts de faim, nous attendons que le génocide ait été commis pour le dénoncer, nous prenons des mesures contre la surpopulation quand la famine menace...

Pourquoi ? Je ne sais pas. C'est probablement une tendance profonde en chacun de nous. Il est difficile de changer ; et le changement social est encore plus improbable que la transformation personnelle. Les gens au pouvoir veulent y rester, et ce désir est un puissant facteur d'inertie. Il faut souvent s'attaquer aux puissances établies pour changer les choses. Mais les choses ne sont pas aussi dramatiques qu'elles pourraient l'être... Je m'étonne toujours qu'il n'y ait pas plus d'accidents de voiture, compte tenu du nombre d'irresponsables qui conduisent. Une catastrophe, somme toute, c'est plutôt rare.

— *Pensez-vous que l'humanité soit arrivée à un stade avancé de son évolution ?*

— C'est une question à laquelle nous ne pouvons pas répondre. Nous n'avons aucune idée de ce dont nous sommes capables avec notre équipement génétique. Après tout, il n'y a pas si longtemps que nous sommes là, l'espèce humaine est très jeune, environ deux cent mille ans seulement. Du point de vue culturel, nous n'avons guère plus de cinq mille ans. Le langage et la technologie n'en sont qu'au début, les choses les plus surprenantes, effrayantes, enthousiasmantes peuvent arriver, nous n'avons pas encore commencé à explorer les possibilités d'organisation sociale et technologique. La plupart des scénarios, il est vrai, sont probablement plus effrayants qu'exaltants... Mais qu'importe, vous l'avez peut-être remarqué : nous ne sommes pas très doués pour faire des prédictions ! En revanche, nous savons très bien annoncer les catastrophes à contretemps.

— *Vous semblez plutôt optimiste...*

— Disons que je tends à être prudemment optimiste. Je ne prédis pas que les choses vont s'améliorer, mais j'ai au moins la certitude que nous avons les moyens de lutter. C'est probablement ce que nous pouvons espérer de mieux...

La fin des temps a déjà eu lieu

— *Deux mille ans, pour un paléontologue, c'est vraiment un temps très court, n'est-ce pas ?*

— À peine un clin d'œil.

— *Un clin d'œil de Dieu ?*

— Non, un clin d'œil de la géologie. C'est une période incroyablement courte. Si courte que nous ne pouvons même pas la mesurer avec nos outils.

— *C'est au XIXe siècle que les savants ont découvert le temps profond, auquel vous avez consacré un livre*[1]*. On a compris, alors, que le monde n'avait pas été créé il y a quelques milliers d'années, mais qu'il fallait compter en millions ou en milliards d'années...*

— En fait, cette révolution a eu lieu à la fin du XVIIIe siècle. Au début du XIXe siècle, les gens cultivés savent déjà que le temps est long. La Société géologique de Londres a été créée en 1807, sur la base de l'immensité du temps. On commence alors à mesurer l'échelle du temps géologique et à prendre conscience de la réalité de l'évolution.

— *Quelle étincelle a provoqué cette découverte ?*

— C'est simplement un effet du développement

1. *Aux racines du temps,* Paris, Grasset, 1990.

scientifique. Une fois que vous disposez d'une méthode générale de recherche des causes efficientes et que vous avez une vision globale des mécanismes à l'œuvre dans l'univers, les anciennes méthodes d'explication n'ont plus de sens. Quand on a compris que les fossiles étaient en fait des organismes, il est devenu évident qu'ils ne pouvaient pas tous être les produits d'un unique événement, fût-ce le Déluge ! On a compris que ces traces témoignaient d'une durée immense. Dès que l'on tente une explication des phénomènes naturels fondée sur les lois de la nature, l'examen des archives géologiques vous conduit presque automatiquement à cette conclusion. Cela dit, il a fallu près d'un siècle pour que les gens acceptent l'idée que nous étions confrontés aux traces d'une histoire qui s'étendait sur unc durée immense. Bien sûr, si vous êtes persuadé que la terre est aujourd'hui identique à ce qu'elle était dans son état premier, si vous croyez que des événements miraculeux peuvent suspendre le cours des lois naturelles, et si vous mélangez toutes ces idées pour montrer que ce qui nous semble être le produit d'une longue histoire est simplement le résultat d'un événement miraculeux que nous sommes incapables de comprendre... Ou une mise en scène de Dieu...

L'âge baroque aimait la flamboyance et les catastrophes, l'âge des Lumières est dédié au rationalisme, à l'établissement raisonné de systèmes et d'ordres ; d'où l'idée que l'évolution est forcément quelque chose d'ordonné et de systématique. La compréhension du temps profond est le résultat de ce qui s'est passé dans la culture occidentale, et notamment dans la science.

— *Qui sont les héros de ce nouveau continent du savoir ?*

— Il n'y a pas de héros singulier, chaque pays a eu les siens : les Anglais citent toujours James Hutton, qui vivait vers 1780, les Français citent Buffon, notamment *Les Époques de la nature,* etc. Buffon était un grand newtonien et un mathématicien émérite, bien qu'il ait plus ou moins renoncé à faire des mathématiques dans son âge mûr. Il a été l'un des premiers à tenter un calcul de l'âge de la terre. En prenant l'exemple d'une balle en métal de la taille de la terre, il a essayé de calculer combien de temps il lui faudrait pour refroidir et passer de l'état premier, élastique, jusqu'à former une croûte capable d'accueillir la vie. Il est arrivé à 75 000 ans, ce qui est faible de notre point de vue. Mais Buffon fait ces calculs à une époque où la plupart des gens croient encore aveuglément à la chronologie biblique.

— Newton lui-même pensait que le monde avait 6 000 ans...

— Il y a eu de grands débats autour de cette question. La géologie était à la mode en Angleterre. En 1691, un ami de Newton, le révérend Thomas Burnet, prêtre anglican, champion de la Réforme et ardent antipapiste, a publié *The Sacred Theory of the Earth.* Burnet reprenait la théorie des 6 000 ans, mais avec l'ambition de la faire coïncider avec une explication naturelle de la formation de la terre. Il ne contestait pas la chronologie biblique, pas plus que Newton. Mais il recherchait une loi naturelle. Il essayait de comprendre comment tant d'événements avaient pu se produire en un temps si court. Sa théorie nous semble délirante : il imagine que toute l'eau du globe a été collectée sous la croûte de la terre initiale. Puis un jour une explosion s'est produite, et les eaux sont sorties en jaillissant. C'était le Déluge !

— *Burnet et Newton essayaient encore de réconcilier les deux visions du monde.*

— Oui, mais à partir des lois de la nature. Burnet par exemple, même s'il croit fermement que la Bible est un récit historique, est convaincu que sa mission de savant consiste à tout expliquer par les lois de la nature. Il n'est pas à la recherche d'un miracle.

— *Nous avons parlé de la nature arbitraire du calendrier. Mais les ères géologiques ne sont-elles pas aussi arbitraires ?*

— Nullement ! C'est justement ce qui est remarquable à propos des échelles de temps géologique, c'est qu'elles ne sont pas arbitraires. Chaque année, j'oblige mes étudiants à mémoriser la succession des ères géologiques. Tous les professeurs le font, et tous les étudiants s'en plaignent : pourquoi, disent-ils, nous obligez-vous à apprendre par cœur ces noms arbitraires, ces découpages du temps ? Mais je leur explique que ces distinctions ne sont pas arbitraires, bien au contraire. Quand l'échelle géologique a été établie au XIXe siècle, on a placé les limites entre les ères aux époques correspondant à des extinctions de masse. Non parce que les savants avaient une théorie concernant ces décimations, mais parce que, empiriquement, c'est au moment où elles se sont produites que se situent les changements majeurs dans les archives fossiles.

Dans mon laboratoire, à l'université Harvard, il y a des tiroirs pleins de fossiles d'animaux ayant vécu avant la grande extinction de la fin du permien. Ils sont très faciles à reconnaître. Une fois qu'on les a vus, on ne peut plus jamais les confondre avec les fossiles d'organismes ayant vécu après cette extinction. En effet, la destruction a été si radicale à ce moment-là que les formes de ce qu'on trouve par la suite sont totalement différentes. Il suffit d'ouvrir ces tiroirs une fois pour comprendre que ces limites ne sont pas arbitraires ; ce sont les grandes fractures de l'évolution. La dernière grande frontière passe entre le crétacé et l'ère tertiaire et porte la trace de l'impact d'un objet extra-terrestre de grandes dimensions. Nous savons que la chute de cet astéroïde a causé l'extinction des dinosaures. Et finalement, la raison pour laquelle nous sommes là, en train de bavarder, est qu'un astéroïde a percuté la terre, exterminé les dinosaures, et épargné quelques petits mammifères. Darwin croyait que les extinctions massives étaient des artefacts dus à l'incomplétude des archives fossiles. Nous savons aujourd'hui qu'elles sont bien réelles : l'histoire de la vie a été ponctuée de plusieurs décimations massives et brutales. L'évolution n'est pas un long fleuve tranquille ! On peut citer l'extinction de masse de la fin de l'ordovicien, il y a 438 millions d'années ; celle de la fin du dévonien, il y a 367 millions d'années... Mais la plus terrible est celle de la fin du permien, il y a 250 millions d'années : elle a effacé d'un coup près de 95 % des espèces marines invertébrées. La dernière a causé l'extinction des dinosaures, à la frontière du crétacé et du tertiaire, il y a 65 millions d'années, déclenchée par l'impact d'un objet extra-terrestre contenant de l'iridium.

— *Nous savons que de grandes catastrophes se sont produites, que d'innombrables fins du monde ont déjà eu lieu. Nous savons, en conséquence, que cela peut arriver de nouveau. Ne faut-il pas chercher de ce côté-là le fondement rationnel de nos peurs eschatologiques ?*

— Non, parce qu'en Europe, quand les prophéties eschatologiques se sont répandues, personne ne savait que la terre avait une histoire aussi longue et aussi dramatique. La Bible ne parle ni des ères géologiques, ni des extinctions. Il y a le Déluge, c'est vrai, mais l'origine de ce mythe ne peut pas être la connaissance de l'histoire réelle de la planète, car les rédacteurs de la Bible n'avaient pas accès à ce savoir.

— *Mais que disaient les gens, à cette époque, quand ils trouvaient des fossiles ?*

— Dans l'Antiquité, on croyait que les fossiles étaient les restes d'animaux ou d'hommes antédiluviens, voire les restes de héros mythologiques comme Antée, Polyphème ou les géants mentionnés dans le premier chapitre de la Genèse. En 413, dans *La Cité de Dieu,* saint Augustin rapporte qu'une molaire gigantesque, grande comme une centaine de dents humaines, a été trouvée non loin de Carthage et exposée dans une église : « Ces antiques ossements, écrit-il, révèlent clairement, après tant de siècles, la grandeur des corps primitifs. » On a longtemps pensé, selon l'opinion commune des auteurs antiques, que la taille des hommes avait diminué au cours de l'histoire. Au XVIIe siècle, les collectionneurs font grand cas des omoplates et des dents de géants exposées dans leurs cabinets de curiosités. Cependant, dès la fin du XVe siècle, Léonard de Vinci se désole de voir circuler ces idées folles.

De toute façon, il ne suffit pas de trouver un fossile isolé pour concevoir les extinctions de masse. Un fossile est juste la trace du passage sur la terre d'un animal particulier. Il faut un savoir préalable pour comprendre qu'il représente une période de l'histoire du vivant. Jusqu'au XIXe siècle, personne ne le savait. Les premiers ossements de dinosaures ont été trouvés en 1825. Personne ne connaissait leur existence...

— *Les dragons, dans les mythes, ressemblent parfois aux dinosaures de façon troublante...*

— Cela ne prouve rien, de nombreux reptiles vivants ont pu servir de modèle.

— *Finalement, nous sommes les bénéficiaires de leur extinction...*

— Nous en sommes les bénéficiaires immédiats !

— *Et nous sommes aussi les seuls à en être conscients. Toutes les autres espèces vivantes en ont bénéficié, mais elles l'ignorent.*

— Très juste... La seule chose que cela prouve est à quel point la conscience est une chose rare et imprévisible.

— *Les gens ont essayé de trouver des régularités entre les dates des grandes extinctions.*

— Il ne semble pas y avoir de régularités, mais il y a des moments clairement identifiables dans l'histoire de la vie, des instants géologiques pendant lesquels de grandes transformations de la faune se sont produites. Comme je vous le disais, l'extinction des dinosaures il y a 65 millions d'années, ou la grande catastrophe du permien il y a 250 millions d'années, ces grandes ruptures ont pour conséquence que la structure des êtres vivants, dans la période suivante, est déterminée par les groupes qui ont survécu. Ainsi le schéma principal de la continuité du vivant prend forcément l'aspect d'un arbre de vie.

— *Pendant combien de temps la vie est-elle convalescente après une extinction ?*

— Il faut de cinq à dix millions d'années pour qu'elle reprenne vraiment ses droits. Bien sûr, elle ne repart jamais de rien. Il y a 65 millions d'années, les mammifères ont survécu ; 10 millions d'années plus tard, ils étaient florissants. L'évolution peut être assez rapide par moments...

— *Paul Valéry a dit : « Nous autres, civilisations, nous savons maintenant que nous sommes mortelles. » Aujourd'hui nous savons que notre espèce est mortelle, comme elles le sont toutes. Vous avez écrit que « l'extinction est la destinée normale de toutes les espèces ». En somme, la survie est l'exception, et la disparition la norme...*

— Cela ne veut pas dire que l'extinction soit une solution aux dangers qui nous menacent actuellement. Les gens qui ne veulent pas regarder la situation en face ont parfois tendance à utiliser les découvertes de la paléontologie pour dire : de toute façon tout va disparaître, alors quelle importance, pourquoi se préoccuper de l'équilibre écologique ? Ils en viennent même à préconiser la politique du pire ; puisque, après chaque extinction de masse, de nouvelles espèces se sont développées, pourquoi ne pas souhaiter une nouvelle extinction encore plus productive ? C'est un raisonnement que rien ne justifie, car il n'a rien à voir avec l'échelle de la vie humaine. On ne peut pas appliquer les critères du temps géologique à notre destinée qui se compte en jours, semaines, mois, générations, siècles... Et la plus grande catégorie, le millénaire ! C'est une question d'échelle temporelle, de proportion. Imaginez que vous êtes un tyrannosaure. Vous vivez à la fin du crétacé, et voilà cet astéroïde qui tombe. Pour vous c'est un désastre sans recours, vous mourez ainsi que tous vos congénères.

Rien ne pourrait être plus tragique. De votre point de vue, le fait que la vie se rétablira cinq ou dix millions d'années plus tard n'est pas une consolation. La possibilité d'une extinction nous inquiète à juste titre, mais à notre échelle, non à l'échelle de la terre. De ce point de vue, nous ne différons guère du tyrannosaure. La terre elle-même n'est pas en danger. Elle a déjà connu de grandes déflagrations, bien plus puissantes que tout ce que nos bombes sont capables de produire. Et elle s'en est remise, même si cela lui a pris des millions d'années. Mais pour nous, humains, cette échelle de temps n'est pas pertinente. Notre temporalité à nous, c'est la durée de nos vies, celle de nos parents et de nos enfants... Qu'est-ce qu'un millénaire ? Pour un géologue, c'est un clin d'œil, mais pour l'expérience humaine, c'est une durée gigantesque, presque inconcevable. Quand l'an 2000 arrivera, très peu de gens vivants auront connu le tournant de 1900. Pas une personne sur cette terre n'était en vie en 1800.

— *Notre esprit a du mal à appréhender des durées sans commune mesure avec le temps de notre vie. Mais en même temps, nous sommes capables de jongler avec les millions d'années.*

— Notre esprit a des capacités variables. Nous ne sommes pas très doués pour le calcul des probabilités. Quant à nous représenter des concepts tels que l'infini ou l'éternité, nous en sommes bien incapables, nous n'en avons pas la moindre idée...

— *Et pourtant, nous les utilisons, n'est-ce pas ?*

— Oui, nous les utilisons quand nous ne pouvons pas faire autrement ! Comme nous n'arrivons pas à concevoir l'origine des phénomènes, nous parlons de l'éternité. Comme nous n'arrivons pas à concevoir une fin à l'espace, nous parlons de l'infini. Mais nous ne comprenons pas vraiment ce que cela signifie.

— *Nous sommes prisonniers de nos échelles de temps et d'espace...*

— Je ne dirais pas que nous sommes prisonniers. Simplement, c'est l'échelle qui nous convient.

— *Mais la géologie nous permet de transcender cette échelle par la pensée, c'est un privilège...*

— Oui, c'est le privilège de la conscience.

— *Où passe la frontière entre l'homme et l'animal ? Par le langage, les outils, la capacité de faire des projets, la conscience de la mort ?*

— Toutes ces choses sont les manifestations multiples, les conséquences de ce phénomène que nous appelons la conscience. Tout dépend de ce que vous entendez par là. Même si vous définissez la conscience comme une aptitude à conceptualiser et à utiliser la logique, vous trouverez des animaux qui en sont capables, même faiblement. Si la conscience est la capacité de reconnaître quelqu'un, d'éprouver de la compassion pour ses amis et ses proches, les chiens la possèdent. Si c'est la capacité d'utiliser le langage de manière abstraite, alors nous sommes les seuls êtres conscients... Mais tous ces débats à propos de la logique et des concepts ne sont pas aussi intéressants que les gens le croient. En réalité, quelle que soit votre définition de la conscience, la manière dont l'esprit humain se manifeste est radicalement différente de tout ce qui a jamais existé sur cette planète ; notre esprit nous donne un pouvoir et une influence tellement incommensurables... Vraiment, on peut considérer l'apparition de la conscience humaine comme l'invention la plus sensationnelle de l'histoire de l'évolution. Une invention accidentelle, imprévisible à mon sens, et qui ne se reproduira peut-être jamais plus, mais le problème n'est pas là. Même s'il s'agit d'un accident, son impact est énorme. Alors, comment définir la conscience ? On peut parler du langage, de la conscience de la mort, certes, mais il ne faut pas chercher un déterminant unique, il y a un faisceau de critères.

— *Dans* L'Éventail du vivant[1], *vous écrivez que les bactéries nous voient comme de grandes montagnes pleines de filons exploitables...*

— C'est une métaphore, bien sûr ! Mon objectif, en parlant de l'univers bactérien dans ce livre, était de relativiser un peu l'arrogance humaine. Les bactéries nous laissent croire que nous dominons le monde, mais elles étaient là bien avant nous, elles nous survivront certainement, elles prospèrent dans d'infimes espaces à l'intérieur de rochers à trois kilomètres sous terre. Alors on me dit qu'elles ne sont pas conscientes, et c'est pourquoi nous leur sommes supérieurs. Nous ne savons pas à quel point la vie bactérienne est effectivement dominante sur la terre, voire dans l'univers. Nous n'avons aucune idée de leurs capacités réelles. C'est une question de critères. Si vous valorisez la conscience, vous faites de l'homme le maître du monde. Si vous valorisez la longue durée et les grands nombres, les bactéries nous dominent incontestablement. Parmi les mammifères, les espèces les plus prospères actuellement sont les antilopes, les rats, les chauves-souris...

1. Paris, Seuil, 1997.

— *C'est un débat d'apparence scientifique, mais en fait vous posez des questions éthiques. Vous cherchez à ramener notre prétention d'êtres humains à ses justes proportions.*

— Oui, c'est cela. C'est un débat philosophique, truffé de questions scientifiques. Eco l'aborde d'une certaine manière dans *Le Nom de la rose.* Il a une compréhension très fine de ce principe des différentes perspectives temporelles. L'action se situe au beau milieu de l'énorme dispute de la double papauté, à l'époque de la grande querelle entre Avignon et Rome. Au moment où les meurtres commencent à être commis, tout le monde est persuadé qu'ils sont en rapport avec les intrigues liées à cette controverse majeure, et l'hypothèse paraît raisonnable. Bien sûr, au XXe siècle, la plupart des gens ne savent même pas qu'il y a eu des papes en Avignon ; en tout cas aux États-Unis, 99 % des étudiants ignorent totalement cet épisode fameux. Eco prend la mesure de ce phénomène et son détective Guillaume de Baskerville comprend que les meurtres n'ont rien à voir avec l'actualité, mais sont liés au fait que la bibliothèque du monastère contient l'unique exemplaire existant de la *Comédie* d'Aristote, une œuvre perdue. Or, il faut, pour réaliser l'importance d'un fait de cette nature, avoir une vision ample, étendue sur plusieurs siècles. Ce livre n'a aucune importance aujourd'hui, tout le monde s'en désintéresse, mais dans la plénitude des temps, il sera infiniment plus important que tous les événements éphémères de l'histoire. Les seuls à comprendre cela sont Baskerville et le voleur qui essaie de détruire cette œuvre — et c'est pourquoi le « méchant » d'Umberto Eco est si intéressant. C'est un érudit, il ne supporte pas l'idée de détruire ce texte. S'il n'avait aucun scrupule, il pourrait facilement l'emporter et le brûler, mais il n'y arrive pas, c'est trop demander à un érudit, alors il essaie de le manger !

— *De l'incorporer...*

— Oui, c'est ça ! Ha, ha ! Il n'arrive pas à le détruire, mais il ne veut pas que le texte soit rendu public parce que son contenu est révolutionnaire. C'est vraiment splendide.

Ce que nous enseigne l'évolution

— *Quelle est votre définition de la vie ?*

— Je ne peux pas en donner une définition. Vous voyez, nous ne disposons que de cet unique exemple sur la terre... On ne peut la définir que comme un phénomène historique qui dérive de l'apparition sur la terre il y a des milliards d'années d'un système de reproduction, l'ADN, comportant des erreurs, et qui confère au vivant ses propriétés : l'évolution par sélection naturelle, la formation de populations, les transformations du métabolisme... Mais encore une fois, c'est tout ce que nous connaissons. Si nous trouvons un jour d'autres systèmes avec les caractéristiques du vivant... Mais comment les définir ? Faudrait-il établir des critères chimiques ?

— *Le mouvement, la croissance ?*

— Je ne suis pas de ceux qui cherchent une formule unique, une définition clé. Les définitions clés sont applicables aux objets que les hommes ont définis pour leur propre usage. Nous savons définir une automobile parce que nous l'avons fabriquée. Mais la vie sur cette planète a une origine historique, et s'il en a existé d'autres formes, elles se sont éteintes.

Toutes les formes vivantes qui existent aujourd'hui descendent de cette origine unique. Ainsi vous ne pouvez faire qu'un récit de ce phénomène unique, mais cela ne vous donne pas une catégorie.

— *On peut opposer le vivant à l'inanimé, aux minéraux...*

— On peut l'opposer à tout le reste, je suppose. Les êtres vivants doivent avoir une continuité historique, croître et se reproduire, hériter leurs caractéristiques de leurs ascendants. Mais il existe des systèmes artificiels capables de se comporter de cette manière : la seule raison pour laquelle nous refusons de dire qu'ils sont vivants est qu'ils ne sont pas historiquement reliés à ce que nous appelons la vie.

— *C'est une longue histoire...*

— Notre planète a quatre milliards et demi d'années, mais sa surface avait fondu dans la première partie de son histoire, la chaleur rendait l'atmosphère irrespirable et d'innombrables isotopes créaient encore plus de chaleur. Puis tout cela a refroidi. Si des formes primitives de vie étaient apparues avant le refroidissement, elles furent balayées dans la tourmente. Les roches qui datent de l'époque où la croûte terrestre s'est formée, vers 3,7 milliards d'années, ont été tellement malmenées ensuite par la chaleur et la pression qu'on n'y trouve plus aucune trace fossile, seulement des isotopes de carbone, qui peuvent indiquer la présence de la vie. Ce sont les plus anciennes traces de vie sur la terre. Et ce qu'elles ont de plus intéressant, c'est justement qu'elles indiquent la présence de la vie il y a 3,7 milliards d'années.

Quand je faisais mes études, le dogme universitaire affirmait que l'apparition de la vie était un phénomène hautement improbable. Dans ses articles sur les origines de la vie, George Wald écrivait que la seule raison pour laquelle ce phénomène avait fini par se produire était que la terre était si ancienne. « Avec le temps, l'impossible devient l'improbable, et l'improbable devient le presque certain. » Ce qui n'est pas faux, mais en fait c'est toute sa perspective qui était faussée. Car maintenant nous avons des fossiles provenant des roches les plus anciennes, et ce qu'on peut affirmer aujourd'hui, c'est que la vie est apparue dès qu'elle en a eu la possibilité, elle n'aurait pas pu être plus ancienne qu'elle n'est. Parce que les plus anciennes roches capables de contenir la vie la contiennent effectivement. Et ce simple fait nous oblige à reconsidérer toute la question.

Si la vie est apparue dès qu'elle l'a pu, vous pouvez en tirer la conclusion que cette apparition est plutôt prévisible, qu'elle est le résultat logique de la manière dont fonctionnent la chimie organique et la physique des systèmes auto-organisateurs. Mais ce n'est pas une preuve ! Vous êtes obligé de tenir compte du fait que même un événement très improbable peut se produire très rapidement. De la même façon, vous pourriez obtenir que votre pièce de monnaie tombe du côté pile cent fois de suite. C'est possible, mais improbable. Donc cette précocité de la vie n'est pas une preuve, mais une indication. Ainsi nous savons que la vie est apparue très vite sur la terre, mais il ne faudrait pas non plus sauter du fait que son origine semble avoir été inévitable à l'idée que son évolution, ou sa complexification progressive, soit tout aussi inévitable. Disons que je veux bien admettre l'idée que l'apparition de la vie soit presque inévitable, parce que nous sommes dans le domaine de la chimie, mais la théorie de l'évolution est un sujet tout à fait différent.

— *À cause de la diversité des voies possibles ?*

— Une fois que les êtres vivants apparaissent, les choix effectués dessinent une histoire contingente. Un jour vous avez cent possibilités, le lendemain l'une d'entre elles est choisie, celle qui sera réalisée dans l'histoire de la vie. Seul le hasard décide de la manière dont les formes vivantes se sont déployées sur cette planète. Le hasard, les circonstances. Qui que nous soyons, nous devons l'existence à une série de hasards qui se sont produits dans l'histoire de la vie depuis l'origine. À ceux qui pensent qu'il y a des raisons de croire à un plan préétabli conduisant nécessairement à l'accroissement de la complexité et à l'apparition de l'homme, je dirai que les grands schémas de l'histoire de la vie contredisent largement cette théorie. Vous voyez, la moitié de l'histoire de la vie est l'histoire d'un organisme unicellulaire, les procaryotes. Ce n'est qu'il y a 1,8 milliard d'années que l'on voit apparaître une autre forme de vie unicellulaire, les eucaryotes. Puis, en cherchant bien, vous trouverez sans doute des algues multicellulaires il y a 1,5 milliard d'années. Tous ces organismes ne sont que des agrégats de cellules, ils n'ont encore rien à voir avec l'évolution des animaux qui commence très tard. Et voilà que les cinq sixièmes de l'histoire de la vie se sont déroulés avant qu'il soit même vaguement question d'une forme de vie animale. Et puis, tout d'un coup, en un clin d'œil géologique, on voit apparaître les premiers animaux, ceux que l'on a trouvés à Ediacara, il y a 600 millions d'années. Ils sont étranges à nos yeux, ils ressemblent assez peu aux organismes modernes, à tel point que certains pensent qu'ils témoignent peut-être d'une expérience séparée de l'évolution, qui aurait échoué. En tout cas, la plupart d'entre eux n'ont aucun lien de parenté avec les êtres vivants actuels.

— *Qu'ont-ils de si différent ?*

— Ils ressemblent à des crêpes plates, et beaucoup d'entre eux sont enracinés dans le sol.

— *Vous êtes sûr que ce ne sont pas des plantes ? des champignons ?*

— Non, il est assez clair que ce sont des animaux, mais ils ne semblent pas reliés aux grands embranchements actuels.

— *Cela se situe à quelle époque ?*

— Entre 600 millions et 543 millions d'années. Au précambrien. Ensuite arrive l'explosion du cambrien. Les grands embranchements animaux modernes apparaissent tous à cette époque, pendant une période de dix millions d'années environ, ce qui est époustouflant. À une exception près, un petit groupe dont presque plus personne n'a entendu parler aujourd'hui, appelé Bryzoa, qui semble être apparu pendant la période suivante ; mais c'est peut-être que nous n'avons pas encore trouvé les fossiles plus anciens. Et ensuite vous avez 500 millions d'années d'histoire des animaux, ponctuées par des extinctions de masse, et ne montrant dans l'ensemble aucune direction particulière, aucun schéma significatif. C'est vraiment une histoire bizarre, très surprenante...

— *Dans* La vie est belle[1], *vous disiez qu'il n'y a plus de nouvel embranchement dans l'histoire du vivant après la grande explosion du cambrien.*

— Oui, c'est un grand mystère.

1. Paris, Seuil, 1991.

— *Qu'est-ce que c'est, un embranchement ? Une structure biologique ?*

— Les embranchements correspondent en principe à des structures anatomiques de base. En fait, il y a une part de subjectivité dans la définition des embranchements, car les espèces sont les seules unités objectives, ce sont des populations d'organismes. La taxinomie a généré des ordres, des classes, mais toutes ces distinctions restent arbitraires dans la mesure où nos archives fossiles sont largement incomplètes. La plupart des lignées ayant existé ont aujourd'hui disparu, et celles qui survivent sont toutes très anciennes. Dans l'arbre de l'évolution, seules quelques branches ont survécu, avec d'immenses vides entre elles. Ce qui est objectif, c'est la forme arborescente de l'évolution, et l'existence de branches. Il est clair pour tout le monde que les échinodermes, les étoiles de mer, les oursins, les crinoïdes ont des différences marquées avec toutes les autres espèces, il est donc logique de les classer dans la même catégorie. Il est clair que tous les vertébrés ont des caractéristiques communes. Un poisson ne ressemble guère à un éléphant, mais ils ont tous deux une colonne vertébrale et des homologies structurelles. Ainsi les embranchements sont les unités anatomiques de base dans l'histoire de la vie. Mais vous pouvez décider que telle espèce est un embranchement, c'est une question de définition. C'est nous qui décidons combien de branches appartiennent au même embranchement ou au même ordre, où passent les limites.

— *Qu'est-ce qui est plus important ? Expliquer les extinctions ou expliquer pourquoi certaines espèces ont survécu ?*

— Les deux ! Ce que nous voulons expliquer, c'est l'économie de l'histoire du vivant. Une espèce qui disparaît sort des archives. Si vous voulez savoir pourquoi un groupe a survécu, vous devez comprendre pourquoi, au cas par cas. Le problème de fond, c'est que chacune de ces extinctions de masse est unique, il n'y a pas de loi générale annonçant par exemple : au cours de la prochaine catastrophe, tous les animaux pesant plus de vingt kilos vont mourir ! Les causes de la mort d'une espèce sont variées et particulières, elles n'obéissent pas à une loi générale, à une régularité. Nous n'avons eu que cinq extinctions de masse, après tout...

— *Ce n'est pas assez ?*

— C'est très peu pour établir une loi des séries ! Vous savez, nous avons de la chance qu'aucune extinction de masse n'ait jamais éteint entièrement la vie...

— *Cela aurait pu se produire ?*

— J'imagine, mais nous ne serions pas là pour en parler ! À la fin du permien, on a frôlé la destruction absolue, avec 95 % des espèces.

— *Mais vous disiez que la vie, à l'origine, est apparue dès quelle a trouvé un environnement favorable. Ne peut-on penser quelle aurait recommencé de toute façon ? C'est la formule du vieux savant dans* Jurassic Park : *« Life will find a way... », la vie trouvera un chemin...*

— Elle aurait pu trouver une nouvelle origine, je ne sais pas. Encore une fois, nous ne disposons que d'un exemple.

— *Finalement, en tant que paléontologue, vous devez être aussi géologue et biologiste...*

— Les paléontologues ont un champ de recherche qui est par nature situé entre ces deux disciplines. Il leur faut des outils géologiques pour trouver des fossiles, mais la plupart des analyses de fossiles relèvent de la biologie, et sont issues de la théorie de l'évolution. Intrinsèquement, la paléontologie est interdisciplinaire. En fait, dans les études telles qu'elles sont organisées aux États-Unis, ce n'est pas tellement important de savoir si vous êtes plutôt géologue ou plutôt biologiste. Le cursus universitaire comporte un mélange des deux disciplines, et chaque étudiant les associe à son gré. On peut obtenir un diplôme de géologie en ayant fait beaucoup de biologie et vice-versa. Les programmes d'étude sont plus rigides en Europe, je crois.

— *Pourquoi vous êtes-vous tourné vers la science ? Parce que vous cherchiez certaines réponses à des questions existentielles ?*

— Quand j'ai décidé de faire de la science, j'avais cinq ans, je ne sais pas si on se pose des questions philosophiques à cet âge-là...

— *Vous ne croyez pas que les enfants sont philosophes ?*

— Si, bien sûr, comme tout le monde ! Si j'essaie de me rappeler ce qui fascinait le petit garçon que j'étais, je pense tout de suite aux fossiles, ces choses merveilleuses qui étaient vivantes autrefois et ne le sont plus. J'adorais les fossiles, j'aimais l'idée de ces merveilleux animaux qui avaient vécu il y a si longtemps, vraiment sauvages et bizarres... J'étais heureux d'apprendre que la vie avait une histoire immensément compliquée et que notre existence à nous, humains, était le produit de cette histoire... Et oui, bien sûr, j'avais des questions d'enfant, je les ai toujours, sur l'éternité, l'infini, et beaucoup de choses essentielles pour lesquelles nous n'avons pas de certitudes. À l'époque, je ne crois pas que j'avais déjà entendu parler de la théorie de l'évolution. Quand je l'ai étudiée, plus tard, j'ai trouvé de nouvelles raisons pour persévérer dans cette voie.

— *Finalement, vous êtes devenu historien...*

— C'est vrai. D'une certaine manière il est regrettable que les paléontologues soient toujours cantonnés aux départements scientifiques. Ils devraient faire partie des départements d'histoire. Une grande partie de notre travail ressemble plus à celui de l'historien qu'à celui du physicien.

Quelles menaces pèsent sur nous ?

— *Vous avez appelé à la mise en œuvre d'une éthique écologique. Qu'entendez-vous par là ?*

— Il me paraît important d'insister sur le fait que l'échelle temporelle humaine est la seule dont nous devions tenir compte dans nos discours écologiques ou éthiques. Une éthique écologique appropriée ne doit pas se donner pour objectif le lointain futur de la vie sur d'autres planètes, elle doit se préoccuper de la qualité de nos vies et de la vie des autres espèces ici et maintenant. Il y a aussi les extinctions dont nous sommes la cause involontaire. Il nous est arrivé d'innombrables fois d'éradiquer des habitats entiers sans même nous en apercevoir, d'exterminer les espèces qui avaient le malheur d'y avoir élu domicile.

— *Est-il important selon vous de devenir plus attentif, plus conscient de cet état de choses ?*

— C'est ce que les biologistes essaient de faire. La plupart des gens sont totalement inconscients des effets de nos manipulations de l'environnement. Il ne suffirait peut-être pas qu'ils en soient conscients pour arrêter les ravages, mais ce serait une première étape.

— *Vous êtes inquiet quand vous pensez aux déchets nucléaires qu'on a enterrés profondément, et qui resteront actifs plusieurs centaines de milliers d'années ?*

— Ils dureront plus longtemps que cela !

— *Cela vous inquiète ?*

— Ce n'est pas grand-chose à l'échelle de la terre elle-même. Il serait ennuyeux, c'est vrai, que dans 20 000 ans quelqu'un creuse une tranchée dans un grand dépôt de déchets nucléaires. Ce que je veux dire, c'est que nous ne devons pas nous inquiéter de ce qui arrive à la planète. Ne nous vantons pas, nous ne l'avons pas empoisonnée, elle s'en sortira très bien. Cela dit ces déchets sont préoccupants, il faut bien les stocker quelque part, et même le lieu qui nous semble le mieux protégé ne l'est peut-être pas à l'échelle géologique.

— *Quelles sont les espèces qu'il vous semble le plus urgent de protéger ?*

— Sauvons-les toutes, si nous le pouvons, je n'ai pas de priorités particulières, je me fie à un principe général : nous ne devrions laisser disparaître aucune espèce s'il est en notre pouvoir de l'empêcher. Cependant, nous avons modifié les climats et les environnements locaux si profondément qu'il est inévitable que certaines extinctions s'ensuivent. Le second principe, c'est qu'il ne faut pas considérer que tel petit scarabée que personne ne connaît n'a pas d'importance. C'est peut-être vrai sur le plan esthétique, mais pas sur le plan pharmacologique.

— *Les extinctions de masse fournissent-elles un modèle utilisable de l'hiver nucléaire qui nous menace peut-être ?*

— Après la mise au point de la théorie d'un impact extra-terrestre expliquant l'extinction des dinosaures, les Alvarez, père et fils, inventeurs de la théorie de l'astéroïde, ont élaboré un modèle selon lequel la cause de l'extinction aurait été la diffusion sur toute la planète, à la suite de l'impact, d'un nuage de poussière ayant interrompu la photosynthèse. Les gens n'ont pas assez pris conscience de cette menace en cas de guerre nucléaire.

— *Que pensez-vous du trou d'ozone et de l'effet de serre ?*

— Tout dépend de nos actions futures. Cela nous ramène à notre discussion sur les échelles temporelles. Je suis prêt à penser que l'effet de serre ne présente pas de danger majeur pour la planète elle-même. Il réchauffera la planète qui retrouvera des températures qu'elle a déjà connues plusieurs fois dans le passé. Donc ce n'est pas un danger pour la planète, mais c'est un danger pour nous. Si les pôles se mettent à fondre, nos villes seront inondées, nos vies seront bouleversées... Mais la terre, elle, aura un océan un peu plus grand, voilà tout.

— *C'est arrivé à l'époque du continent unique, la Pangée...*

— C'est arrivé plusieurs fois. On ne peut pas extrapoler à partir de la courbe actuelle, voici pourquoi : si le taux d'oxyde de carbone augmente de façon inquiétante et réchauffe la terre, nous prendrons des mesures pour le stabiliser, nous serions mêmes capables d'inverser la tendance. Tout cela dépend de la volonté humaine, de notre intelligence, de notre capacité à coopérer, de nos hommes politiques. Les dangers sont réels, les inquiétudes sont légitimes. Certaines personnes considèrent que la tendance actuelle a toutes les chances de perdurer et de conduire au désastre. Mais en fait, il n'y a aucune fatalité, on peut même espérer que nous serons assez malins pour l'inverser. Ici, je reviens à mon propos sur le tragique : souvent, nous comprenons un peu tard ce qui est en train de se passer, quand beaucoup de gens sont déjà morts, quand l'irréparable a déjà eu lieu. Mais c'est mieux que de ne jamais en prendre conscience...

— *En tant que scientifique et homme de bon sens, vous ne croyez pas aux prédictions, mais vous prédisez néanmoins une inflation de livres consacrés à l'an 2000...*

— Ha ! Ha ! Ça, c'est une prédiction que l'on peut faire avec certitude !

— *Vous prédisez aussi l'explosion du soleil dans cinq milliards d'années.*

— Oui, mais c'est différent, c'est scientifique.

— *Il est donc possible d'anticiper l'avenir dans une certaine mesure ?*

— Il est possible de prévoir un schéma général. Les événements qui sont les conséquences des lois régulières de la nature ont un certain coefficient de prédictibilité. Nous savons quelle sera la durée de l'année prochaine, nous pouvons affirmer que le soleil se lèvera demain, nous pouvons prédire une éclipse de soleil...

— *La prochaine éclipse totale aura lieu, paraît-il, le 11 août 1999...*

— En revanche, nous n'avons guère le moyen d'anticiper l'avenir en ce qui concerne les hasards de l'évolution historique ; l'histoire humaine est la plus imprévisible de toutes, non parce quelle est insensée ou hasardeuse, mais parce quelle n'est pas gouvernée par les lois de la nature.

— *Vous venez de définir la liberté humaine...*

— Nous sommes libres de nous diriger dans des centaines de milliers de directions possibles. Et nos choix sont parfaitement interprétables, mais seulement après que nous les avons faits.

— *C'est la théorie de la contingence, que vous développez dans* La vie est belle. *Les choses auraient pu se passer autrement, on ne peut donc leur donner un sens qu'après coup. Nous voici de nouveau en plein débat philosophique.*

— Je suis d'accord avec vous. Nos pièces à conviction sont en partie scientifiques. Si le monde avait été construit autrement, si la vie était aussi régulière que la table des éléments chimiques, vous pourriez considérer que toutes les espèces vivant sur la terre sont des catégories différentes fondées sur les mêmes structures. Ce n'est pas le cas. Le problème philosophique, à mon sens, est le suivant : je n'ai aucun moyen de savoir si la contingence est le résultat de notre ignorance des déterminismes à l'œuvre dans l'univers, ou si elle apparaît du fait que le hasard existe réellement dans la nature. Vous, les Français, vous avez dans votre panthéon Pierre Simon de Laplace, le plus déterministe de tous les savants de l'histoire. Laplace disait : donnez-moi la position et le mouvement de chaque particule de l'univers à un instant donné et je pourrai prédire l'avenir avec certitude. Cependant, nous savons aussi que Laplace a inventé la théorie des probabilités. Si tout était déterminé, pourquoi en avait-il besoin ? Il aurait répondu : tout est déterminé mais nous ne pouvons pas tout connaître. Nous ne pourrons jamais connaître la position et le mouvement de toutes les particules existant dans l'univers à un moment donné. Donc, même si l'univers est déterminé, nous ne pouvons le vérifier. En conséquence, nous sommes incapables de prévoir ce qui va se passer, et la théorie des probabilités nous fournit le meilleur instrument mental pour pénétrer l'avenir.

— *Un scientifique comme Ilya Prigogine est persuadé que le déterminisme est une illusion qu'il importe de dépasser...*

— J'ai tendance à penser, comme lui, que le cours des choses n'est pas déterminé. Je suis prêt à parier que l'univers n'est pas déterminé et que la contingence n'apparaît pas du fait de notre ignorance de la nature déterministe des choses. Je suis prêt à parier qu'il existe une indétermination, une liberté essentielle quelque part. Mais c'est une question philosophique à laquelle on ne peut pas apporter une réponse scientifique.

— *Si nous étions entièrement déterminés, comme nous semblons en avoir tellement envie, nous aurions sans doute réussi à le prouver !*

— Ne croyez pas cela, il n'y a aucun moyen de le savoir. Dans le système de Laplace, même si l'univers est entièrement déterminé, pour savoir ce qui va se passer, il vous faut une description complète du passé, qui est impossible à obtenir.

— *Vous avez fait par ailleurs allusion aux dangers liés à la révolution électronique...*

— Ce n'est pas à moi qu'il faut demander cela, je n'ai pas d'ordinateur, je continue à me servir de ma vieille machine à écrire... Cela dit, il est clair que cette révolution a déterminé une foule de transformations. Face à ce phénomène, nous sommes un peu dans la situation d'un étudiant vivant au milieu du XVe siècle, qui se serait interrogé sur les conséquences de l'invention de l'imprimerie pour le travail intellectuel. Il n'avait aucun moyen d'imaginer où cela nous conduirait ! Il n'aurait pas pu prévoir les magazines et les BD ! Voilà à peu près où nous en sommes en ce qui concerne les ordinateurs ; que se passera-t-il dans un demi-siècle ? Quels savoir-faire seront nécessaires ? Les livres survivront-ils ? J'en suis persuadé, on s'achètera toujours un roman avant de prendre l'avion, mais...

— *Pensez-vous que, avec les exploits de l'ingénierie génétique, l'homme soit sur le point de modifier l'évolution elle-même ?*

— Il y a une erreur philosophique dans cette question. Comment peut-on dire que les humains interfèrent avec l'évolution ?

— *Ce serait oublier qu'ils en font partie !*

— Oui, poser cette question implique une sorte de programme naturel préétabli qui suivrait son cours et dans lequel nous ferions irruption pour le perturber. Mais nous faisons partie de ce processus, même si nous le modifions. L'histoire de la vie tout entière n'est rien d'autre que l'interaction de certaines formes du vivant avec d'autres. Diriez-vous, par exemple, que les insectes ont perturbé l'évolution quand ils ont commencé à fertiliser les fleurs ? Que les plantes ont perturbé l'évolution en transformant les sols ? Non, je pense que les hommes interagissent avec les processus de la vie dans des proportions inégalées jusqu'à présent. La seule chose qui semble pouvoir en effet accélérer le processus est la recherche génétique, mais c'est la même chose que pour les ordinateurs, nous sommes tout au début de l'aventure, il est beaucoup trop tôt pour prévoir. Et puis, il y aura des limites, des lois...

— *Il paraît que des tentatives sont en cours pour mélanger plusieurs espèces et créer des hybrides ou des chimères ?*

— On peut introduire des gènes d'une espèce dans une autre espèce, mais il est impensable de créer un hybride de chat et de lapin, par exemple. Leur développement est entièrement différent, les chromosomes sont différents. On ne peut pas prendre les gènes maternels d'un lapin et les gènes paternels d'un chat pour les marier, ça ne marchera pas, les chromosomes ne s'apparieront pas, le programme ne se mettra pas en route. En revanche, ce qui est possible, c'est d'introduire des gènes provenant d'une espèce dans une autre. Les effets de ces manipulations sont puissants et ils ouvrent des perspectives bénéfiques pour l'agriculture et la médecine : il n'est pas possible de les interdire sans nuances. Si vous découvrez un gène qui permet au maïs de mieux résister au froid et que vous obteniez deux récoltes au lieu d'une, en ces temps de famine, comment ne pas exploiter cette découverte ? D'un autre côté, si un fou furieux décide de fabriquer dix mille soldats rigoureusement identiques, très forts et très bêtes, et dressés à obéir aux ordres... Au fond, je pense que si nous en étions là, si quelqu'un était réellement en mesure de faire une chose pareille, nous serions déjà perdus pour d'autres raisons. Cela est une question politique, non un débat scientifique.

Une nouvelle vision du passé

— *Que diront les archéologues de l'an 3000, quand ils découvriront nos grandes bibliothèques informatisées ? Sauront-ils encore faire marcher l'électricité pour utiliser nos machines ? Que leur aurons-nous laissé de comestible, de compréhensible ? La* Comédie *d'Aristote, le voleur pouvait la lire, voire la manger, mais toutes ces informations virtuelles, stockées sur le Web, ne peuvent-elles disparaître en un clin d'œil ?*

— Eh bien, on espère que non... Notre époque veut rassembler toutes les archives du passé... C'est peut-être une illusion, mais j'espère que nous saurons assurer nos arrières et laisser assez d'exemplaires indestructibles... Évidemment, quand on y réfléchit, la majeure partie de la culture grecque antique a disparu. Nous avons la chance d'avoir préservé Aristote et Platon, mais il ne reste souvent que des fragments des textes des présocratiques... Nous avons sûrement perdu plus de choses que nous n'en avons sauvé...

— *Quel genre de fossiles allons-nous laisser à nos descendants ?*

— Darwin disait que nos archives fossiles sont comparables à une bibliothèque dont il ne resterait que quelques pages, quelques mots, quelques lettres... C'est une métaphore frappante, vous ne trouvez pas ?

— *Nous évoluons dans un océan d'oubli...*

— Tout dépend d'une continuité historique imprévisible... Mais si nous réussissons à développer notre culture tout en continuant à respecter notre passé, nous avons des chances de la préserver. La culture est si fragile...

— *Vous avez consacré beaucoup d'efforts à préserver la mémoire des époques disparues...*

— Oui, j'ai conscience qu'il suffirait d'une horrible guerre pour effacer entièrement l'histoire de notre culture, même si notre espèce n'est pas détruite. J'en ai conscience, je sais que cela peut se produire, c'est déjà arrivé dans le passé. Cependant je pense que nous sommes sans doute assez malins pour trouver les moyens de protéger tout cela. Après tout, beaucoup de choses ont déjà traversé les siècles de façon miraculeuse. Pensez aux peintures rupestres dans les caves préhistoriques. Grâce à elles, nous savons à quoi ressemblaient certains mammifères préhistoriques !

— *Mais pour vous c'est très récent, 35 000 ans !*

— Oui, mais ces peintures ont précédé l'invention de l'écriture de 30 000 ans ! Ces hommes nous ont laissé de véritables archives sur la faune de leur époque.

— *Dans* La vie est belle, *vous décrivez la faune multicellulaire du cambrien, puis vous dites : ces petites bêtes sont des Anciens, et ils essaient de nous dire quelque chose... Vous ne cessez d'évoquer ces messages qui traversent le temps.*

— Clairement, nous sommes ignorants de la plus grande partie de ce qui a existé. Au lieu de nous lamenter, soyons reconnaissants d'avoir, par miracle, retrouvé autant de choses...

— *Le passé n'est plus ce qu'il était...*

— Nous l'avons réinterprété. Dans la bibliothèque de l'histoire de la paléontologie, on trouve des centaines d'hommes et de femmes, dans le monde entier, qui ont consacré leur vie à cataloguer et préserver les archives de la vie. En vérité, notre œuvre est fragile et notre espèce est corrompue, mais sur ce plan nous avons fait de notre mieux. Notre histoire intellectuelle est admirable !

— *Votre vision du passé a-t-elle beaucoup évolué ?*

— Bien sûr. Quand j'ai commencé mes études, j'avais une vision beaucoup plus simpliste. J'espérais encore trouver quelques lois générales grâce auxquelles nous arriverions à prédire presque tous les phénomènes. Je croyais que toute cette histoire, malgré son aspect confus et sinueux, pourrait un jour relever d'une formule chimique élémentaire. Aujourd'hui, ce n'est pas que je croie que les choses sont inexplicables, je ne suis pas devenu mystique, mais je pense que l'histoire de l'évolution est juste une narration, impossible à répéter ou à reproduire, une affaire d'historiens et non une série de conséquences logiques d'une loi naturelle. Rembobinez le film de la vie et laissez-le se dérouler à nouveau. L'histoire de l'évolution sera totalement différente...

— *Votre vision est devenue plus complexe.*

— J'ai toujours su qu'il s'agissait de questions extrêmement complexes, qu'il y ait ou non, sous-jacentes, quelques lois simples permettant de tout expliquer. Il y a de la complexité dans tous les domaines, même dans les expériences de la physique classique. Et il y a toujours de nombreux facteurs que nous négligeons ou ignorons pour pouvoir poursuivre. Ce qu'il y a de particulier dans l'histoire de la vie, c'est que chaque détail nous semble essentiel. C'est une question de point de vue. Même la chimie n'est pas simple ; chaque cristal de quartz est différent des autres, mais nous ne recherchons pas ces différences. Nous observons les cristaux et nous disons : ils sont tous pareils, ils ont tous la même structure chimique. Mais vous voyez, on ne peut pas faire ça avec les gens. On ne peut pas dire : ils ont tous un ADN. Ce que nous disons, c'est que Jean est différent de Jacques, et c'est cette différence qui nous intéresse. Encore une question d'échelle...

— *Vous vous intéressez avant tout à la diversité ?*

— Ce qui nous intéresse, c'est l'histoire humaine. Nous aimerions mieux nous connaître, nous savons que nous ne sommes pas le simple produit de nos gènes ou de l'éducation de nos parents, nous savons que nous sommes largement déterminés, et pourtant...

— *Nous pouvons choisir...*

— Et même changer, si nous le désirons...

À la recherche d'autres formes de vie

— *Nous avons le sentiment de vivre à une époque très spéciale, un moment décisif de l'histoire humaine... Mais au fond tous les êtres humains, en tout temps, doivent avoir eu cette impression, vous ne pensez pas ?*

— Regardez la littérature du tournant de ce siècle : on était au sommet de l'optimisme ! Alfred Russel Wallace, le coinventeur de la théorie de l'évolution, a écrit un livre intitulé *The Wonderful Century,* où il disait qu'il vivait dans la plus exaltante des époques, et faisait l'éloge des nouveautés, les trains, le téléphone, le télégraphe... D'un autre côté, il y a eu des époques de stagnation. Le XXe siècle a été plutôt effroyable, avec des guerres atroces. Et aujourd'hui, des progrès techniques aux conséquences imprévisibles. Personne ne sait jusqu'où vont nous conduire les révolutions de l'informatique et de la biologie. Quand je pense que l'ADN a été découvert en 1953 seulement... J'avais douze ans !

— *Est-ce plus important que d'être parvenu à marcher sur la lune ?*

— Marcher sur la lune *n'est* pas important en soi, mais si ce premier pas conduit à l'exploration de planètes lointaines...

— *Vous y croyez ?*

— C'est possible ! Une chose qui me ferait très plaisir, c'est que l'on envoie un paléontologue sur Mars pour y chercher des fossiles. Mars avait de l'eau courante pendant le premier milliard d'années de son histoire, la vie a très bien pu s'y développer...

— *S'il y avait de l'eau courante, il y avait sûrement de la vie !*

— Mais non, ce n'est pas une certitude, nous n'en savons rien. À notre connaissance, il n'y a pas de vie sans eau. Mais il peut y avoir de l'eau sans vie. Après tout, nous ne disposons, je l'ai dit, que d'un unique exemple, la terre. Sur la terre il y avait de l'eau et la vie est apparue. Cela ne constitue qu'une seule expérience. Je ne sais pas si la vie apparaît chaque fois que les conditions favorables sont réunies, ou bien une fois sur trois, ou une fois sur dix... Tout ce que nous savons, c'est que c'est arrivé au moins une fois. Mais il est possible que cela soit arrivé ailleurs.

— *Vous croyez que les hommes visiteront d'autres étoiles ?*

— Théoriquement, c'est possible. Le problème, c'est que les êtres humains ne vivent pas très longtemps et que les étoiles sont si lointaines qu'il serait difficile d'en atteindre une dans le cours d'une vie humaine. Si Einstein a raison, nous ne pourrons jamais aller plus vite que la lumière, et il nous faudrait un temps très long pour y arriver. Mais peut-être a-t-il tort. Peut-être y a-t-il un moyen ! C'est la raison pour laquelle la science-fiction a fondé tant de ses histoires sur les trous dans le temps.

— *Comment voyez-vous la terre dans mille ans ?*

— Je ne la vois pas... Les choses que l'on peut prédire ne sont pas très intéressantes. Le soleil continuera à briller... Mais l'histoire des hommes, et c'est elle que votre question concerne, n'est faite que d'événements imprévisibles. Ce que nous sommes le moins à même de prévoir, c'est l'évolution technologique. Je ne peux pas prédire ce qui se passera dans cinquante ans, encore moins dans mille ans... La culture connaît un mode d'évolution lamarckien, en ce sens qu'elle permet une transmission des caractères acquis. Nous transmettons directement ce que nous avons appris aux générations suivantes, c'est pourquoi l'évolution technologique est surpuissante, accumulative, orientée...

— *En fait, vous aussi, c'est l'histoire humaine qui vous intéresse... En mettant les bactéries au centre du tableau, vous avez choisi une vision provocante...*

— Oh, mais d'un point de vue planétaire, les bactéries sont plus importantes que nous ! On retrouve le problème de l'échelle. Je ne sais pas si notre action marquera profondément la terre, j'ignore ce que deviendra la technologie dans le futur. Mais je sais que nous avons plus de chances de nous détruire nous-mêmes que de déséquilibrer la planète. Du point de vue de la terre, alors que les bactéries sont là depuis 3,5 milliards d'années, pourquoi se préoccuper d'une espèce bizarre qui n'est là que depuis 200 000 ans ?

— *Dans* L'Éventail du vivant, *vous racontez que l'on a trouvé des bactéries profondément enfouies à l'intérieur de la terre, et au fond des océans. Vous en concluez que cela indique peut-être que la vie existe partout dans l'univers, à l'intérieur des planètes. Les bactéries seraient alors la forme universelle de la vie. Vous aimeriez en avoir confirmation ?*

— Oh oui, j'adorerais ! Nous pourrions envoyer un vaisseau sur Mars et en rapporter. Ce serait fabuleux.

— *Au fond, ce qui vous passionne depuis toujours, votre seul objet d'étude, c'est la vie.*

— C'est la question fondamentale. Je le répète, la vie sur terre est la conséquence d'une expérience unique, avec une origine unique, et des mécanismes de répétition et de réplication uniques. Mais pour le phénomène de la vie elle-même, il n'y a pas de réplication, nous ne connaissons pas d'autre forme de vie, c'est pourquoi il serait si passionnant d'aller visiter d'autres mondes. Toutes les formes de vie sur la terre sont fondées sur l'ADN. Mais cela ne prouve pas que ce soit la seule modalité possible. Qui sait ? Pour pouvoir répondre, il faudrait trouver une forme de vie dotée d'une origine séparée, sur un autre monde, et analyser ses composantes biochimiques pour les comparer avec celles que nous connaissons. Là, vous auriez votre réplication du phénomène de la vie.

— *Mais si on trouve de la vie sur Mars, elle pourra avoir la même origine...*

— C'est juste. Des météorites martiennes tombent sur la terre et vice-versa. Les planètes peuvent s'ensemencer réciproquement. Formulons donc la chose autrement : si vous trouvez de la vie sur Mars et quelle ait exactement la même configuration que sur la terre, vous n'aurez rien prouvé. Mais si nous y trouvons de la vie, et si cette vie est différente de la nôtre, alors les choses deviendront vraiment très excitantes.

(Entretiens réalisés à New York les 6 et 7 mai 1998.)

L'APOCALYPSE REVISITÉE

par

Jean Delumeau

Pour évaluer la signification historique des angoisses et des attentes eschatologiques de nos contemporains, personne n'était mieux qualifié que Jean Delumeau, qui a fait de la peur et de l'espérance ses principaux sujets d'étude. Pour cet historien éminent, professeur au Collège de France, considéré comme l'un des meilleurs spécialistes de l'histoire des mentalités en Occident entre le XIVe *et le* XVIIIe *siècle, la fin des temps est d'abord l'un des thèmes récurrents d'une immense littérature apocalyptique, l'étincelle qui mit le feu aux poudres des mouvements millénaristes au long des siècles. Depuis l'introduction de la flèche du temps par le judéo-christianisme dans la pensée des hommes, il semblait logique en effet de s'interroger sur la date de la fin du monde — et donc sur la date de la Création. Cette logique impeccable engendra de savants calculs et de longs traités donnant lieu à des débats toujours passionnés. Mais pourquoi cette confusion tenace qui s'est installée, à partir de la tradition chrétienne, entre le millénaire et le Millénium ? Quel fut le rôle de l'Apocalypse de Jean dans la montée périodique des peurs eschatologiques ? Que signifie le Millénium, en langage théologique ? Pourquoi saint Augustin a-t-il déclaré que le Millénium était déjà arrivé ? Et comment les attentes déçues du millénarisme — la fin du monde n'ayant pas eu lieu aux dates annoncées — ont-elles pu être tragiquement relayées par les déceptions nées de la réalisation de l'utopie marxiste ?*

Chercheur scrupuleux, amateur de grandes fresques séculaires, Jean Delumeau poursuit une réflexion au long cours. Sa renommée universitaire est établie et un volume d'hommage, Homo religiosus, *lui a été consacré chez Fayard en 1997. Jean Delumeau s'est aussi fait connaître et apprécier du grand public grâce à une série de quarante-six émissions,* Des religions et des hommes, *diffusées en 1996 par la Cinquième. Catholique dans un esprit d'ouverture, il se veut fidèle à une Église qui a réhabilité Galilée, reconnu la théorie de l'évolution, repris conscience de ses racines juives, et organisé la rencontre d'Assise en 1986 entre les représentants des différentes religions.*

Après sa célèbre somme sur La Peur en Occident *et plusieurs livres consacrés à l'histoire des fléaux matériels et spirituels qui ont secoué l'Occident depuis la Renaissance, Jean Delumeau s'est interrogé pour savoir comment les hommes avaient trouvé des raisons de se rassurer, recherches ponctuées par la publication de* Rassurer et protéger : le sentiment de sécurité dans l'Occident d'autrefois. *Puis c'est l'histoire du paradis qui lui a inspiré deux imposants volumes. On le devine, la succession de ses centres d'intérêt ne relève pas seulement, chez Jean Delumeau, de la logique historiographique, mais bien d'une recherche personnelle. Après la peur, la consolation, puis l'espérance. Que ce soit l'attente de la Parousie, ou la peur que le ciel nous tombe sur la tête, Jean*

Delumeau n'oublie jamais que les rêves des humains, qui sont la matière même de son œuvre d'historien, contribuent à façonner leur destin au même titre que leurs actes.

— *Est-ce la Bible qui a inventé la notion religieuse d'un commencement et d'une fin des temps ?*

— Il est certain qu'il y a une différence importante entre la tradition judéo-chrétienne et un certain nombre d'autres traditions. L'hindouisme en particulier, continué ensuite à cet égard par le bouddhisme, croit à une sorte de cours cyclique des choses. On revient finalement, au bout d'un certain nombre de siècles ou de périodes, au point de départ. Cette conception était aussi celle des Grecs.

Dans la filière judéo-chrétienne au contraire, on a considéré l'histoire comme un vecteur. Il y a un début et une fin. Dieu a créé le monde, la vie, l'homme, et dès lors celui-ci est soumis au temps. Puis un jour Dieu décidera d'interrompre l'aventure cosmique, l'aventure de la vie terrestre, et ce sera la fin du monde, la fin de l'histoire, la fin des temps — ce qui revient au même. Je pense que les juifs de ce que nous appellerons par commodité l'Ancien Testament — bien qu'il s'agisse d'une expression chrétienne qui désigne la Bible hébraïque — n'ont pas tout de suite aperçu très clairement quelle pourrait être la fin de l'histoire. Mais, à partir de l'exil à Babylone, au VIe siècle av. J.-C., ils ont conçu leur aventure comme dirigée vers l'apparition d'un Messie sauveur et libérateur. Je ne suis pas assez compétent pour vous dire ce qu'ils envisageaient après la venue du Messie, mais on a remarqué que c'est aux environs du IIe siècle av.

J.-C. qu'est apparue dans le judaïsme l'idée d'un jugement des morts, avec une récompense pour les justes et une punition pour les méchants. Sans l'exposer formellement, une telle conception implique une sorte de survie et une résurrection finale. Je rappellerai à cet égard la vision étonnante du prophète Ézéchiel à qui Dieu montre comment il redonnera vie aux ossements desséchés et fera ressusciter les morts : « Ainsi parle le Seigneur Dieu à ces ossements : Je mettrai sur vous des nerfs, je ferai croître sur vous de la chair, j'étendrai sur vous de la peau, je mettrai en vous un souffle et vous vivrez... Vous connaîtrez que je suis le Seigneur quand j'ouvrirai vos tombeaux, et que je vous ferai remonter de vos tombes, ô mon peuple. Je mettrai mon souffle en vous pour que vous viviez. » (Ézéchiel, 37, 1-14.)

On voit donc progressivement apparaître chez les juifs la notion d'un jugement, d'un horizon au-delà de la mort avec une récompense éternelle. Le christianisme s'est situé dans le prolongement de cette intuition. Jésus promet et annonce une fin des temps décidée par Dieu, avec résurrection de tous les morts, suivie d'un jugement général. Il est formellement affirmé dans tous les Évangiles qu'il y a un au-delà de la mort, et donc un au-delà de l'histoire et une vie éternelle. À cet égard, il me semble que le christianisme a considérablement précisé ce qui était en train de se formuler dans les derniers siècles du judaïsme avant notre ère.

— Pour les Hébreux, et dans le judaïsme postérieur, l'attente messianique n'est pas forcément l'attente d'un homme. Elle peut être celle d'un royaume, d'un état du monde apaisé.

— C'est vrai. C'est l'attente d'un royaume qui serait éventuellement élargi aux dimensions de la

Création. On a dit aussi que dans la pensée juive le Royaume de Dieu ne saurait être un monde superposé au nôtre, mais sa rénovation, sa recréation, une terre nouvelle soumise à la souveraineté exclusive et sans limites de Dieu. Cela est particulièrement manifeste chez le prophète Isaïe : « Voici que je vais créer des cieux nouveaux et une terre nouvelle ; ainsi le passé ne sera plus rappelé, il ne remontera plus jusqu'au secret du cœur. Au contraire, c'est un enthousiasme et une exultation perpétuels que je vais créer... Désormais on n'y entendra plus retentir ni pleurs ni cris... le loup et l'agneau brouteront ensemble, le lion comme le bœuf mangera du fourrage... » (65, 17-25.)

— *La vision chrétienne est-elle identique ?*

— Le judaïsme ancien a envisagé, à la fin de l'histoire, l'avènement d'un royaume terrestre, ou, plus précisément, annoncé une terre radicalement transformée par Dieu. Le christianisme a repris ce thème, notamment dans l'Apocalypse (chap. 21), mais Jésus dans les Évangiles a toujours pointé du doigt un royaume qui n'était pas de ce monde, qui était au-delà du monde, comme une transfiguration de celui dans lequel nous vivons.

— *Qu'en est-il de l'islam ?*

— En tant que religion du Livre, l'islam se situe dans la même lignée que le judaïsme et le christianisme. Il est à cet égard purement et simplement l'héritier de la tradition judéo-chrétienne et postule formellement une fin des temps, une résurrection et un jugement dernier, un au-delà éternel de bonheur ou de punition. Dans l'histoire mondiale on peut ainsi isoler le bloc des trois religions du Livre qui croient en une conception vectorielle du temps, avec un début et une fin, à l'inverse de la conception cyclique des Grecs et de l'Asie.

— *La notion biblique de « fin des temps » équivaut donc à la notion de « fin de l'histoire » ?*

— Tout à fait. La fin des temps, surtout dans le christianisme, signifie la fin de l'histoire. L'humanité a joué son rôle, en bien ou en mal. On fait les comptes et on passe à la vie éternelle. C'est la fin des temps. C'est aussi la fin du temps. Mais ce n'est pas la fin de l'homme. Au contraire, il atteint dans l'éternité son plein épanouissement.

— *Vous voulez dire que la « fin des temps » comprise comme fin du monde, comme fin de l'univers créé, implique la « fin du temps », c'est-à-dire du conditionnement historique ?*

— Oui, la fin des temps c'est la fin du temps. On peut d'ailleurs traduire cette équation dans les termes de saint Augustin. Une idée fondamentale de saint Augustin dans *La Cité de Dieu* est que le temps est le lieu de l'insécurité. Il est dangereux car il offre la possibilité à la fois de l'amélioration et de la corruption. C'est le lieu d'un passage périlleux où tout peut arriver : le meilleur et le pire. Mais une fois que le temps est arrêté et l'histoire terminée, alors il n'y a plus de possibilité ni de pécher ni de faire le mal, ni de se racheter ; c'est trop tard. Telle est la signification de la fin des temps. Le temps a disparu. Il est remplacé par l'éternité.

L'épreuve du temps

— *Toute l'aventure de la franc-maçonnerie est aussi conçue symboliquement comme la recherche de la parole perdue : à partir du moment où nous sommes jetés dans le monde et dans le temps, la parole est comme suspendue...*

— Je rejoindrais assez bien ce point de vue en ce sens que le temps, dans la pensée augustinienne notamment, corrompt et détruit sans cesse. Par conséquent on ne voit pas comment une parole éternelle pourrait s'y exprimer pleinement ; elle ne peut s'y exprimer que de façon voilée. Il faut attendre la fin du temps pour que la révélation totale se fasse jour et puisse se faire entendre. Cela est, je crois, tout à fait conforme à la pensée judéo-chrétienne.

— *Dans cette perspective de croyant, la fin des temps — qui permet ce passage du temps à l'éternité — devrait être une formidable espérance et non pas une attente angoissée ?*

— C'est en effet l'espérance de sortir enfin de l'obscurité et d'entrer dans la clarté d'une révélation totale. Ce qui était caché, dit saint Paul, sera clair. Maintenant nous voyons, dit-il, « comme dans un miroir » ; mais alors nous verrons « face à face ». Dans le langage chrétien de toute époque, en quoi consistera le bonheur du paradis ? Il consistera dans le « face à face » avec Dieu. Nous le verrons devant nous, avec tout son amour, sa richesse et sa beauté incommensurables. C'est pourquoi l'expression de « face à face » a été constamment employée par la théologie chrétienne pour signifier le plus grand bonheur du paradis. Il y aura d'autres bonheurs à côté, mais qui découleront de celui-là. La vie humaine et l'aventure de l'humanité sont donc conçues comme un voyage ; et ce voyage a un but. Il n'empêche pas les épreuves ni les difficultés de toutes sortes et le sentiment d'absurdité ou d'impasse que nous pouvons parfois ressentir. Mais pour le croyant, ce voyage, sinueux ou pas, a un aboutissement qui est un bonheur absolu et définitif. Je préciserai encore qu'à la différence des croyances grecque ou asiatique en la réincarnation on ne le recommence jamais.

— *Les labyrinthes des grandes cathédrales ne symbolisent-ils pas ce voyage initiatique que constitue toute existence humaine ?*

— C'est tout à fait exact. Les labyrinthes, notamment celui de Chartres, illustrent la pensée de saint Augustin. La vie est difficile, compliquée, sinueuse. On risque de se tromper, d'aboutir à des impasses. Mais finalement il y a une sortie, et il n'y en a qu'une.

— *Dans la Bible, la grande métaphore du temps et de l'aventure humaine serait la sortie d'Égypte et la marche des Hébreux dans le désert...*

— Mon collègue à l'institut André Caquot, qui est sans doute le meilleur hébraïsant de France, dit que pour les juifs — et cela est vrai pour les chrétiens et les musulmans — la vie est un pèlerinage. Comme nous venons de l'évoquer, un pèlerinage est un voyage orienté vers un but précis et qui implique une quête. Pour les juifs, ce pèlerinage débouchera dans une terre promise. Les chrétiens ont repris cette image de l'Ancien Testament et les Pères de l'Église ont souvent comparé la vie humaine, l'histoire de l'humanité et la marche de l'Église à une pérégrination difficile sur une terre désertique. On est en voyage mais en poursuivant un but précis. Il ne s'agit donc pas de regarder à droite et à gauche, de se laisser distraire ou de se décourager. On sait où l'on va, en faisant totalement confiance à Dieu pour nous conduire à bon port, malgré les épreuves qui surgissent et parfois l'absurdité apparente de la situation. C'est l'idée centrale de saint Augustin dans *La Cité de Dieu* : le temps, c'est l'épreuve. Nous sommes de toutes parts pétris de temps mais nous aspirons au moment où nous lui échapperons. La fin des temps c'est vraiment le moment du passage, on aboutit brusquement dans une autre réalité qui est intemporelle et qu'on appelle l'éternité. C'est un port, si vous voulez, et on ne dépassera plus le port, que ce soit le port du bonheur ou le port du malheur. Pendant toute la traversée, l'homme est soutenu par l'espérance, laquelle se réalisera au sortir du temps.

— *Dans cette vision biblique, peut-on dire que plus l'histoire avance, plus elle va vers un accomplissement, une perfection, ou pas nécessairement ?*

— Pour le christianisme, et je pense aussi pour l'islam, il n'est pas écrit d'avance que l'humanité ira en s'améliorant. Ce qui est certain, c'est qu'à un moment précis — que Dieu seul connaît — l'histoire s'arrêtera et Dieu viendra juger tous les hommes et séparer l'ivraie du bon grain. Mais il n'est pas dit du tout que l'on aille vers une progression. Cette idée a toutefois été présente chez certains Pères de l'Église grecque — je pense en particulier à saint Irénée — qui pensaient, compte tenu du salut apporté par le Christ, que l'humanité irait dorénavant vers un épanouissement, un accomplissement. Mais cette conception est globalement absente de la théologie occidentale qui a été marquée, comme vous le savez, par saint Augustin, lequel n'avait pas une vue optimiste de l'homme. Une autre thèse développée par saint Augustin dans *La Cité de Dieu* est que dans l'histoire humaine le bien et le mal sont totalement imbriqués l'un dans l'autre et que cette imbrication ne se terminera qu'au Jugement dernier. Autrement dit, au long de l'histoire de l'humanité marquée par les aléas du temps, tout peut toujours arriver, le meilleur comme le pire. Jusqu'à la fin des temps, redisons-le, rien n'est joué, il n'y a aucune sécurité, aucune certitude sur le destin de l'humanité en général et de chaque homme en particulier.

— *Au fond, les chrétiens n'attendent pas la réalisation d'un quelconque paradis terrestre. Ils fondent leur espérance sur la destinée* post mortem *de l'individu et sur un au-delà de l'histoire.*

— En effet. Je dirai que les religions de manière générale, mais le christianisme peut-être plus que les autres, partent du constat que, dans la vie, il y a plus d'épreuves que de moments de joie. La vie est et restera difficile malgré toutes les améliorations qu'on pourra y apporter. L'homme doit en tirer les conséquences et un enseignement pour sa vie quotidienne, sa spiritualité, sa manière de vivre les épreuves, et pour sa recherche du bonheur qui ne pourra jamais être totalement satisfaite sur cette terre. À titre personnel et en tant que chrétien, je suis convaincu qu'il n'y aura jamais de paradis sur terre, mais que toutes les souffrances, les inégalités et le mal cesseront un jour au-delà du temps. C'est vraiment une « utopie » au sens fort du terme. On voit au contraire à quelles atrocités conduisent les utopies, religieuses ou athées — comme le marxisme — lorsqu'elles veulent réaliser de manière volontariste l'avènement d'un monde parfait sur terre. Je crois tout simplement qu'il faut composer ici-bas avec notre condition humaine.

— *Cela signifie-t-il que vous renonceriez à faire évoluer l'humanité, à vous engager pour rendre ce monde plus humain et plus fraternel ?*

— Nullement ! Tout le message du Christ invite au contraire à soulager la peine d'autrui. Je veux simplement dire que je ne crois pas que, sur cette terre, la vie soit un jour débarrassée du mal et de la souffrance. Une telle conviction n'empêche pas d'innombrables chrétiens de se vouer au service de leur prochain et de rendre, comme vous dites, ce monde plus fraternel. Regardez Mère Teresa. Elle n'a cessé de répéter qu'elle n'était pas une assistante sociale et que l'objectif de son action n'était pas de supprimer toute la misère de la terre. Son but était d'aimer les plus pauvres d'entre les pauvres comme le Christ les aurait aimés. « Je ne cherche pas à transformer l'humanité en général mais à aimer chaque être humain que je rencontre en particulier », avait-elle coutume de dire. Je me méfie au contraire des idéologues qui prétendent changer l'humanité et qui annoncent un monde meilleur, mais qui ne prennent pas nécessairement soin de ceux qui sont le plus proches d'eux. Le message chrétien, qui est assurément un message de fraternité et d'amour, ne parle que d'un amour personnel, qui engage chaque personne vis-à-vis des autres personnes. Si l'humanité s'en trouve transformée, tant mieux ! Mais ce n'est pas l'objectif premier recherché. Ce qui n'empêche d'ailleurs pas les chrétiens de s'engager activement dans la marche et les affaires de ce monde.

Le mal et la souffrance

— *La souffrance a-t-elle un sens ?*

— Pour moi, la vie a un sens. Et, si la vie a un sens, la souffrance aussi en a un, même si elle peut paraître révoltante et même incompréhensible. Ce que croient les juifs, les chrétiens et les musulmans, c'est que la souffrance et la mort n'auront pas le dernier mot. C'est la pensée commune aux religions du Livre. Soyons très clairs : à la différence d'autres systèmes philosophiques ou religieux, la Bible ne donne pas d'explication à l'existence du mal, mais elle apporte l'espérance que le mal sous toutes ses formes, y compris sous la forme de la douleur et de la souffrance, bien entendu, sera définitivement éliminé à la fin des temps.

— *Et c'est alors seulement que les hommes comprendront le sens de la souffrance ?*

— Voilà. Tant que nous sommes dans le temps, nous ne pouvons pas comprendre la raison de cette énigme colossale (à mon avis tous les autres mystères sont faibles à côté de celui-là) : pourquoi la souffrance d'un enfant ? C'est incompréhensible. La Bible, notamment le Livre de Job, nous invite à ne pas chercher de raisons à l'existence du mal. Il n'y en a pas qui puissent être formulées dans le cours du temps et selon notre entendement.

— *La théorie du péché originel n'est-elle pas censée fournir une explication à la question du mal, au moins du point de vue moral ?*

— Je suis très réticent là-dessus. Le récit du péché d'Adam et Ève et du paradis perdu dans la Genèse n'est, bien entendu, pas une histoire réelle. Il s'agit d'un mythe... Il n'est pas inutile de le préciser ! Figurez-vous que dans certains milieux intégristes, très nombreux notamment aux États-Unis, le récit de la Genèse est encore pris au pied de la lettre. En fait nous savons bien, d'un point de vue scientifique, et telle est aussi ma conviction personnelle, que l'humanité a mis des centaines de milliers d'années à émerger et à se constituer comme telle. Je ne vois donc pas comment on pourrait situer à l'origine de l'humanité une faute fantastique, qui, de surcroît, aurait eu des répercussions sur toute sa destinée ultérieure. En revanche, aussi loin que le regard porte, on voit les hommes en train de se battre. Dès qu'il y a eu un homme digne de ce nom, il y a eu méchanceté, jalousie, orgueil, et meurtre. Donc le péché a existé avec le premier homme ; et c'est sans doute cela que le mythe du péché originel veut signifier. Mais j'ajouterai qu'il y a eu aussi certainement dès l'origine de l'amour et du bien. Fort heureusement il n'y a pas que le mal dans l'histoire humaine ! Mais nous sommes plus sensibles au mal qu'au bien parce que le bien ne fait pas de bruit, et n'est pas spectaculaire. On met deux mille ans à construire une ville et on peut maintenant la détruire en deux minutes...

— *Vous soulignez justement que les religions monothéistes n'apportent aucune réponse à la question du mal. Mais n'est-ce pas précisément une des raisons du succès grandissant des religions orientales en Occident, notamment le bouddhisme, qui, elles, fournissent des explications au problème du mal, de la souffrance, des inégalités ?*

— Certainement. Mais si je dois vous livrer le fond de ma pensée, je vous dirai que je trouve ces explications un peu simples. *Grosso modo,* on reçoit dans la prochaine vie la récompense, en bonheurs ou en malheurs, de ce qu'on a vécu dans la vie précédente. Autrement dit, si on est aveugle, handicapé, si on meurt de manière tragique, on paie les actes mauvais commis dans une vie passée. On n'a donc pas à se révolter contre les conditions de notre vie actuelle : on les a méritées dans une vie antérieure. Cette explication rassure peut-être certains, mais personnellement je trouve peu satisfaisante cette causalité qui repose sur la loi universelle du *karma.* Le judéo-christianisme et l'islam ne raisonnent pas de cette manière...

— *Comment raisonnent-ils ?*

— Encore une fois, ils refusent d'apporter au mal une explication rationnelle ou simpliste, et s'en remettent à Dieu dans un acte de foi. À ses apôtres qui croyaient l'aveugle-né puni pour ses péchés ou ceux de ses parents, Jésus affirme : « Ni lui ni ses parents n'ont péché » (Jean, 9, 2), ce qui montre bien qu'il refuse de répondre sur la cause du mal, mais aussi qu'il ne croit pas du tout à une quelconque théorie du *karma* et de la réincarnation, comme certains voudraient aujourd'hui nous en convaincre. Et il s'exprime de façon identique à propos des victimes de l'effondrement de la tour de Siloé et des Nazaréens massacrés par Pilate (Luc, 13, 2-4). Cette question du mal et de la souffrance injuste de l'innocent est au cœur d'un livre saisissant de l'Ancien Testament : le Livre de Job, auquel j'ai déjà fait allusion.

Job est présenté comme un juste soudainement accablé par toutes sortes d'épreuves. Les « sages » sont convaincus qu'il est « corrigé par Dieu » à cause de « sa grande méchanceté et de ses fautes illimitées ». « C'est son *karma* », dirions-nous aujourd'hui ! Mais Job rétorque, sûr de son bon droit : « Je tiens à ma justice et je ne lâche pas. En conscience je n'ai pas à rougir de mes jours. » Effectivement, dès le prologue du Livre, Dieu avait déclaré à Satan : « As-tu remarqué mon serviteur Job ? Il n'a point son pareil sur terre. Un homme intègre et droit, qui craint Dieu et se garde du mal. » C'est pour éprouver sa foi et sa fidélité que Dieu a permis que toutes ces calamités lui arrivent, et non pour le punir de ses péchés, comme le croient les « sages ».

Autrement dit, ce texte nous recommande d'avoir l'humilité de ne pas donner d'explication là où il n'y en a pas. Nous nous trouvons tous un jour ou l'autre dans la situation de Job et nous avons alors intérêt à nous remettre en mémoire ce texte essentiel. Aux insistantes questions de Job sur le malheur qui fond sur lui, Dieu répond par une non-réponse : « Où étais-tu quand je fondai la terre ?... Peux-tu nouer les liens des Pléiades ? faire apparaître les signes du zodiaque en leur saison ? Connais-tu les lois des cieux ?... Celui qui dispute avec le Puissant a-t-il à critiquer ? Celui qui ergote avec Dieu voudrait-il répondre ? » (Job, 38-40). Impressionnantes reparties qui mettent en relief les mystères insondables de l'univers et le caractère incompréhensible de la souffrance. Alors Job s'incline : « Je sais que tu peux tout et qu'aucun projet n'échappe à tes prises. Qui est celui qui dénigre la Providence sans y rien connaître ? Eh oui ! j'ai abordé, sans le savoir, des mystères qui me confondent. » À la suite du Livre de Job, Jésus s'est refusé à lier péché et punition telle que maladie, ruine, etc.

— *À l'inverse de certains intégristes qui voient par exemple le sida comme une punition divine...*

— Je crois qu'il faut le répéter : Jésus n'a pas donné d'explication du mal et du malheur. Cela dit, le croyant suppose que, quand il sera arrivé dans la lumière éternelle, toutes choses apparaîtront claires et simples. Mais pour l'instant, concernant le mal et le malheur, il ne sait pas.

— *Dans un ordre d'idées un peu différent, n'y a-t-il pas, au moins dans le christianisme, une insistance sur la souffrance comme condition du salut, donnant, par là même, l'image d'une religion essentiellement sacrificielle et masochiste ?*

— C'est un fait, surtout en Occident et à certaines époques, que le christianisme a beaucoup insisté sur la douleur, le sacrifice et la souffrance rédemptrice. C'est indéniable, et c'est notamment le thème de mon livre *Le Péché et la Peur.* Il y a eu ce que j'appellerai une dérive doloriste. Mais il faut bien voir que cette dérive est en contradiction avec la vie et les paroles de Jésus. Car si on en revient aux Évangiles, Jésus au jardin des Oliviers, à la veille de sa mort, juste avant d'être arrêté, prie et dit à son père : « Est-ce que ce calice ne pourrait pas s'éloigner de moi ? » Il n'a pas du tout souhaité passer par la souffrance. Les Évangiles nous disent qu'il a répété trois fois cette prière. Mais il a ajouté ensuite : « Que ta volonté soit faite », autrement dit, si cette mort est inévitable (comme une conséquence logique de sa prédication qui dérangeait beaucoup), j'accepte de mourir pour être fidèle jusqu'au bout à mon message. Le drame, c'est qu'on a souvent interprété la mort de Jésus dans un sens sacrificiel, celui de Dieu le Père qui aurait eu besoin du sang de son fils pour sauver les hommes. Mais si on regarde les Évangiles, on voit que Jésus n'a jamais recherché ni la mort ni la souffrance. On lui a d'ailleurs reproché à l'époque de ne pas être un ascète.

— *On lui reprochait en effet de boire avec ses disciples, d'être invité à des banquets...*

— En effet. Il allait à des festins. Aux noces de Cana on nous dit même que, quand il n'y eut plus de vin, il changea l'eau en vin, ce qui n'est pas banal pour un prophète ! Il était somptueusement reçu chez Lazare, Marthe et Marie qui étaient des gens aisés. Jésus ne paraît pas avoir cherché la douleur. Toutefois les Évangiles rapportent qu'avant de commencer sa vie publique il est resté quarante jours dans le désert, priant et jeûnant. Il est donc passé par une cure d'ascétisme. Toutes les grandes religions de la planète, notamment le bouddhisme, préconisent ce type de retraite spirituelle qui permet une purification du corps et de l'esprit. Mais cette expérience, limitée dans le temps, n'a rien de masochiste.

Si donc il est vrai que Jésus a accepté de passer par la souffrance, sans jamais l'avoir recherchée, on a assisté très tôt dans le christianisme à une dérive doloriste qui, c'est vrai, a duré assez longtemps, mais est maintenant en train de s'effacer.

— *La dérive doloriste consistant à donner un prix à la souffrance en tant que telle ?*

— À rechercher la souffrance et à penser : « Plus on souffre, plus on est chrétien. » Dès les premiers siècles qui ont suivi la mort de Jésus, un certain nombre d'ascètes ou d'athlètes chrétiens ont pensé qu'ils ne souffriraient jamais assez pour expier leurs fautes. C'était le résultat d'un sentiment aigu du péché.

— *L'iconographie chrétienne a, pendant des siècles, représenté un Christ ressuscité et glorieux.*

Puis les images du Christ souffrant sur la croix se sont répandues en Occident. Pourquoi ce changement d'image ?

— Une transformation s'est effectivement produite à cet égard dans la chrétienté latine, surtout à partir du XIIIe siècle, probablement sous l'influence de saint François d'Assise et des franciscains. François d'Assise a essayé de s'identifier au Christ souffrant et il a reçu dans ses mains et ses pieds la marque des clous de la Passion. C'est ce qu'on appelle les « stigmates ». Le renom de saint François d'Assise fut énorme au Moyen Âge ; on le qualifia même d' « autre Christ », de « nouveau Christ ». Pour les gens de l'époque, c'était le plus grand saint depuis Jésus. De tempérament sensible et affectueux, il voulut souffrir pour celui qu'il aimait passionnément. Et la spiritualité franciscaine, en se répandant à travers toute la chrétienté, multiplia les images de la Crucifixion, par opposition au Christ en gloire de la période antérieure. Mais tout le christianisme ne se réduit pas à cette dérive doloriste, qui a pris des formes diverses selon les lieux et les époques. Le chrétien fidèle à l'esprit des Évangiles est quelqu'un qui se dit : Si la souffrance et la douleur arrivent — ce qu'à Dieu ne plaise ! — , eh bien, il faut en faire le meilleur usage pour moi et pour les autres.

Jugement individuel et Jugement dernier

— *N'y a-t-il pas, au moins dans le christianisme, une distinction entre le jugement particulier de l'âme qui intervient après la mort et le jugement collectif de l'humanité qui aura lieu à la fin des temps ?*

— La théologie chrétienne traditionnelle, surtout au Moyen Âge et durant la période moderne, a distingué en effet un jugement individuel, qui a lieu aussitôt après la mort, du jugement général de l'humanité.

— *Qui interviendrait après la fin des temps ?*

— Juste à la fin des temps, lorsque Dieu décidera d'arrêter le cours du temps et de l'histoire. Alors se situera, selon les Évangiles synoptiques (Matthieu, Marc et Luc) et l'Apocalypse, un événement cosmique appelé « Parousie ». La Parousie, c'est le retour du Christ ressuscité et glorieux qui vient juger les vivants et les morts. Jésus l'annonce très explicitement : « En ces jours-là, après cette détresse, le soleil s'obscurcira, la lune ne brillera plus, les étoiles se mettront à tomber du ciel et les puissances qui sont dans les cieux seront ébranlées. Alors on verra le Fils de l'homme venir, entouré de nuées, dans la plénitude de la puissance et de la gloire. Alors il enverra les anges et, des quatre vents, de l'extrémité de la terre à l'extrémité du ciel, il rassemblera ses élus. » (Marc, 13, 24-27.)

— *Qui seront les élus ?*

— Je n'ai pas qualité pour le dire. Mais je crois important de se reporter sur ce sujet au chapitre 25 de Matthieu. On y lit que le critère de jugement ne sera pas un critère théologique, de foi ou de croyance, mais un critère d'amour et de service rendu aux autres. Il vaut la peine de rappeler ce texte célèbre, qui est au cœur de notre sujet : « Quand le Fils de l'homme viendra dans sa gloire, accompagné de tous les anges, alors il siégera sur son trône de gloire. Devant lui seront rassemblées toutes les nations, et il séparera les hommes les uns des autres, comme le berger sépare les brebis des chèvres. Il placera les brebis à sa droite et les chèvres à sa gauche. Alors le roi dira à ceux qui seront à sa droite : “Venez, les bénis de mon Père, recevez en héritage le Royaume qui a été préparé pour vous depuis la fondation du monde. Car j'ai eu faim et vous m'avez donné à manger ; j'ai eu soif et vous m'avez donné à boire ; j'étais un étranger et vous m'avez recueilli ; nu, et vous m'avez vêtu ; malade, et vous m'avez visité ; en prison, et vous êtes venus à moi.” Alors les justes lui répondront : “Seigneur, quand nous est-il arrivé de te voir affamé et de te nourrir, assoiffé et de te donner à boire, étranger et de te recueillir, nu et de te vêtir, malade ou en prison et de venir à toi ?” Et le roi leur répondra : “En vérité, je vous le déclare, chaque fois que vous l'avez fait à l'un de ces plus petits, qui sont mes frères, c'est à moi que vous l'avez fait !”» (Matthieu, 25, 31-40.)

— *Puisque ce jugement qui interviendra à la fin des temps concerne chaque individu, en quoi la sentence sera-t-elle différente du jugement particulier de l'âme après la mort ?*

— Il n'y aura pas de changement de sentence. Mais le jugement particulier, comme son nom l'indique, s'adresse à celui qui vient de mourir, tandis que devrait avoir lieu, à la fin des temps, une sorte de récapitulation générale où l'humanité tout entière ferait son bilan. Toutefois, à ce sujet, des questions théologiques ont été fort discutées dans les premiers siècles de l'Église et une partie du Moyen Âge. On s'est demandé notamment si les élus, après la mort et avant le Jugement dernier, jouissaient de la totalité du bonheur du paradis. Ou s'il n'y avait pas, indépendamment du purgatoire, une sorte de territoire et de temps d'attente, un paradis terrestre retrouvé dans l'au-delà, avant le passage définitif au ciel. Cette conception a été rejetée par l'Église catholique au moment des papes d'Avignon, au XIVe siècle. Il faut d'ailleurs préciser que, historiquement, la prédication a d'abord surtout mis l'accent sur le Jugement dernier. Puis, à mesure que la pastorale et le catéchisme se sont développés, on a davantage insisté sur le jugement particulier. Ainsi dans les sermons des XVIIe, XVIIIe, XIXe siècles, on parle beaucoup plus du jugement particulier que du Jugement dernier. Aujourd'hui, ces distinctions sont devenues beaucoup plus floues. Je dirai que, pratiquement, la prédication n'en parle plus.

— *Il y a encore, nous semble-t-il, un débat qui a agité la chrétienté, qui est celui de la résurrection des corps. Après la mort, l'âme resterait en attente d'un « corps glorieux » qui ne lui serait attribué qu'au jugement final.*

— Dans le credo chrétien — d'abord dans le « Symbole des apôtres » qui est plus ancien, puis dans le credo de Nicée de 325 —, il est dit : « Je crois à la résurrection de la chair et à la vie éternelle. » C'est la fin du credo, l'épisode final. Encore une fois, je parle en tant qu'historien ; je ne me prononce pas personnellement ; j'expose la conception traditionnelle. Le jugement particulier est celui de l'âme.

— *Vous qui avez écrit plusieurs ouvrages sur le paradis, pouvez-vous nous dire en quelques mots à quoi ressemble le paradis dans la vision juive, chrétienne, musulmane ?*

— Je ne suis pas un spécialiste du judaïsme et de l'islam. Ma réponse sera donc prudente. Il me semble que le judaïsme ancien mettait surtout l'accent sur l'horizon messianique. Alors la Création ne serait plus séparée du monde divin. L'adoration du Dieu unique et la fraternité universelle marqueraient la fin des aléas de l'histoire. En outre, la prophétie d'Ézéchiel évoquant la résurrection des ossements desséchés a été comprise, sans doute plus tard, comme l'annonce d'une renaissance à la vie éternelle. La réalité de celle-ci semble avoir été la conviction de la plupart des juifs contemporains de Jésus, à l'exception des sadducéens. Reste que, globalement, l'insistance sur l'existence d'un paradis dans l'au-delà ne me paraît pas avoir été — ou être — très présente dans le judaïsme.

Elle est plus accentuée dans le Coran qui, en de nombreux versets, assure qu'il y aura un jugement dernier, une récompense éternelle pour les justes et une punition définitive pour les méchants. Le paradis de l'au-delà est toujours décrit comme un jardin d'Éden retrouvé avec des plaisirs très concrets. La sourate XLIV prophétise : « Les gens pieux seront dans une demeure où ils se sentiront en sécurité. Ils se tiendront au milieu de jardins et de sources d'eau vive. Ils se vêtiront d'étoffes fines de soie et de brocart, étendus face à face sur des lits de repos. Ainsi. Et nous les aurons mariés avec des vierges dont les yeux noirs auront de larges prunelles sur un fond de blanc éclatant. Ils y demanderont, confiants, toutes sortes de fruits. Ils n'y goûteront pas la mort, après leur première mort, et Dieu les aura préservés du tourment de la Géhenne. »

Avant l'islam, le christianisme annonça de la façon la plus nette le Jugement dernier et la « résurrection de la chair », rendue possible par la résurrection du Christ. D'où cette annonce de saint Paul aux Romains (8, 11) : « Celui qui a ressuscité le Christ Jésus donnera aussi la vie à nos corps mortels par son Esprit qui habite en vous. » En revanche, si l'on met à part les riches évocations de la Jérusalem céleste qui figurent dans l'Apocalypse, on doit constater que les Évangiles et les autres textes du Nouveau Testament ne donnent aucune description de l'au-delà. Ensuite les Pères de l'Église, et encore saint Benoît dans la règle qu'il écrit pour ses moines, répètent inlassablement, en l'appliquant à l'éternité bienheureuse, la parole de saint Paul : « Nous enseignons [...] ce que l'œil n'a pas vu, ce que l'oreille n'a pas entendu, et ce qui n'est pas monté au cœur de l'homme, tout ce que Dieu a préparé pour ceux qui l'aiment. » (1 Cor., 2, 9.) Je tiens à souligner cette discrétion chrétienne devant le mystère de l'au-delà.

— *Et qu'en est-il de l'enfer ?*

— Concernant le catholicisme, la doctrine traditionnelle, qui est celle d'un saint Augustin par exemple, postule l'existence d'un lieu de souffrance éternel pour ceux qui auraient commis un mal considérable en cette vie et ne s'en seraient jamais repentis. De nos jours, dans l'Église catholique, même si ce n'est pas officiel, on s'interroge beaucoup sur l'enfer. Tout le premier, je m'interroge sur cette question.

— *Quel est votre point de vue personnel ?*

— Pour moi, l'enfer c'est la « seconde mort » dont parle saint Jean. Je crois qu'effectivement, à la mort, il y a un bilan et qu'il faut rendre des comptes sur ce qu'on a fait de sa vie. À ceux qui ont été plus favorisés que d'autres et ont reçu plus de dons et de possibilités, il sera demandé davantage. Mais il faudra tout de même rendre des comptes, dans la mesure du moins où l'on aura été responsable de sa vie.

Ceux qui auront vraiment et gravement commis le mal, comment pourraient-ils accéder au bonheur éternel ? Dans mon esprit ils seront plongés dans la « seconde mort ». Il ne s'agira pas d'un lieu ou d'un état de souffrances éternelles — idée qui m'est insupportable —, mais néanmoins d'une punition éternelle. Une condamnation à une mort définitive.

— *Vous voulez dire qu'ils retourneront au néant ?*

— Ils seront condamnés au néant qui sera leur punition. Alors que les justes ressuscités seront appelés au bonheur éternel. Autrement dit, les rejetés verront au moment de la résurrection la joie des élus, une joie dont ils savent qu'elle durera toujours, et eux comprendront alors qu'ils sont condamnés à une mort sans appel.

— *Vous croyez donc à l'idée d'une punition éternelle ?*

— Oui, mais pas à des souffrances sans fin. Toute la Bible nous dit que « Dieu est justice et miséricorde ». C'est la foi commune des trois religions du Livre. Or si la justice de Dieu exige une punition pour les actes graves, sa miséricorde m'interdit de croire que cette punition puisse être une souffrance éternelle. C'est pourquoi je me rallie à cette solution de la « seconde mort », qui est un anéantissement définitif. C'est une solution que je n'ai pas inventée et qui était, par exemple, celle de saint Irénée au IIe siècle apr. J.-C. Saint Irénée disait en substance : si des pécheurs confirmés, obstinés, se sont coupés de Dieu, ils se sont aussi coupés de la vie. S'ils se sont coupés de la vie, comment pourraient-ils continuer à vivre ? Voilà le raisonnement de saint Irénée, que je reprends à mon compte.

— *Mais s'ils demandent pardon ?*

— Vous avez raison, car je crois que le pardon de

Dieu est infini, mais je parle de ceux qui se seront obstinés jusqu'à récuser le pardon.

— *Et qu'en est-il du purgatoire ?*

— Le purgatoire, c'est encore une autre solution, qui a été envisagée dès les temps de l'Église primitive. C'est notamment la solution d'Origène. Mais l'expression n'est pas bonne, car comme l'a très bien montré Jacques Le Goff, le mot et le lieu sont apparus seulement au XIIe siècle. En revanche, la notion de peine purgative est très ancienne et a précédé le lieu et le substantif. Selon Origène, à l'exception des saints qui iront droit au paradis, tous les hommes pécheurs seront soumis après leur mort à une sorte de recyclage, à des purifications successives qui se réaliseront dans une certaine souffrance mais avec l'espérance, à l'horizon, du bonheur éternel. Certains passeront facilement les différentes étapes de cette révision, et d'autres devront beaucoup s'améliorer pour arriver finalement à la félicité suprême. Mais tout le monde y arrivera. L'enfer, alors, n'existe plus, sous quelque forme que ce soit. La théologie chrétienne a donc très vite imaginé deux solutions possibles, celle d'Origène et celle de saint Irénée, pour évacuer l'idée d'un lieu de souffrances éternelles. Je préfère celle de saint Irénée, qui s'accorde mieux avec les scènes du Jugement dernier évoquées dans les Évangiles. Mais ce n'est qu'une conviction personnelle !

Pour en revenir à la fin des temps, dans tous les cas — que vous preniez la solution de saint Irénée, celle d'Origène, ou encore celle de saint Augustin — il y a bel et bien, à partir de la résurrection finale et du jugement général, le passage de l'histoire à l'éternité.

Jésus inaugure la fin des temps

— *Le Nouveau Testament, en maints endroits, présente la venue de Jésus comme inaugurant la fin des temps. Selon Paul par exemple, Jésus arrive quand « les temps sont accomplis ». Qu'est-ce que cela signifie ?*

— Pour les auteurs du Nouveau Testament, c'est indiscutable, Jésus inaugure les temps derniers et commence la réalisation des promesses eschatologiques — celles qui concernent le sort ultime de l'homme et du monde. La formule « les temps sont accomplis » signifie que l'humanité entre dans la dernière période de son aventure et que la fin définitive de l'histoire approche. Le Royaume est en train d'arriver. Les chrétiens distinguent deux avènements du Christ : le premier fut la naissance de Jésus, l'incarnation du Verbe de Dieu. Le second sera la « Parousie », c'est-à-dire, je vous l'ai dit, le retour en gloire du Christ ressuscité qui viendra juger les vivants et les morts. Avec le premier avènement, nous sommes entrés dans les derniers temps de l'histoire, et celle-ci s'achèvera avec l'ultime avènement du Christ.

La deuxième lettre de saint Pierre (3, 8-13) est très éclairante sur l'attente et l'impatience des premières communautés chrétiennes relativement aux derniers temps. Permettez-moi de vous en lire un extrait : « Il y a une chose, mes amis, que vous ne devez pas oublier : pour le Seigneur, un seul jour est comme mille ans et mille ans comme un jour. Le Seigneur ne tarde pas à tenir sa promesse, alors que certains prétendent qu'il a du retard. Mais il fait preuve de patience envers vous, ne voulant pas que quelques-uns périssent mais que tous parviennent à la conversion. Le jour du Seigneur viendra comme un voleur, jour où les cieux disparaîtront à grand fracas, où les éléments embrasés se dissoudront et où la terre et ses œuvres seront mises en jugement... Nous attendons selon sa promesse des cieux nouveaux et une terre nouvelle où la justice habitera. »

J'aurai certainement l'occasion de revenir plus loin dans notre conversation sur la complication que l'Apocalypse a introduite dans les attentes eschatologiques. Disons simplement pour l'instant qu'elle les a dédoublées en annonçant d'abord un retour glorieux du Christ venant régner pendant mille ans sur la terre, puis l'avènement de la Jérusalem définitive dans le ciel.

— *Pouvez-vous dire un mot d'Hénoch et Élie, ces deux personnages mystérieux de l'Ancien Testament qui sont censés revenir juste avant la fin des temps ?*

— Hénoch est un des personnages les plus énigmatiques de la Bible. Il fait partie des premiers descendants d'Adam et Ève, ces patriarches d'avant le Déluge, qui vécurent très longtemps. Selon le récit de la Genèse — que je considère encore une fois comme mythique — Hénoch vécut en tout trois cent soixante-cinq ans et ne mourut pas. « Ayant suivi les voies de Dieu, il disparut, car Dieu l'avait enlevé », nous dit la Bible (Genèse, 5, 24). Élie, quant à lui, est un grand prophète d'Israël qui aurait vécu vers le IXe siècle av. J.-C. Selon la Bible, il ne serait pas mort non plus mais aurait été emporté au ciel, sous les yeux ébahis de son disciple Élisée, dans un char de feu : « Tandis qu'ils poursuivaient leur route tout en parlant, voici qu'un char de feu et des chevaux de feu les séparèrent l'un de l'autre : Élie monta au ciel dans la tempête. » (2 Rois, 2, 11.) Selon la Bible, ces deux personnages ont donc en commun — et je crois bien qu'ils sont les seuls dans ce cas — d'avoir été enlevés au ciel par Dieu sans avoir connu la mort. Une tradition apocalyptique juive s'est alors développée autour de l'idée que ces deux personnages reviendraient à la fin des temps pour préparer l'arrivée du Messie. À l'époque de Jésus, période de forte attente messianique, de nombreux groupes religieux juifs attendaient ainsi le retour d'Hénoch et surtout du prophète Élie. C'est pourquoi les émissaires des grands prêtres demandèrent à Jean-Baptiste qui baptisait dans le Jourdain : « Es-tu Élie ? » (Jean, 1, 21), c'est pourquoi aussi plusieurs juifs religieux crurent que Jésus était Élie (Marc, 6, 15).

— *Y a-t-il un lien entre Hénoch et Élie d'une part, et de l'autre les fameux « deux témoins » de l'Apocalypse ?*

— Certainement. S'inspirant de la tradition apocalyptique juive, l'Apocalypse de Jean, qui clôt le Nouveau Testament, reprend ce thème des deux prophètes de la fin des temps. Selon l'Apocalypse, un grand combat eschatologique précédera le retour du Christ. Durant cette lutte, Dieu enverra deux témoins qui rendront témoignage à la Vérité puis seront mis à mort par la « Bête », sorte d'incarnation du mal. Mais « après trois jours et demi, un souffle de vie, venu de Dieu, entra en eux et ils se dressèrent », nous dit l'Apocalypse. « Alors une grande frayeur tomba sur ceux qui les regardaient. Ils entendirent une voix forte, qui, du ciel, leur disait : Montez ici. Et ils montèrent au ciel dans la nuée, sous les yeux de leurs ennemis. » (Apocalypse, 11, 11-12.) Les noms d'Hénoch et d'Élie ne sont pas mentionnés explicitement, mais la tradition chrétienne les a souvent assimilés à ces deux « témoins » de la fin des temps. En particulier au Moyen Âge, dans l'iconographie notamment. On confectionnait par exemple des cartes du monde avec au sommet et à l'est le jardin d'Éden, Adam et Ève étant de part et d'autre de l'arbre, et symétriquement, à l'ouest, Hénoch et Élie pour annoncer la fin des temps. Ainsi la cartographie elle-même partait du jardin d'Éden pour aboutir au Jugement dernier. Telle était bien, pour les chrétiens de l'époque, la vision de l'histoire de l'humanité.

— *Puisque nous parlons de l'Apocalypse, pouvez-vous nous dire comment ce texte parle de la fin des temps ? Quels seront les signes annonciateurs de la fin du monde et du Jugement dernier ?*

— L'Apocalypse attribuée à Jean n'est pas le seul texte du Nouveau Testament qui évoque la fin des temps. Dans les Évangiles synoptiques, Jésus tient parfois des discours eschatologiques. À son époque, ce genre littéraire était florissant. L'idée dominante, c'est qu'on n'accédera pas à la Jérusalem céleste et éternelle sans qu'il y ait eu auparavant un combat définitif entre le Bien et le Mal. Cette idée était déjà répandue. Elle trouva un accomplissement dans les Évangiles et l'Apocalypse. En relisant les Évangiles on peut y relever un certain nombre de signes que Jésus présente comme annonciateurs de la fin des temps : des guerres, des tremblements de terre, des signes dans le ciel, les puissances des cieux seront ébranlées, les hommes seront dans l'angoisse, l'iniquité sera généralisée. « Y aura-t-il encore la foi sur la terre ? » se demande même Jésus. Mais il précise par ailleurs que « la bonne nouvelle du Royaume sera proclamée dans le monde entier... alors viendra la fin » (Matthieu, 24, 14). C'est une des raisons pour lesquelles Christophe Colomb, en découvrant l'Amérique, eut la certitude de vivre les temps ultimes, puisque l'Évangile allait être annoncé à des peuples jusque-là inconnus. Et puis il y a la prophétie de Jésus qui annonce la destruction prochaine du Temple de

Jérusalem (destruction qui aura lieu une quarantaine d'années après sa mort), et cette parole assez troublante sur le destin du peuple d'Israël : « Ils tomberont au fil de l'épée ; ils seront emmenés captifs dans toutes les nations, et Jérusalem sera foulée aux pieds par les nations jusqu'à ce que soit accompli le temps des nations. » (Luc, 21, 24.) À partir de cette parole, certains n'ont pas manqué d'interpréter le retour récent du peuple juif en Israël comme l'un des signes annoncés par Jésus, signifiant l'imminence de la fin des temps.

— *Tout au long de l'histoire, les Occidentaux n'ont pas cessé de lire les événements étonnants ou dramatiques de leur époque comme des signes de la fin des temps...*

— Bien entendu ! Et notamment certains événements particulièrement tragiques — pestes, Grand Schisme de la fin du XIVe siècle et du début du XVe, guerres de Religion. Incontestablement, on a interprété ces événements dramatiques de l'histoire occidentale à travers le prisme de la littérature apocalyptique. On concluait facilement que des « échéances eschatologiques » — et c'est à dessein que j'emploie cette expression — étaient proches. Échéances qui pouvaient être soit la fin des temps, soit le passage aux mille ans de bonheur sur terre. Car il y a eu les deux catégories d'échéances eschatologiques.

— *Vous faites allusion aux croyances millénaristes qui s'inspirent de l'Apocalypse. Avant d'y venir, parlez-nous de ce texte qui a tant marqué l'histoire de l'Occident. Qui est l'auteur de l'Apocalypse ?*

— La tradition attribue ce livre à saint Jean, le disciple bien-aimé de Jésus, qui serait également l'auteur du quatrième Évangile et de plusieurs épîtres. Beaucoup d'exégètes contemporains récusent cette attribution, penchant plutôt pour une œuvre collective émanant de cercles chrétiens d'Éphèse qui se considéraient comme les héritiers de l'enseignement de l'apôtre Jean. Je ne me prononce pas sur cette question qui n'est pas de ma compétence. Ce dont on est plus sûr, c'est que ce livre a été rédigé à la fin du Ier siècle, vers 90, lors des persécutions de Domitien. Ces prophéties apocalyptiques voulaient redonner courage à des gens persécutés. Pour la plupart des commentateurs, il ne fait pas de doute que « la Bête », « le Dragon », dont il est question tout au long du livre n'est autre que Rome — la Rome qui persécute. Il s'agit de dire en substance aux chrétiens victimes de la persécution : Vous souffrez à cause de votre foi, mais tenez bon car la victoire du Bien sur le Mal est assurée.

— *Que veut dire « Apocalypse » ?*

— « Révélation ». C'est le « livre des révélations », qui dévoile ce qui était caché. L'ouvrage commence d'ailleurs ainsi : « Révélation de Jésus-Christ : Dieu la lui donna pour montrer à ses serviteurs ce qui doit arriver bientôt. Il la fit connaître en envoyant son ange à Jean son serviteur, lequel a attesté comme parole de Dieu et témoignage de Jésus-Christ tout ce qu'il a vu. Heureux celui qui lit, et ceux qui écoutent les paroles de la prophétie et gardent ce qui s'y trouve écrit, car le temps est proche. »

— *Quelle est la trame de ce livre ?*

— Tout d'abord l'Apocalypse s'adresse à sept Églises d'Asie, qui sont nommées. Elle annonce le jugement final de l'humanité, mais précédé par trois séquences. Tout d'abord un temps de longues et douloureuses épreuves : cataclysmes, catastrophes, etc. Ensuite une période de paix terrestre de mille ans, pendant laquelle le diable sera enchaîné. Enfin une dernière période, très brève mais terrible, le combat final entre le Bien et le Mal précédant immédiatement la fin des temps, le Jugement dernier et l'éternité définitive où les élus seront groupés autour du trône de l'Agneau, celui-ci représentant Jésus le Rédempteur.

— *Donc vous pouvez nous rassurer : on est sûr que c'est le Bien qui va l'emporter !*

— Il n'y a aucun doute, l'histoire finit très bien ! Il faut lire et relire les pages magnifiques qui terminent le livre. S'inspirant tout d'abord des visions du prophète Isaïe, elles décrivent les « cieux nouveaux », c'est-à-dire l'éternité : « Alors je vis un ciel nouveau et une terre nouvelle, car le premier ciel et la première terre ont disparu et la mer n'est plus. Et je vis la cité sainte, la Jérusalem nouvelle, qui descendait du ciel, d'auprès de Dieu, comme une épouse qui s'est parée pour son époux. Et j'entendis, venant du trône, une voix forte qui disait : Voici la demeure de Dieu avec les hommes. Il demeurera avec eux. Ils seront son peuple et lui sera le Dieu qui est avec eux. Il essuiera toutes larmes de leurs yeux. La mort ne sera plus. Il n'y aura plus ni deuil, ni cri, ni souffrance, car le monde ancien a disparu. Et celui qui siège sur le trône dit : "Voici que je fais toutes choses nouvelles." Puis il dit : "Écris : ces paroles sont certaines et vraies." Et il me dit : "C'en est fait. Je suis l'Alpha et l'Oméga, le commencement et la fin. À celui qui a soif, je donnerai de la source d'eau vive, gratuitement." » (Apocalypse, 21, 1-6.) S'inspirant ensuite des visions du prophète Ézéchiel, l'auteur décrit la cité sainte où vivront les élus : « Il [un ange] me transporta en esprit sur une grande et haute montagne et il me montra la cité sainte, Jérusalem, qui descendait du ciel, d'auprès de Dieu. Elle brillait de la gloire même de Dieu, son éclat rappelait une pierre précieuse comme une pierre d'un jaspe cristallin. » (Apocalypse, 21, 10-11.) La cité « n'a pas besoin de soleil ni de lune car c'est la gloire de Dieu qui l'éclaire, son flambeau c'est l'Agneau. Les nations marcheront à sa lumière, les rois de la terre y apporteront leur gloire. Ses portes ne se fermeront pas au long des jours car en ce lieu il n'y aura plus de nuit » (21, 23-24). Et le livre s'achève sur ces paroles du Christ : « Oui, mon retour est proche. »

— *Umberto Eco fait remarquer que l'on pense spontanément à l'Apocalypse comme à un livre de malédiction, alors qu'il s'agit en fait d'un livre d'espérance...*

— Il a entièrement raison ! C'est un livre de consolation et d'espérance. On a fait une lecture dramatique de ce livre en focalisant l'attention sur les épisodes catastrophiques. Mais finalement il s'agissait de dire aux Églises persécutées d'Asie : vous traversez un temps d'épreuve, mais il se terminera bientôt. Alors ce sera le bonheur définitif et le mal sera vaincu pour toujours.

Mille ans de bonheur

— *C'est aussi la spécificité de l'Apocalypse que de clore le Nouveau Testament ; c'est le dernier des livres « révélés ».*

— Certes, mais il faut savoir qu'on a eu du mal en Occident à accepter l'Apocalypse dans les livres canoniques, précisément à cause de la question du millénarisme, ces fameux mille ans de bonheur sur terre. Les autorités religieuses trouvaient que cette interprétation millénariste risquait d'éloigner les fidèles des préoccupations spirituelles et il a fallu plusieurs siècles pour que le livre soit admis dans le canon de la Bible.

— *Vous avez publié récemment un livre entièrement consacré à cette question passionnante du millénarisme...*

— J'avais publié en 1992 le tome premier d'une *Histoire du paradis* sous le titre *Le Jardin des délices.* J'essayais d'y faire revivre la nostalgie du paradis perdu, telle qu'elle s'est exprimée dans notre civilisation occidentale. Il était logique que je compose ensuite un second ouvrage — je l'ai intitulé *Mille Ans de bonheur* — sur la durable espérance de retrouver dans l'avenir le paradis terrestre des origines. Cette espérance peut être qualifiée de « nostalgie du futur ». En rédigeant ce nouveau livre, je suis resté à l'intérieur d'un même projet global auquel je travaille depuis vingt ans et qui a visé à explorer successivement dans le passé les peurs et le besoin de sécurité de notre civilisation, puis à en faire revivre les rêves de bonheur. L'historienne américaine Marjorie Reeves a eu raison d'écrire : « Les rêves des hommes constituent une partie de leur histoire et ils expliquent beaucoup de leurs actes. »

— *Quand on parle de « millénarisme », on entend généralement l'attente de catastrophes appelées à marquer l'an 1000 ou l'an 2000. Or il ne s'agit pas du tout de cela, comme nous l'expliquait Stephen Jay Gould, mais d'une croyance en mille ans de paradis terrestre...*

— À l'approche de l'an 2000, la confusion est en effet constante entre la peur de la fin du millénaire et le « millénarisme », qui est l'espérance de mille années de bonheur terrestre, le chiffre mille ayant été entendu au cours des âges tantôt strictement, tantôt de façon symbolique. La nostalgie d'un pays ou d'une terre sans mal ni malheur a existé dans de nombreuses cultures, par exemple celle des Guaranis, mais je me suis attaché dans mon enquête à la seule civilisation occidentale.

— *L'Apocalypse est le point de départ des croyances millénaristes ?*

— Pour l'Occident chrétien certainement. Mais il faut bien voir, encore une fois, que l'Apocalypse s'enracine dans une littérature apocalyptique juive très vivace. Dans l'Ancien Testament nombreuses furent les prophéties qui annoncèrent au peuple juif, en danger, persécuté, déporté ou humilié, un avenir radieux. Les plus exaltantes ont été attribuées à Isaïe : « Alors le loup habitera avec l'agneau, le léopard se couchera près du chevreau. Le veau et le lionceau seront nourris ensemble, un petit garçon les conduira. La vache et l'ourse auront même pâture, leurs petits même gîte. Le lion, comme le bœuf, mangera du fourrage. Le nourrisson s'amusera sur le nid du cobra. Sur le trou de la vipère le jeune enfant étendra la main. Le Seigneur essuiera les larmes sur tous les visages et, par toute la terre, il effacera l'humiliation de son peuple. C'est lui qui l'a promis. » (Isaïe, 11, 1-9, puis 25, 6-9.)

Parmi les textes de l'Ancien Testament qui ont profondément marqué le millénarisme chrétien, il faut aussi mentionner le célèbre songe que Daniel expliqua à Nabuchodonosor. Une statue composée de quatre matériaux de valeur décroissante était renversée par une pierre détachée mystérieusement de la montagne. La statue symbolisait, selon Daniel, quatre royaumes qui s'effondreraient successivement et que remplacerait un cinquième qui n'aurait pas de fin. Au XVIe siècle, le révolutionnaire Thomas Müntzer commenta ce texte devant les princes de Saxe et, au XVIIe, des millénaristes anglais se désignèrent eux-mêmes comme les « Hommes de la cinquième monarchie ».

Mais c'est bien entendu l'Apocalypse attribuée à saint Jean qui constitua la base principale du millénarisme chrétien, l'expression « mille ans » y étant explicitement mentionnée. L'auteur voit en effet un ange descendre du ciel et enchaîner le Dragon, c'est-à-dire le mal, « pour mille ans ». Alors les martyrs et tous ceux qui refusèrent d'adorer la Bête et son image « reprirent vie et régnèrent avec le Christ mille années. C'est la première résurrection... Les mille années écoulées, Satan, relâché de sa prison, s'en ira séduire les nations » (Apocalypse, 20, 1-7). Alors interviendront l'ultime bataille de Dieu contre le mal, puis la résurrection générale — car durant le règne des mille ans, seuls les justes étaient ressuscités — et enfin le Jugement dernier. Ce qui constitue donc fondamentalement la croyance millénariste, c'est la conviction qu'entre le temps que nous vivons, avec ses malheurs et ses crimes, et l'éternité postérieure au Jugement dernier se situera une période intermédiaire de paix et de bonheur sur terre. Le Christ régnera alors sur celle-ci avec les « justes » ressuscités. Ce règne sera précédé et suivi par des séquences de cataclysmes et de guerres, la seconde, comme nous l'avons déjà évoqué, plus brève que la première.

— *À partir de quand trouve-t-on historiquement, parmi les communautés chrétiennes, des traces de croyances millénaristes ?*

— Les chrétiens des premiers siècles me paraissent

avoir assez largement adopté le millénarisme. Ce qui était normal dans un temps marqué par des persécutions. Les martyrs étaient invités à croire, en se référant notamment à l'Apocalypse, que leur mort serait rapidement suivie d'une résurrection, grâce à laquelle, par un retournement complet de situation, ils régneraient avec le Christ sur la terre de leur supplice. Parmi ces millénaristes chrétiens des premiers siècles on trouve notamment Papias, évêque de Hiérapolis en Asie Mineure, qui avait été un auditeur de saint Jean, saint Justin, Palestinien martyrisé à Rome vers 165, saint Irénée, évêque de Lyon, mort en 202, Tertullien, mort en 222, et, après la « paix de l'Église », le grand écrivain Lactance.

Voici, selon Irénée, comment Papias, dont les écrits sont perdus, évoquait le Millénium : « Il viendra des jours où des vignes croîtront, qui auront chacune dix mille ceps, et sur chaque cep dix mille branches, et sur chaque branche dix mille bourgeons, et sur chaque bourgeon dix mille grappes, et sur chaque grappe dix mille grains, et chaque grain pressé donnera vingt-cinq mesures de vin. » De même pour le grain, les fruits et toutes les semences. « Tous les animaux, usant de cette nourriture qu'ils recevront de la terre, vivront en paix et en harmonie les uns avec les autres et seront pleinement soumis aux hommes. »

Quant à Justin, il affirme que, dans la Jérusalem glorieuse du Millénium, « on n'entendra plus la voix du gémissement ni la voix de la plainte ; il n'y aura plus d'enfant né avant terme, ni de vieillard qui n'accomplisse son temps... On bâtira des maisons et on y habitera soi-même ; on plantera des vignes et on mangera soi-même leurs produits ». La procréation existera toujours, mais il en sortira une race bénie. Que le millénarisme ait été alors une doctrine quasiment officielle nous est révélé par cette autre déclaration de Justin : « Pour moi et pour les chrétiens d'orthodoxie intégrale, tant qu'ils sont, nous savons qu'une résurrection de la chair arrivera pendant mille ans dans Jérusalem rebâtie, décorée et agrandie, comme les prophètes Ézéchiel, Isaïe et les autres l'affirment. »

Pour saint Irénée, la Jérusalem renouvelée du Millénium préparera la Jérusalem définitive du ciel, mais ne se confondra pas avec elle. « Ces événements, assure l'évêque de Lyon, ne sauraient se situer dans des lieux supra-célestes [...] mais ils se produiront au temps du Royaume, la terre ayant été renouvelée par le Seigneur et Jérusalem reconstruite à l'image de la Jérusalem céleste. » Ainsi la première préparera la seconde. Enfin Lactance, rhéteur païen converti au christianisme et devenu précepteur du fils de Constantin, précisa de son côté : « Après la résurrection, le fils de Dieu régnera pendant mille ans parmi les hommes et les gouvernera par un gouvernement très juste. Ceux qui vivront alors ne mourront pas, mais pendant mille ans engendreront une multitude innombrable. [...] Alors le soleil deviendra sept fois plus chaud que maintenant. La terre manifestera sa fécondité et produira spontanément des moissons abondantes. Le miel ruissellera des montagnes. Le vin coulera dans les ruisseaux. Le monde enfin sera dans la joie, libéré de l'empire du mal. Les bêtes ne se nourriront plus de sang. »

— *Vous nous disiez que l'Église a eu du mal à accepter l'Apocalypse parmi les livres canoniques à cause du millénarisme, mais à vous entendre, on a plutôt l'impression que l'Église primitive était acquise à cette thèse...*

— Il y a toujours eu des opposants farouches à la théorie du Millénium et saint Augustin est celui qui a le plus contribué à faire reculer la croyance millénariste, à laquelle il avait pourtant d'abord adhéré. Il se refusa à cautionner des perspectives d'avenir qui lui parurent plus charnelles que spirituelles. Il proposa donc une lecture symbolique de l'Apocalypse et enseigna que la naissance du Christ a fait commencer les mille ans de son règne terrestre, qui sera directement suivi du Jugement dernier et de l'avènement de la Cité céleste. Il n'y a donc pas lieu d'attendre une période intermédiaire. Les instances officielles de l'Église entérinèrent désormais l'interprétation de l'Apocalypse donnée par saint Augustin. Ainsi, à la fin du Ve siècle, le célèbre décret du pape Gélase, qui distingue les écrits canoniques et les apocryphes, maintint l'Apocalypse parmi les premiers, mais jeta la suspicion sur les écrits millénaristes de Tertullien, Justin, Lactance, etc. Le refus par les autorités de l'Église d'une lecture littérale du chapitre 20 de l'Apocalypse explique peut-être pourquoi l'iconographie consacrée au cours des âges au « livre des révélations » a, le plus souvent, omis l'évocation des mille ans du règne terrestre du Christ. Dans l'Église orthodoxe, on a d'ailleurs mis beaucoup plus longtemps à admettre l'Apocalypse parmi les écrits canoniques. Cela n'a pas été fait avant le XIVe siècle, et encore avec pas mal de réticences. Donc, dès le Ve siècle, le millénarisme a été marginalisé, ce qui ne veut pas dire qu'il n'a pas eu d'importance historique, bien au contraire.

— *Vous montrez dans votre livre que le millénarisme reparut au grand jour au XIIe siècle, avec le moine calabrais Joachim de Flore.*

— Sans jamais employer le mot « Millénium », Joachim de Flore annonça en effet la venue d'un temps de l'Esprit durant lequel l'humanité vivrait dans une sainte pauvreté, dans la piété et dans la paix. L'histoire dans sa totalité se divisait pour lui en trois périodes : le temps « d'avant la grâce », celui « de la grâce » et, enfin, « celui que nous attendons, qui est proche » et qui sera celui d'une « plus grande grâce ». Traduisons : le temps de la loi mosaïque avant le Christ — l'âge du Père —, le temps marqué par la venue du Christ « sous la lettre de l'Évangile » — l'âge du Fils —, enfin le temps, désormais prochain, où triomphera l'« intelligence spirituelle » — l'âge de l'Esprit et de l'« Évangile éternel ».

Dans son ouvrage le plus connu, *Concordia Novi et Veteris Testamenti* (il faut traduire *concordia* par concordance), Joachim écrivait : « Le premier état fut celui de la science [c'est-à-dire celui où l'on est obligé d'apprendre] ; le second est celui de la sagesse ; le troisième sera celui de la plénitude de l'intelligence. Le premier fut celui de la servitude ; le second est celui de la dépendance filiale ; le troisième sera celui de la liberté. Le premier s'est déroulé sous le fouet ; le second est sous le signe de l'action ; le troisième sera celui de la contemplation. La crainte a caractérisé le premier ; la foi, le second. La charité marquera le troisième. Le premier était le temps des esclaves ; le second est celui des hommes libres ; le troisième sera celui des amis. Le premier était le temps des vieillards ; le second est celui des jeunes gens ; le troisième sera celui des enfants. Le premier était sous la lumière des étoiles, le second est le moment de l'aurore, le troisième sera celui du plein jour. » Mort en 1202, Joachim estimait qu'une période critique allait incessamment commencer, qui durerait jusque vers 1260, et qu'après ce temps de turbulences la « religion monastique » ferait régner la paix sur le monde. Il n'a évoqué qu'en termes sobres ce futur bonheur spirituel, et pourtant terrestre. L'important est que, rompant avec l'interprétation augustinienne de l'Église officielle, il revint à l'eschatologie des premières générations chrétiennes — celle qui intercalait une période de félicité sur terre entre notre histoire tourmentée et le Jugement dernier. On a qualifié son message de « remontée du refoulé eschatologique ».

— *Pourquoi ce moine pacifique a-t-il suscité une postérité révolutionnaire, parfois extrêmement violente ?*

— Je vois deux raisons à cela. D'abord, il annonçait qu'à l'Église des clercs allait succéder celle des contemplatifs — des moines, tous pauvres. C'était porter involontairement un coup à l'institution ecclésiastique. Ensuite il a souvent utilisé la formule évangélique « les derniers seront les premiers », qu'il a complétée par l'affirmation qu'on vient d'évoquer et selon laquelle le temps des vieillards et des adultes sera suivi par celui des enfants : les *parvuli* régneront sur le monde et confondront les superbes et les puissants. Ces formules expliquent le rôle joué par les franciscains, amoureux de la pauvreté, dans la diffusion des idées joachimistes. Elles expliquent aussi que des esprits moins iréniques que Joachim eussent transformé sa pensée en un millénarisme radical et violent. Mais son influence a débordé les milieux extrémistes et même chrétiens. Dante l'a qualifié de « prophète ». Christophe Colomb et Campanella l'ont plusieurs fois cité. Au XIXe siècle, Hegel et Auguste Comte reprennent sa division de l'histoire en trois périodes. George Sand le place au centre de son roman, *Spiridion,* qui évoque l'avènement d'une religion de l'humanité. Michelet voit en lui l'annonciateur de « l'âge du libre esprit et de la science ». Encore en 1921, le marxiste allemand Ernst Bloch le range parmi ceux qui ont fait « briller l'ardente étincelle qui ne s'éteindra pas ».

— *Le célèbre voyant Nostradamus, protégé de*

Catherine de Médicis, qui annonce dans ses fameuses Centuries *l'avènement d'un « grand Monarque » qui régnera sur la terre, était-il, lui aussi, influencé par les thèses millénaristes et joachimistes ?*

— Il y a dans les *Centuries* de Nostradamus quelques formules millénaristes. Mais un fait historique plus important à souligner est que le message, plus ou moins bien compris, de Joachim de Flore s'est combiné dès le XIIIe siècle avec une autre tradition eschatologique plus ancienne. Au IVe siècle, puis à nouveau au VIIe, furent rédigés des textes prophétiques qu'on désigne sous le nom de *Sibyllines chrétiennes.* Ils annonçaient que, pendant une centaine d'années environ (mais cent ans pour les gens d'autrefois c'était beaucoup plus long que pour nous), un roi ou un empereur chrétien, le souverain des « derniers jours », installé à Jérusalem, ferait sous son sceptre l'unité de la terre habitée, lui apporterait la paix et convertirait toute l'humanité à la religion du Christ. À la fin de son règne, il déposerait sa couronne sur le Golgotha. Suivraient la dernière offensive de l'Antéchrist, puis la fin du monde. Les *Sibyllines chrétiennes* circulèrent durant tout le Moyen Âge et furent imprimées à la fin du XVe siècle. Elles véhiculaient, comme le millénarisme traditionnel, l'annonce qu'avant le Jugement dernier prendrait place un âge d'or chrétien. D'où l'amalgame qui se produisit entre ces deux perspectives eschatologiques. Il est fort probable que le « grand Monarque » dont parle Nostradamus était ce souverain des derniers jours.

— *L'espérance de voir le souverain des « derniers jours » régner à Jérusalem n a-t-elle pas sous-tendu l'entreprise des croisades ?*

— C'est évident. Ensuite les rois de France, les

empereurs d'Allemagne, les souverains espagnols et ceux du Portugal tentèrent simultanément ou successivement de la faire jouer en leur faveur. Cette espérance était présente dans l'entourage de Charles VIII de France et explique au moins en partie son expédition en Italie (1494) à laquelle devait faire suite la reconquête de Jérusalem. Elle fut une des pensées maîtresses de Christophe Colomb. Son projet constant fut d'aller par l'ouest vers des pays réputés riches — notamment la Chine — en or, en argent, en métaux précieux, et, avec les richesses qu'il aurait obtenues, de financer la reconquête de Jérusalem par les rois d'Espagne, qui eussent été ainsi les souverains des derniers jours.

Les grandes heures du millénarisme

— *Millénarisme et violence sont souvent allés de pair. C'est la conviction de Norman Cohn, dans son livre publié en français sous le titre* Les Fanatiques de l'Apocalypse.

— Un livre remarquable ! En effet, tout au long de l'histoire certains groupes ont voulu imposer le Millénium par la force. Les manifestations les plus violentes de ce millénarisme révolutionnaire furent le mouvement des radicaux tchèques dans les années 1420, la révolte des « paysans » de Thuringe dont Thomas Müntzer prit la tête en 1525, l'occupation de Munster, en 1534-1535, par des anabaptistes exaltés qui crurent que le Christ allait y descendre pour en faire la nouvelle Jérusalem !

— *C'est l'épisode évoqué par Marguerite Yourcenar dans* L'Œuvre au noir.

— En effet. Il y eut aussi les complots ourdis en Angleterre, au milieu du XVIIe siècle, par les « Hommes de la cinquième monarchie ». J'ai rappelé tous ces faits dans mon livre, apportant notamment sur les extrémistes tchèques du XVe siècle des documents inconnus jusqu'ici hors de Bohême. J'ai aussi pu fournir une analyse détaillée d'un ouvrage étrange, le *Livre aux cent chapitres,* rédigé aux alentours de 1500 par un Alsacien exalté anonyme qu'on a pris l'habitude d'appeler « le Révolutionnaire du Haut-Rhin ». Néanmoins, j'ai surtout voulu montrer l'importance et la diversité du millénarisme, bien au-delà des mouvements séditieux égalitaristes.

— *Quels pays ont été le plus atteints par l'utopie millénariste ?*

— On ne sait pas assez, hors des pays lusitaniens, que le Portugal a été traversé, du XVe au XVIIe siècle inclus, par de profonds courants millénaristes sans la connaissance desquels l'histoire de ce pays reste incompréhensible. On a ainsi pu écrire qu'au Portugal « la persistance du messianisme animant la mentalité d'un peuple, pendant un temps aussi long et en conservant la même expression, est un phénomène qui, à l'exclusion du peuple juif, n'a pas d'équivalent dans l'histoire ». La recherche récente a montré qu'il fallait donner une signification eschatologique aux projets et aux expéditions outre-mer de Manuel le Fortuné. Il songeait à une sorte de royauté universelle et messianique, le cinquième empire de Daniel, qui verrait le Portugal amener à la religion du Christ toutes les nations non chrétiennes. Fait particulier au Portugal : les *trovas* (chansons), notamment celles du cordonnier inspiré Bandarra, composées entre 1530 et 1546, annonçaient l'apparition prochaine d'un roi encore caché — l'*Encoberto* — qui serait le sauveur du monde. L'espérance en la réapparition du roi Sébastien, disparu en 1578 lors d'une bataille contre les « Maures » au Maroc, s'inscrit dans cette tradition. Le sébastianisme, au XVIIe siècle, se transforma en un authentique millénarisme, et cela grâce notamment à Antonio Vieira.

Le jésuite Antonio Vieira (1608-1697), le plus célèbre prédicateur portugais de son temps, et qui compta dans son pays parmi les grands noms de la littérature baroque, était en effet un authentique millénariste. Né au Brésil, il y passa une partie de sa vie et y mourut. Il fut un infatigable défenseur des Indiens. Partisan de l'indépendance du Portugal par rapport à l'Espagne, il salua en Jean IV de Bragance le restaurateur de la patrie et le « roi caché » qu'avaient annoncé les *trovas* de Bandarra. Indépendamment de ses sermons à caractère eschatologique, Vieira a exprimé ses conceptions millénaristes dans trois principaux écrits : les *Esperanças de Portugal* (1659) ; l'*Historia do futuro,* commencée probablement en 1649 et jamais achevée ; enfin la *Clé des prophéties* (en latin) dont il parla pour la première fois en 1663, ouvrage lui aussi inachevé et dont il ne reste que des fragments.

Vieira, dans ses livres, a passé beaucoup de temps à prouver que les prophéties de David, Isaïe et Daniel annonçaient le cinquième empire du monde, et il a vu dans les voyages de découverte jusqu'aux extrémités de la terre le début de son avènement. Après avoir démontré qu'il y aura un cinquième empire, il pose la question : sera-t-il dans ce monde ou dans l'autre ? Il répond catégoriquement : « C'est le sentiment commun des saints, reçu et suivi par tous les commentateurs, que ce règne et empire du Christ, prophétisé par Daniel, est un empire de la terre et sur terre. » Dans la conception de Vieira, le Christ ne régnera pas directement sur le monde régénéré, mais il exercera sa souveraineté par ses deux représentants, le pape et le roi du Portugal, l'Église étant alors parvenue à son ultime état de perfection. Jérusalem sera restaurée dans toute sa gloire. Le péché disparaîtra par la conversion des infidèles et la mort anticipée des pécheurs refusant de se convertir. Dans cette cinquième monarchie la vie continuera comme aujourd'hui avec agriculture, industrie et commerce, mais sans guerre. Cet état de perfection durera mille ans, avant le retour de l'Antéchrist et la fin du monde. Lisbonne sera au centre de cet empire du Christ sur terre, car elle est, disait-il, « le site le plus proportionné et le plus apte à la destination que lui a choisie le Suprême Architecte [...]. Elle attend entre ses deux promontoires, qui sont comme deux bras ouverts, [...] la volontaire obéissance de toutes les nations qui découvriront leur solidarité, même avec les populations des terres encore inconnues aujourd'hui et qui auront perdu l'injure de ce nom ». Tandis que le pape sera l'unique pasteur spirituel de l'humanité, le roi du Portugal, devenu empereur du monde, sera l'arbitre universel. Il mettra fin à tous les conflits par lesquels les nations se détruisent aujourd'hui l'une l'autre et « il maintiendra le monde entier dans la paix du Christ chantée par les prophètes ».

— *Hormis le Portugal, y eut-il d'autres pays européens profondément touchés par les courants millénaristes ?*

— En France, beaucoup ignorent, même en milieu protestant, que Jurieu, le grand adversaire réformé de Bossuet et l'animateur depuis Rotterdam de la résistance à Louis XIV, était millénariste. Quant à l'histoire anglaise du XVIIe siècle, elle est inintelligible si l'on n'y donne pas toute leur place aux attentes eschatologiques. Le millénarisme a joué un rôle important outre-Manche à l'époque de Cromwell. D'une façon plus générale, la naissance et le développement du protestantisme permirent aux courants millénaristes de se manifester plus ouvertement et plus largement qu'auparavant, même s'il est vrai que les grands réformateurs, notamment Luther et Calvin, restèrent fidèles à l'interprétation augustinienne de l'Apocalypse. Il a existé globalement un lien certain entre millénarisme et hérésie.

D'autre part, l'entrée en scène de l'Amérique donna un nouvel essor à l'espérance millénariste. Marcel Bataillon et Georges Baudot ont bien montré que les premiers franciscains qui arrivèrent au Mexique en 1524 étaient imprégnés de joachimisme, et qu'ils croyaient proche le « dernier âge du monde », c'est-à-dire une période de paix, de réconciliation et de conversion générale au christianisme qui précéderait la fin de l'histoire. Les deux franciscains les plus connus de la « conquête spirituelle » du Mexique au XVIe siècle, Motolonia et Mendieta, eurent en commun la conviction qu'ils allaient pouvoir reconstituer l'âge d'or de l'Église primitive outre-Atlantique, loin de la chrétienté européenne pervertie, chez des Indiens pauvres et simples. Mendieta a rêvé de faire vivre les indigènes de la Nouvelle-Espagne « dans la vertu et la paix ; au service de Dieu, comme dans un paradis terrestre » — formule à laquelle il faut donner tout son sens eschatologique. C'était aussi l'espoir des jésuites lorsqu'ils créèrent les « réductions » du Paraguay en faveur des Guaranis.

— *Vous rappelez aussi que les premiers puritains qui vinrent s'établir outre-Atlantique avaient la conviction que l'Amérique était le lieu à partir duquel allait s'étendre le règne universel du Christ.*

— En effet, et en Europe on ne le sait pas assez.

En Angleterre, en 1628, à un groupe de partants qu'on tentait de dissuader de prendre la mer, un des initiateurs de l'aventure déclara : « Ne retardez pas votre départ... Sachez que là-bas le Seigneur créera un nouveau ciel et une nouvelle terre, de nouvelles Églises et une nouvelle république (*Commonwealth*). » Pour le théologien John Cotton, émigré en Amérique au XVIIe siècle, la Nouvelle-Angleterre occupait « une situation sans précédent dans l'histoire ». Ses habitants constituaient une société « libérée de la Bête ». Pour lui, l'Amérique était « lisible dans les promesses », c'est-à-dire dans les prophéties de l'Ancien Testament. En 1652, John Eliot, le premier missionnaire protestant des Indiens, affirmait que le royaume du Christ était maintenant « en train de se lever dans les parties occidentales du monde ».

C'est toutefois dans l'œuvre de Jonathan Edwards, initiateur du « grand réveil » protestant des années 1740-1744, qu'on trouve l'expression la plus éclatante d'un millénarisme lié à l'Amérique du Nord. Il déclara notamment : « Ce nouveau monde a probablement été découvert de nos jours pour que le nouvel et plus glorieux État de l'Église de Dieu sur terre puisse débuter ici [c'est-à-dire en Amérique] et pour que Dieu y fasse commencer un nouveau monde spirituel, en créant les nouveaux cieux et la nouvelle terre. [...] Dieu a déjà accordé cet honneur à l'autre continent d'y avoir fait naître le Christ, au sens littéral du terme, et d'y avoir procuré la Rédemption. Or, comme la Providence observe une sorte d'égalité dans la distribution des choses, il n'est pas déraisonnable de penser que la grande naissance spirituelle du Christ et la plus glorieuse application de la Rédemption doivent commencer ici [...]. L'autre continent a tué le Christ et, d'âge en âge, a répandu le sang des saints et des martyrs de Jésus. Il a été comme inondé par le sang de l'Église. Dieu a donc probablement réservé l'honneur de bâtir le glorieux temple à la fille [l'Amérique] qui n'a pas répandu tant de sang, au moment où va commencer ce temps de paix, de prospérité et de gloire signifié jadis par le règne de Salomon [...]. Plusieurs faits me paraissent indiquer [...] que le soleil se lèvera à l'Ouest. »

— *N'avez-vous pas le sentiment que l'Amérique est encore fortement imprégnée de ces idées ? Prenons simplement les propos de George Bush après la guerre du Golfe, sur l'Amérique championne d'un « nouvel ordre mondial » de paix et de justice.*

— J'en suis persuadé et, historiquement, on a de sérieuses raisons de penser que le millénarisme américain a constitué l'une des composantes de l'identité de la nouvelle nation en formation. En 1785, le petit-fils de Jonathan Edwards, Timothy Dwight, millénariste comme lui, publia un poème au titre significatif, *The Conquest of Canaan.* Les soldats tombés durant la guerre d'Indépendance y étaient comparés aux Hébreux jadis conduits par Josué vers la terre promise. Un nouvel Éden, le cinquième empire annoncé par Daniel, allait surgir — « empire de paix, de justice et de liberté ». La nouvelle république serait l'agent et le moteur du Millénium. Un prédicateur assura en 1795 que les habitants des États-Unis pouvaient « se dire les uns aux autres avec des visages allègres : "Nous sommes un peuple particulièrement favorisé du ciel. [...] Les États-Unis sont maintenant la vigne du Seigneur" ». Pour un autre millénariste du début du XIXe siècle, David Austin, la pierre qui, selon la prophétie de Daniel, se détache de la montagne pour remplir toute la terre annonçait, de toute évidence, la Déclaration d'indépendance de juillet 1776, l'événement à partir duquel les mille ans de bonheur allaient pouvoir commencer.

— Les thèses millénaristes sont-elles à l'origine des diverses utopies qui ont marqué la littérature européenne à partir de celle publiée par Thomas More en 1516 ?

— Je ne sais pas si les thèses millénaristes ont engendré les utopies. En revanche des liens ont indiscutablement existé entre elles. Le genre littéraire de l'utopie s'est développé à partir du XVIe siècle et a particulièrement fleuri au XVIIIe siècle. D'abord, les auteurs imaginèrent des îles lointaines dont les habitants vivaient heureux sous de sages gouvernements et des lois justes. L'égalité ou la communauté des biens, ou les deux à la fois, y étaient le plus souvent données comme la règle d'or. Mais les utopies visèrent de plus en plus, tout en situant leurs descriptions fantastiques dans un ailleurs irréel, à suggérer des changements pour un futur accessible. Le désir de promouvoir des améliorations radicales sur terre a donc été commun aux millénaristes et aux auteurs d'utopies.

Le lien entre les deux types de discours apparaît avec netteté dans l'œuvre du dominicain italien Campanella (1568-1639). Pourtant la dimension millénariste des écrits de Campanella avait été jusqu'ici peu ou pas remarquée, peut-être parce que les ouvrages où il l'exprime n'ont été publiés que dans la seconde moitié de notre siècle. Or dans *La Profezia di Cristo*, ouvrage rédigé en 1623, soit une vingtaine d'années après *La Cité du Soleil*, Campanella annonce, en s'appuyant à la fois sur Lactance et Joachim de Flore : « Alors les bons seront séparés des mauvais et il y aura un ciel nouveau et une terre nouvelle. L'éclat du soleil sera multiplié par sept et la lune sera comme le soleil aujourd'hui : et cela pendant mille ans [...]. Cette première rénovation des créatures ne sera pas celle qui les rendra immortelles, puisque continueront la procréation et la nourriture à partir des productions de la terre : ce qui ne peut se produire qu'à travers la corruption des éléments. En ce temps-là, les étoiles et les éléments subiront une purification partielle et se verront imposer l'ordre et la disposition qui conviennent au siècle d'or, durant lequel les saints posséderont le monde humain. » Comme tous les millénaristes, Campanella s'est complu dans des spéculations arithmétiques compliquées sur les échéances eschatologiques. Disons pour simplifier qu'il les croyait très prochaines.

— *Il existe aussi une profonde parenté entre la croyance millénariste et l'idéologie moderne du progrès. La seconde n'est-elle pas la version laïque, séculière, de la première ?*

— Pour les millénaristes de toutes les époques, le passage aux mille ans de bonheur terrestre doit s'opérer, conformément aux prédictions de l'Apocalypse, à l'issue d'une période de catastrophes. Au contraire, quand, à la fin du XVIIe siècle, sous la plume de penseurs tels que Fontenelle et Leibniz, est apparue en Occident la notion de progrès, celle-ci a été plutôt liée à l'idée d'une marche graduelle et relativement régulière de l'humanité vers l'amélioration de son statut moral et matériel. Cependant, je vous l'accorde, il y a un point commun au millénarisme et à l'idéologie du progrès : la certitude que l'humanité va vers un mieux terrestre et qu'un avenir radieux est à l'horizon. D'où l'invitation à rechercher si des passerelles n'ont pas relié les deux prospectives. Je suis convaincu que ces passerelles existent.

Le cas de Priestley, par exemple, permet d'éclairer de façon presque pédagogique les liens qui ont uni, au XVIIIe siècle, le millénarisme et la croyance au progrès. En tant que scientifique, il démontra que la loi d'action entre les charges électriques est la même que pour la gravitation. Il découvrit l'oxygène et isola un grand nombre de gaz. Par ailleurs, théologien unitarien, il n'adhérait pas au dogme de la Trinité. En ce qui concerne le thème dont nous traitons, il était persuadé que Dieu désire que l'homme soit heureux dès cette terre et il voyait dans la science le grand instrument du progrès. C'est par elle qu'on allait s'acheminer vers le Millénium. Grâce à elle, « les hommes deviendront de jour en jour plus heureux, chacun pour lui-même, mais aussi tous plus capables de communiquer le bonheur aux autres et, j'en suis persuadé, plus disposés à le faire. Ainsi, quel qu'ait été le commencement de ce monde, la fin sera glorieuse et paradisiaque, au-delà de tout ce que nos imaginations peuvent maintenant concevoir ». Favorable à la Révolution française, il vit dans celle-ci le tremblement de terre prédit par l'Écriture qui devait accélérer le passage à la situation édénique. En 1799 il écrivit une adresse aux juifs dans laquelle, en se fondant, comme tant d'autres millénaristes, sur les révélations de Daniel et de l'Apocalypse, il leur annonçait un prochain retour en Palestine, la réunion de toutes les religions, l'anéantissement de la papauté, des Turcs et des royaumes d'Europe et, enfin, l'établissement du royaume de Dieu sur terre.

— *Il semble que les grands théoriciens du socialisme, surtout au XIXᵉ siècle, se sont eux aussi inspirés des thèses millénaristes ?*

— L'espoir de réaliser le bonheur terrestre de l'humanité a en effet constitué une idée-force au XIXᵉ siècle et il a été exprimé par les esprits les plus divers. Victor Hugo, par exemple, s'adressant à la jeunesse, s'écriait en 1830 : « Oh, l'avenir est magnifique ! / [...] Un siècle pur et pacifique / S'ouvre à vos pas mieux affermis ; / [...] Nous verrons avec majesté, / Comme une mer sur ses rivages, / Monter d'étage en étage l'irrésistible liberté. » La croyance au progrès inspira à la fois les positivistes et les socialistes. Pierre Leroux, l'inventeur, semble-t-il, du mot « socialisme », affirma : « Le paradis doit venir sur terre. » Il n'est donc pas excessif d'affirmer, comme vous le faites remarquer, que l'espérance millénariste laïcisée s'est alors réinvestie dans le socialisme. Marx assura que l'action du prolétariat allait supprimer l'exploitation de l'homme par l'homme, et le communisme résoudre « l'énigme de l'histoire ». Pour Jaurès, grâce au socialisme, « pour la première fois, l'humanité dominera les choses » et l'art sera libéré. Encore en 1921, le marxiste Ernst Bloch — il devait ensuite devenir un dissident du marxisme — écrivait, en s'appuyant sur toute la tradition millénariste à laquelle il se référait explicitement : « Il est impossible que n'advienne le temps du Royaume. »

— *Ne retrouve-t-on pas aussi chez Hitler un relent millénariste lorsqu'il promet au peuple allemand un régime qui doit durer mille ans ?*

— En réunissant les matériaux pour mon livre, je me suis naturellement posé la question. Avec un collègue germaniste nous avons entrepris une recherche sur ce sujet. Or la promesse d'un *Reich* de mille ans ne se trouve pas dans *Mein Kampf,* même s'il est vrai que dans un discours prononcé à Nuremberg en 1937 Hitler promit au peuple allemand « mille ans sans révolution ». Mais c'est tout ce que nous avons trouvé. Je pense que l'idée du « *Reich* de mille ans » a été diffusée par les doctrinaires du parti. Mais elle n'est pas venue dans la bouche de Hitler, ni sous sa plume.

— Quoi qu'il en soit, on a assisté depuis les Lumières à des métamorphoses et à une laïcisation du millénarisme. Mais subsiste-t-il aujourd'hui sous sa forme religieuse traditionnelle ?

— Absolument ! En même temps qu'il inspirait les courants utopiques, positivistes ou socialistes, le millénarisme traditionnel continuait sa carrière, particulièrement aux États-Unis — ce qui n'est pas un hasard. Il a constitué (et constitue toujours) un des éléments importants de la doctrine des mormons, des adventistes du septième jour et des témoins de Jéhovah. Dans le credo mormon, par exemple, on lit cette affirmation : « Nous croyons que Sion sera bâtie sur ce continent [l'Amérique] ; que Jésus régnera en personne sur la terre, que la terre sera renouvelée et recevra une gloire paradisiaque. » Je rappellerai que les témoins de Jéhovah constituent la « secte » chrétienne qui connaît actuellement la plus forte expansion dans le monde (près de cent soixante mille adeptes en France) et la croyance au Millénium, dont ils ont annoncé l'avènement à plusieurs reprises depuis un siècle, est au cœur de leur doctrine. On pourrait aussi parler d'un autre millénarisme religieux, assez largement détaché du christianisme, à propos de l'attente actuelle du New Age. Pour ceux qui vivent dans cette espérance, l'ère paradisiaque de 2 160 ans (qui doit commencer bientôt), dominée par le signe du Verseau, concentrera toutes les aspirations « positives » auxquelles les humains rêvent depuis des temps immémoriaux.

— Pourquoi mille ans ?

— Ce chiffre est une invention de l'Apocalypse. La division des périodes de l'histoire en tranches de mille ans est restée longtemps étrangère à l'Ancien

Testament, qui calculait plutôt le temps en semaines d'années (49 ans), à la suite desquelles intervenait un jubilé. L'origine des millénaires se situerait en Babylonie et en Iran. Le premier texte juif évoquant une période de mille ans se trouve précisément dans le Livre des Jubilés (4, 29-31), une centaine d'années seulement avant Jésus-Christ, où il est dit : « Adam mourut soixante-dix ans avant d'avoir atteint mille ans, car mille ans sont comme un jour dans le ciel. » Mais c'est assurément l'Apocalypse qui, en raison de son durable succès dans l'espace chrétien, fit la fortune du millénaire d'années.

La peur de la fin du monde

— *Ces « mille ans » de l'Apocalypse n'ont-ils pas aussi forgé cette idée qu'à la fin de chaque millénaire il se passerait quelque chose d'important, entraînant dès lors des attentes eschatologiques ou des peurs de fin du monde ?*

— Sans aucun doute, surtout si l'on retient l'interprétation de saint Augustin. Il a rejeté la lecture littérale du chapitre 20 de l'Apocalypse et a refusé de croire qu'il y aurait à partir d'un certain moment une séquence de mille ans de bonheur sur terre. Il a pensé, nous l'avons dit, que les mille ans annoncés par l'Apocalypse avaient commencé dès la naissance du Christ. Il n'y avait pas à attendre entre notre temps et l'éternité une période intermédiaire qui serait une sorte d'âge d'or retrouvé. On était déjà entré dans le temps du Royaume. Et puisque l'Apocalypse avait parlé de mille ans, il n'était pas absurde de penser, aux alentours de l'an mil, que les temps étaient écoulés et qu'approchait le dernier combat eschatologique. Mais, précision nécessaire, ce qui était incontestablement une attente dans les monastères ou dans les têtes pensantes de l'Église n'a pas pour autant provoqué ce qu'on a appelé « la grande peur de l'an mil », c'est-à-dire une panique déferlant sur l'Europe, et qui n'était qu'une légende. Mais que, dans les monastères où on lisait l'Apocalypse, on ait pensé que les temps étaient accomplis et qu'on arrivait à la dernière période de l'histoire, cela je le crois vraiment.

— *À quelle époque est née cette légende de la terreur de l'an mil ?*

— Elle est née en deux temps. D'abord, discrètement, à la fin du XVe siècle, lorsque l'humaniste allemand Trithemius (c'est son nom latinisé) a voulu opposer les lumières de son temps aux ténèbres de la période antérieure, que nous appelons maintenant le Moyen Âge. Il présenta cette période comme un temps de peurs. Et parmi ces peurs, il y aurait eu les peurs de l'an mil. Mais la grande époque de la légende des peurs de l'an mil, c'est l'historiographie romantique du XIXe siècle. Avec ce même souci d'opposer les lumières du présent aux ténèbres du passé, opposition courante à l'époque de Michelet.

— *S'il n'y a pas eu de grande peur de l'an mil, pouvez-vous nous expliquer comment et pourquoi les peurs eschatologiques sont réapparues à partir de la fin du XIVe siècle ?*

— Je pense que cela tient à la succession de malheurs qui se sont abattus sur l'Occident à partir du XIVe siècle. Il faut les énumérer. Le plus important, incontestablement, fut la peste noire de 1348, un vrai désastre démographique. Un quart, peut-être même un tiers, de la population européenne a péri en l'espace de trois ou quatre ans. C'est énorme. En second lieu, quelque temps après, commence le Grand Schisme

(1378-1417), avec deux, parfois même trois papes concurrents. Le théologien français Jean de Gerson (1363-1429) pensait qu'il ne pouvait s'agir que d'une punition de la chrétienté pécheresse, et il ajoutait même que personne n'entrerait au paradis tant que le Grand Schisme ne serait pas terminé. Le Schisme est colmaté au début du XVe siècle, mais, cent ans après, éclate la Réforme protestante. Cette fois, la chrétienté latine est coupée en deux et l'est restée jusqu'à aujourd'hui. Ajoutez encore les innombrables disettes, la guerre de Cent Ans, la guerre des Deux-Roses, le danger turc : la conquête de Constantinople en 1453, l'Asie Mineure et une grande partie des Balkans conquises et la prise de l'Égypte au début du XVIe siècle, le protectorat ottoman s'étendant sur toute l'Afrique du Nord avec protection accordée aux corsaires barbaresques qui désolaient les côtes européennes, etc. Et voici qu'au XVIe siècle éclatent les guerres de Religion. C'est dans ce contexte dramatique qu'ont refleuri les attentes et les peurs de fin du monde. Et, conformément à la mentalité de l'époque, puisque arrivaient tous ces malheurs, il fallait chercher des coupables. On en a trouvé plutôt plus que moins !

— *Vous voulez parler de l'Inquisition, des chasses aux sorcières ?*

— Oui. Durant ces deux cent cinquante ans au cours desquels tant de malheurs s'abattent sur l'Occident, on recherche constamment des boucs émissaires : les Turcs, les juifs (c'est la grande période de l'antijudaïsme), les hérétiques, les sorcières. Il faut bien voir que le grand moment de la chasse aux sorcières n'est pas le Moyen Âge, comme on le croit souvent, mais une période s'étendant de la fin du XVe siècle au début du XVIIe, c'est-à-dire la Renaissance. Et cela s'explique, à mon avis, par le climat eschatologique de l'époque. Songeons au tragique *Jugement dernier* de Michel-Ange au plafond de la Sixtine ou aux quinze planches monumentales de l'*Apocalypse* de Dürer, qui le rendirent d'un coup célèbre. Les gens de l'époque ne disposaient pas de la notion de progrès dans leur bagage mental. Ils n'imaginaient pas que l'humanité pouvait avoir un long avenir devant elle, ni même un avenir tout court. Ils la jugeaient vieille et proche de sa fin. Christophe Colomb écrivit en 1500 que la fin du monde arriverait tout au plus dans cent cinquante ans. Nicolas de Cues annonça que la victoire sur l'Antéchrist aurait lieu entre 1700 et 1734. Luther déclara : « Nous avons atteint le temps du cheval blême de l'Apocalypse [...] ce monde ne durera pas plus d'une centaine d'années. » On pourrait multiplier les citations de ce genre. Les millénaristes étaient minoritaires. Pour la plupart, la fin des temps était proche ; on approchait à grands pas du Jugement dernier.

— *Il est quand même étonnant de constater que cette époque que nous qualifions aujourd'hui de Renaissance, marquée par tant de découvertes et d'horizons nouveaux, se vivait comme vieillissante et proche de la fin de l'histoire !*

— C'est en effet un paradoxe qu'il faut éclairer. On peut se demander comment les intellectuels de l'époque parvinrent à concilier ces attentes eschatologiques avec la conviction, souvent exprimée, que leur époque avait vu la renaissance des arts et des lettres. La réponse se trouve, notamment, chez Guillaume Budé et chez Luther. Le premier écrivit, dans son *De transitu hellenismi ad Christianismum* (1535) : « Ô sort misérable et catastrophique de notre époque, qui a pourtant restauré de façon prestigieuse la gloire des lettres mais qui, par le crime de quelques-uns et les méfaits d'un grand nombre, s'est chargée d'une impiété sinistre et inexpiable [...]. Quant à moi, je suis plutôt enclin à penser que le dernier jour a commencé à tomber, et que ce monde est déjà au déclin, qu'il est vraiment vieux et privé de sens, qu'il indique, présage et annonce sa fin prochaine et sa chute. » Luther exprime une opinion assez semblable, mais en marquant plus nettement le point suivant : puisque l'humanité est arrivée à un « sommet », tant dans la connaissance et les arts que dans l'iniquité et le péché, le jour du jugement ne peut être que proche.

On peut aussi préciser que la découverte de l'Amérique a donné de deux façons un nouveau souffle aux attentes eschatologiques. Pour ceux tout d'abord qui attendaient une fin du monde prochaine, la conquête de l'Amérique allait permettre la conversion de peuples jusque-là ignorés ; l'ensemble du monde deviendrait chrétien, conformément aux prophéties du Nouveau Testament. Puisque l'humanité entière allait devenir chrétienne, la fin des temps était désormais imminente. Si l'on suit maintenant la filière millénariste — mais il y eut naturellement des intersections entre les deux attentes —, l'âge d'or chrétien, avant les derniers temps, allait renaître en Amérique. Que ce soit au Mexique, évangélisé principalement par les franciscains, en Amérique du Nord où débarquaient au XVIIe siècle des puritains dont la plupart étaient millénaristes, ou encore dans les républiques guaranis que les jésuites fondèrent au Paraguay aux XVIIe et XVIIIe siècles, on essaya de créer des chrétientés idéales, reconstituant l'Église des premiers jours, et qui voulaient être le modèle de l'Église de la fin des temps.

— *Quand disparurent ces peurs et ces espérances eschatologiques ?*

— Elles ont fléchi à partir de la seconde moitié du XVIIe siècle, notamment avec la fin de la guerre de Trente Ans (1618-1648). Celle-ci fut un désastre qui décima en particulier la population allemande, avec le va-et-vient continuel des hommes de guerre... et de la peste. 1648 marque la fin des guerres de Religion en Europe. À partir du règne personnel de Louis XIV, la France entre également dans une période d'assez grande paix intérieure qui va durer jusqu'à la Révolution française ou presque. 1660 marque aussi la fin des révolutions en Angleterre. La seconde moitié du XVIIe siècle est donc incontestablement, malgré les guerres de Louis XIV, une période de relative détente où l'on évacue un peu les peurs eschatologiques. D'autant plus que l'Église catholique mit une sourdine à tout ce qui était annonce de la fin des temps.

— *Pour quelles raisons ?*

— Parce que le protestantisme s'était servi de l'Apocalypse comme d'une arme contre le catholicisme en affirmant — et je pense que dans l'esprit de Luther et de beaucoup de protestants il ne s'agissait pas seulement d'arguments polémiques mais d'une véritable conviction — que le pape était la Bête de l'Apocalypse, et Rome, la Babylone moderne. À partir de ce diagnostic, vous comprenez qu'on pouvait tout dire contre l'Église catholique. Celle-ci a donc mis une sourdine à des discours qui se retournaient contre elle. À partir du concile de Trente, l'Église catholique se ressaisit, se débarrasse de quelques-unes de ses tares intérieures, et insiste plus sur le jugement particulier que sur le Jugement dernier, trop associé aux prophéties eschatologiques.

Retrouver l'espérance

— *Parlons maintenant de l'an 2000. Avez-vous le sentiment qu'il y a des peurs ou des attentes eschatologiques qui renaissent à l'approche de la fin du millénaire ?*

— Incontestablement. Les suicides collectifs perpétrés dans des sectes telles que l'ordre du Temple solaire, ou le « Heaven's Gate », « la Porte du paradis », révèlent l'angoisse qui s'est emparée de certains esprits fragiles à l'approche d'échéances qui leur paraissent apocalyptiques. La vie sur notre planète, pensent-ils, est devenue impossible et va l'être de plus en plus à l'approche des catastrophes attendues. Les sondages prouvent que ce sentiment est assez partagé en Occident : l'un d'eux, publié récemment, précise que 59 % des habitants des États-Unis s'attendent à des catastrophes imminentes. On peut aussi rappeler le succès d'un livre comme *Feu la grande planète terre* qui s'est vendu à vingt-huit millions d'exemplaires. Mais, à mon avis, dans l'ensemble, les gens ont bien moins peur de l'an 2000 qu'ils ne redoutent le chômage ! En plus, cette date ne correspond à rien pour les non-chrétiens. Elle n'est en aucune manière un rendez-vous dans les calendriers juif, musulman, hindou, japonais ou chinois. Par conséquent, je crois qu'il faut vraiment relativiser les choses à cet égard.

— *Qu'est-ce qui vous a amené personnellement à vous intéresser à la peur en Occident ?*

— Ce sont des souvenirs d'enfance. Lorsque j'ai publié *La Peur en Occident,* j'ai ressenti le besoin de m'expliquer brièvement à ce sujet à la fin de l'introduction. En voici les dernières lignes : « Tandis que j'en construisais le plan [de ce livre] et en ordonnais les matériaux, j'eus la surprise de constater que je recommençais à quarante ans de distance l'itinéraire psychologique de mon enfance et que je parcourais à nouveau sous le couvert d'une enquête historiographique les étapes de ma peur de la mort. La démarche de cet ouvrage en deux volumes[1] reprendra sous forme de transposition mon chemin personnel, mes frayeurs premières, mes difficiles efforts pour m'habituer à la peur, mes méditations d'adolescent sur les fins dernières et finalement une patiente recherche de la sérénité et de la joie dans l'acceptation. » Je n'abuse pas en général de l'autobiographie, mais dans cette introduction j'ai cru nécessaire de le faire.

— *Vous pensez qu'il faut affronter ses peurs pour s'en délivrer ?*

— Il faut les regarder en face. Aux alpinistes on donne le conseil de descendre « face au vide » (sauf en rappel évidemment).

— *Et est-ce que le monde actuel vous inquiète ?*

— Je dois avouer que oui. Je ne suis pourtant pas pessimiste par tempérament. Je pense que la créativité de l'homme est très grande. Il y a plus de bien sur terre qu'on ne le croit et qu'on ne le dit souvent, parce qu'on est trop attentif à ce qui fait mal et à ce qui va mal. Cela dit, je rentre d'un court voyage au Brésil. La situation dans ce pays s'est dégradée depuis vingt ans. Les villes sont de plus en plus grandes, il y a de plus en plus de pauvres, et de toute évidence les autorités dominent de plus en plus mal des agglo-

1. J'ai été conduit à donner à mon enquête des dimensions beaucoup plus vastes que celles que j'avais prévues au départ. Mais l'itinéraire global est bien celui que j'avais annoncé alors (1975) : la peur — le sentiment de sécurité — les rêves de bonheur.

mérations qui s'étendent à perte de vue. Et par conséquent, à tous égards — inégalités sociales, pollution, corruption... —, la situation s'est aggravée. Il nous faut être très attentifs, très vigilants, car l'humanité n'a pas d'avance partie gagnée.

— *Quelle est pour vous la menace la plus sérieuse qui pèse sur l'humanité à l'aube du XXI*e *siècle ?*

— Il me semble que le mouvement actuel de modernisation accélérée qui touche toutes les nations et tous les individus, dans ce qu'il a d'excessif, d'aveugle et de trop rapide, accroît les inégalités sociales, engendre toutes sortes de pollutions et, en conséquence, constitue pour l'humanité un véritable danger. Oui, l'humanité est en danger. Ajoutez à cela des maladies comme le sida, dont les conséquences sont sans doute moins graves que celles de la peste autrefois, mais néanmoins proprement désastreuses pour certains peuples, je pense notamment aux Africains. Nous ne pouvons mésestimer ces menaces. Mais il n'est pas question de baisser les bras. Et les solutions, puisqu'elles existent, passent par le dialogue des nations et une manière d'éthique planétaire.

— *Pensez-vous que notre époque soit encore une époque d'espérance ?*

— Il est vrai que ce qu'on a appelé « la mort des idéologies », qui est un fait, et l'effacement, au moins relatif, des religions ont diminué la dose d'espérance qui nous est impartie. L'humanité a besoin plus que jamais de retrouver une espérance, des valeurs et le sens de la vie.

— *Attendez-vous personnellement cette fin des temps annonciatrice du Jugement dernier ?*

— J'écarte la question de la fin du monde, puisque, d'après les scientifiques, la terre a encore quelques milliards d'années devant elle ! En revanche, et je ne l'ai jamais caché, en tant que chrétien, je crois, certes, que j'aurai des comptes à rendre au moment de ma mort sur ce que j'aurai fait de ma vie. Mais je mets mon espérance en la miséricorde de Dieu et j'espère connaître auprès de Lui et avec mes frères humains le bonheur dans l'amour.

(Entretien réalisé à Cesson-Sévigné
le 18 décembre 1997.)

LES QUESTIONS DU SPHINX

par

Jean-Claude Carrière

L'idée d'une réflexion sur la fin des temps avait tout pour faire résonner mille harmoniques dans l'esprit fertile de Jean-Claude Carrière. Comme on le verra, la flèche du temps, avec ses vertiges et ses paradoxes, est une question qui hante cet écrivain sans frontières, sensibilisé par une expérience multiforme de la création et de la pensée contemporaines. Au regard de cette grande question rien ne lui paraît trivial, ni le rythme de nos gestes, ni le tic-tac des horloges, ni l'apprentissage des arts de la lenteur comme le tai-chi-chuan, ni l'humble tâche de planifier un emploi du temps. Pour lui, ces entretiens furent donc l'occasion de rassembler des réflexions issues d'horizons divers, une ample moisson de savoirs glanés dans le théâtre, le cinéma, la littérature, la philosophie, la science et la vie quotidienne.

À la fois dramaturge et comédien, scénariste des grands cinéastes de notre temps — Étaix, Buñuel, Oshima, Schlöndorff, Malle, Godard, Forman... —, Jean-Claude Carrière a scellé par un travail de longue haleine avec Peter Brook une très ancienne complicité. Mais sa curiosité insatiable l'a conduit très tôt à passer la rampe pour explorer des régions peu fréquentées du savoir. Et presque toutes les escapades de l'auteur du Cercle des menteurs, contes philosophiques du monde entier *(Plon, 1998* [1]*) ont semblé* le rapprocher de la *lointaine* terra incognita *où, en grand nombre, ses lecteurs l'ont suivi. Il ne saurait être question de dresser ici une liste des publications qu'il a accumulées, ni même de prétendre donner une idée de la diversité qui les caractérise. Nous nous contenterons de rappeler sa connaissance étendue de la civilisation indienne, qui l'a conduit à proposer au public français une nouvelle lecture du* Mahâbhârata *; son intérêt pour le bouddhisme, dont témoigne* La Force du bouddhisme, *récits de ses rencontres avec le dalaï-lama (Robert Laffont, 1994* [2]*) ; la qualité de ses échanges avec les astrophysiciens Jean Audouze et Michel Cassé parus dans* Conversations sur l'invisible *et* Regards sur le visible *(Plon, 1988, 1996).*

Cet esprit libre, fanatique du dialogue, a donc toujours eu un faible pour les questions inédites, les sagesses lointaines, les marginaux, les indomptables, les hérétiques, les chercheurs de vérité, qu'ils s'appellent Krishna, Hampate Bâ, Proust ou Einstein. C'est ainsi qu'il nous a entraînés, dans le temps libre de trois rencontres mémorables, des nanosecondes des accélérateurs de particules aux millièmes de seconde des records olympiques, des montres molles de Dalí au temps artificiel qui doit séparer deux scènes nocturnes dans un film, de l'incalculable durée du Kâliyuga hindou aux quinze milliards d'années de l'univers... De ces discussions à bâtons rompus Jean-Claude Carrière a tiré la matière d'une véritable métaphysique du temps ponctuée de questions vertigineuses. Comment les hommes ont-ils fait pour appri-

1. Rééd. par Pocket (n° 10567), 1999. *(N.D.É.)*
2. Rééd. par Pocket (n° 4455), 1996. *(N.D.É.)*

voiser le temps, ce dragon qui les dévore à petit feu ? Et le langage, comment reflète-t-il la relation ambiguë des hommes avec le temps ? Est-il vrai que, pour certaines civilisations, le temps n'existe pas ? Que signifie, dans les cultures orientales, la notion d'un temps circulaire ? Dans quelle mesure ces conceptions radicalement autres de la réalité nous sont-elles accessibles ? La flèche du temps est-elle une invention des hommes ou une réalité objective consubstantielle à l'univers ?

Du bouddhisme, auquel il s'intéresse sans y avoir adhéré, Jean-Claude Carrière semble avoir fait sien le précepte de l'éveil : « Gardez l'esprit neuf, l'esprit du débutant. » D'où la fraîcheur de cette conversation où il s'engage et prend des risques. Sans oublier que, pour cet homme de théâtre, la fin des temps, c'est quand le rideau tombe, les lumières se rallument, et que chacun rentre chez soi.

— *Vivons-nous la fin des temps ?*

— La première chose qui me vient à l'esprit, et qui est indiscutable, c'est que nous assistons à une fin de certains temps grammaticaux. Où est passé le futur antérieur ? Qu'est-il advenu du passé simple ? On n'utilise plus que très rarement l'imparfait du subjonctif. Que signifie cette simplification ? Que sont les temps grammaticaux, sinon une tentative minutieuse de nos esprits précis, méticuleux, pour envisager toutes les formes possibles, tous les rapports que nous entretenons avec le temps à l'intérieur même de notre action, de notre pensée ? Qu'est-ce que la conjugaison ? Une tentative de penser et de dire toute la diversité des situations dans le temps. Bien entendu, c'est une tâche impossible. On ne pourra jamais morceler le temps en assez de « temps » pour arriver à le contrôler et à pouvoir dire, à chaque instant : nous sommes dans ce temps-là, dans cette avancée fugitive.

— *Voilà qui est inattendu ! Pour ouvrir ces entretiens sur la fin des temps, vous commencez par déplorer la perte du futur antérieur...*

— Nous devrions pouvoir dire : « Quand je vous verrai demain, mon travail aura été fait. » Mais cela ne se dit plus. Le futur antérieur, qui introduit un passé dans le futur, témoigne d'un raffinement extraordinaire. Il montre comment les verbes ont osé s'élancer à la conquête de l'inatteignable, notre immuable grand maître. La capacité de notre langue à traduire les mouvements du temps qui nous animent, flexibles ou inflexibles, avait atteint un très haut degré de subtilité. Le passé simple est encore une autre merveille, mais aujourd'hui il ne s'emploie guère que dans le midi de la France. Ma belle-mère, décédée il y a trois ans, l'utilisait fréquemment. « Lorsqu'il arriva, il me vit et me dit. » Ce n'est pas la même chose que : « Quand il est arrivé, il m'a dit. » Le passé simple n'existe pas dans toutes les langues. On le chercherait vainement en anglais, qui ne connaît que le passé, que nous appelons l'imparfait, et le passé composé : *I came,* je venais, et *I have come,* je suis venu. Mais il n'y a pas *I came* au sens de « je vins ». Le passé simple semble s'être confondu avec l'imparfait. Là où on emploie en français l'imparfait pour exprimer une action durable ou répétitive, l'anglais a recours au participe présent. Au lieu de dire *he told me,* on dit dans ce cas *he was telling me,* ou *he kept telling me.* Pour exprimer cette notion de durée ou de récurrence, on ajoute un auxiliaire au participe présent. Ce serait intéressant d'avoir le point de vue d'un grammairien sur la disparition des temps, phénomène assez peu souvent remarqué.

— *Quelle réflexion ce nouvel usage de la langue vous inspire-t-il ?*

— Je me garde bien de donner un sens à cette disparition des temps grammaticaux. Je la remarque. On aurait envie d'en conclure que cette évolution va dans le sens d'une simplification de la langue, exigée par le fait que nos vies, sans que nous sachions pourquoi, sans cesse s'accélèrent. Nous sommes, paraît-il, incapables de percevoir les nuances dans la musique de Couperin, parce que notre oreille s'est abîmée ; et sans doute pas seulement notre oreille. Peut-être, dans notre rapport avec le temps, un certain sentiment s'est-il perdu, une nouvelle paresse s'est-elle installée.

— *L'hébreu ignore le temps présent...*

— Les rapports avec le temps varient selon les langues. Dans la phrase : « Quand tu viendras, je t'offrirai un café », le « quand tu viendras » devient en anglais « quand tu viens ». Avec « quand », en anglais, on n'emploie jamais le futur. On pourrait ainsi s'interroger sur les diverses manières qu'ont eues les hommes de conjuguer le temps dans des langues et des époques différentes. Il serait, par exemple, passionnant d'aller voir du côté de la langue sanskrite dont on dit qu'elle est la plus raffinée, la plus savante qui ait jamais existé. Vous disiez que l'hébreu ignore le présent, mais que signifie l'absence d'un temps ? Le présent n'existe pas en hébreu, il n'existe pas non plus pour les scientifiques. L'infiniment bref voudrait être l'équivalent de l'infiniment petit, mais la brique fondamentale du temps n'existe pas. On ne peut pas trouver l'infiniment bref, l'essence même du présent, ni le fixer, ni le mesurer. Il est donc tout à fait justifié, grammaticalement, de faire l'impasse sur le présent. La langue hébraïque, par omission, nous dit beaucoup.

Le temps de Kâli

— *Votre remarque sur la langue sanskrite nous invite à réfléchir à la conception que les hindous ont du temps. Ne sommes-nous pas, d'après eux, parvenus au terme d'un cycle ?*

— Nous sommes, pour les hindous, dans ce qu'on appelle le Kâliyuga, l'époque de la destruction. C'est un mouvement irrémédiable. Shiva, une fois de plus, l'a emporté. Ce n'est pas une surprise car Shiva l'emporte toujours. À la fin du dernier des « yuga », qui forment un cycle, tout disparaît. Le monde que nous connaissons va disparaître mais ce ne sera pas la première disparition. Il est vain d'essayer de s'opposer à cette destruction car les forces qui nous emportent sont infiniment plus puissantes que nous. La grande difficulté dans le Kâliyuga est de maintenir le « dharma », de maintenir l'ordre du monde et la droiture de notre action, lesquels sont intimement liés dans la pensée indienne puisque nous sommes en partie responsables de la bonne marche de l'univers. Si chacun de nous observe son dharma personnel, si chacun accomplit ce pour quoi il est venu à l'existence, l'univers poursuivra sa course, et un jour le monde renaîtra. La question est donc de savoir comment, malgré cette perspective de destruction inévitable, nous pouvons continuer à maintenir le dharma.

— *Quand sommes-nous entrés dans le temps de Kâli ?*

— Vers 3200 avant l'ère chrétienne, le jour de la mort de Krishna, qui est le huitième avatar du dieu Vishnou. Mais combien le temps de Kâli va-t-il durer ? Je n'ai jamais réussi à le savoir, alors même que j'ai posé la question à cinquante personnes, au moins.

— *Fernand Raynaud aurait répondu : « Un certain temps »...*

— Si le temps de Kâli a commencé vers 3200 av. J.-C., cela fait déjà plus de 5 000 ans qu'il dure. Combien de temps encore ? Certains parlent de 50 ans, d'autres de 3 millions. Il est très difficile de savoir la durée d'un yuga. Probablement parce que, pour les Indiens, le problème n'est pas vraiment là.

— *C'est l'idée même de mesurer le temps qui leur est étrangère.*

— Oui, car on ne mesure pas un phénomène circulaire.

— *Que va-t-il se passer à la fin du Kâliyuga ?*

— Nous assisterons, nous assistons déjà, à un déclin de plus en plus brutal et manifeste de toute idée de civilisation. On trouve des descriptions très précises du Kâliyuga dans les textes sacrés de l'Inde, notamment dans le *Mahâbhârata.* Nous vivrons un temps de disparition de tous les liens sociaux. Les lois seront discutées, contestées, et finalement non appliquées. Les textes parlent des « lois de Manu », du nom du Solon indien. Ces lois sont l'ossature de la société indienne depuis très longtemps. Quand elles auront cessé de s'exercer, s'ensuivront des guerres civiles, à l'intérieur des États, à l'intérieur des villes, à l'intérieur des familles, des déchirements de toutes sortes. Les animaux sauvages envahiront les villes. Les textes sont très précis. Je me rappelle ce que disait Jean-Luc Godard, il y a une quinzaine d'années : le fait que les merles aient quitté les campagnes pour venir nidifier dans les villes lui paraissait un des événements les plus importants de la fin du siècle ; l'animal le plus farouche devenu, en peu de temps, presque familier... On lit aussi dans le *Mahâbhârata* : « Le crime marche dans la ville. Les animaux carnivores dorment dans les rues principales... Les vautours viennent à la prière. On a vu des oiseaux avec des becs de fer criant : Mûr ! Il est mûr ! » Et ainsi de suite. Les prédictions de fin du monde ont un peu partout des signes communs.

— *S'agit-il d'une métaphore ?*

— Certainement pas. C'est bel et bien présenté comme un fait. Les textes parlent aussi d'une dégénérescence de l'espèce humaine : diminution de la taille, affaiblissement musculaire, cheveux blancs dès la quinzième année...

— *Si on regarde autour de nous, l'impression est inverse. La génération nouvelle est plus élancée, en meilleure santé que ne l'étaient les générations passées...*

— On voit, effectivement, beaucoup de gens qui vivent quatre-vingts et quatre-vingt-dix ans. Mais les Indiens vous répondraient qu'il s'agit d'une génération née avant la Seconde Guerre mondiale, élevée quand plus de la moitié de la population vivait encore à la campagne, consommait une nourriture naturelle, des produits sans pesticide, sans produits chimiques, et respirait un air décent.

— *Les générations d'après-guerre connaîtront-elles des difficultés que nous ne soupçonnons pas ?*

— Ce n'est pas impossible. L'avenir est le plus souvent inattendu. Mais si tout va de mal en pis, au dire de certains, une chose va pourtant de mieux en mieux : la qualité du vin s'améliore partout dans le monde. Parenthèse qui n'est pas sans charme ! Que le vin courant, par exemple chez moi, dans l'Hérault, soit meilleur qu'il y a trente ou quarante ans, cela ne fait aucun doute. Et c'est encourageant. Le vin résisterait-il au Kâliyuga ?

— *Notre goût ne s'est-il pas dégradé ?*

— Absolument pas. Tout le monde l'affirme, à commencer par les vignerons. La consommation du gros rouge qui tache a beaucoup baissé, on découvre partout des vins de qualité. Des vins particuliers, personnels, qui refusent l'uniformité. Les vignerons ont fait des efforts considérables d'encépagement. Pour ne parler que de ce que je connais, les corbières sont en train de devenir de très grands vins, comparables aux bordeaux. Et même le bordeaux est meilleur ! Voilà une bonne raison de ne pas perdre tout espoir. Une résistance sérieuse...

— *D'après ces textes sacrés, l'espèce est malgré tout menacée...*

— Je me rappelle une discussion avec un ami indien, en 1985, en Avignon, sur les bords du Rhône. Nous venions de présenter notre spectacle tiré du *Mahâbhârata*. Situation assez cocasse : la France avait proposé à l'Inde d'envoyer une mission scientifique pour lutter contre la pollution du Gange. Et nous étions là, assis sur les bords du Rhône, à discuter de cette mission française, lorsque nous vîmes passer sous nos yeux plusieurs bancs de poissons morts. Alors notre ami indien, très calmement, parlant de ce pays qui se proposait de venir en aide aux siens mais qui oubliait de protéger les espèces sur son propre sol, m'a simplement dit : « Méfiez-vous ! » De tout temps, la durée moyenne de la vie a connu des variations. Les historiens pensent qu'on vivait plus vieux dans l'Antiquité gréco-romaine qu'au XVe siècle en Occident. L'Antiquité a ignoré ces grandes épidémies qui ont décimé les populations au Moyen Âge et à la Renaissance. Depuis l'introduction massive de la chimie dans l'agriculture, dans l'air, dans les eaux, dans la terre, à partir des années 1960, personne ne peut en prédire les effets à long terme sur notre espèce. Il est possible aussi que cela n'ait aucun effet nocif. Je ne joue pas les prophètes de malheur. Je cherche à tempérer un constat exagérément béat à propos des « progrès » de notre civilisation.

— *Et comment s'achève le Kâliyuga ?*

— La conséquence de l'abandon des lois, des guerres civiles, de la dégénérescence de l'espèce, c'est la misère, une misère généralisée. S'y ajoutent des calamités cosmiques, pluies énormes, vapeurs rouges et jaunes, nuages assassins, qui feront de la terre un immense marécage.

— *Le film de Richard Fleischer,* soleil vert, *semblait annoncer cette fin misérable.*

— Oui, c'était une évocation poignante... Ce temps de Kâli est effrayant. Il est irrémédiable. Inutile de résister. Notre seul souci dans ces temps dramatiques :

protéger notre dharma, dans des circonstances où cet effort sera de plus en plus difficile.

— *Mais pourquoi maintenir le dharma si tout est définitivement perdu ?*

— Parce que, précisément, nous sommes dans un temps cyclique et qu'un certain nombre de valeurs, d'éléments de l'ordre du monde ne peuvent pas disparaître à jamais. Lorsqu'il ne restera sur notre planète qu'une espèce de boue grise, selon la description qu'en donnent les textes, à ce moment-là Vishnou admettra sa défaite : Shiva aura triomphé, le monde sera détruit. On rencontre deux grandes divinités en Inde, Vishnou et Shiva, et un principe créateur, Brahma, dont il est dit qu'il est la troisième divinité. En réalité Brahma intervient très peu. Il n'y a que deux ou trois temples en Inde qui lui soient dédiés. Vishnou et Shiva, eux, sont en constante rivalité : l'un préserve le monde et l'autre cherche à le détruire. Le *Mahâbhârata* est un grand poème vishnouite à la gloire de Krishna, qui est un avatar de Vishnou. Vishnou, dans les temps difficiles, descend pour combattre Shiva et faire reculer de quelques années l'échéance. La statuaire indienne représente souvent Shiva avec quatre mains. Les deux mains supérieures sont au même niveau ; dans la main droite, le dieu tient un petit tambour pour signifier que le monde a été créé au rythme et au son d'un tambour. Il tient dans l'autre un feu qui nous rappelle que tout ce qui a été créé sera détruit. Le geste que Shiva esquisse avec son troisième bras est aussi un des gestes de Bouddha, le fameux *abhaya* qui signifie : « pas de peur ». La peur est une illusion, elle n'existe pas. Puisque tout ce qui a été créé doit être détruit, pourquoi s'en alarmer ? La quatrième main est un doigt pointé vers les pieds du dieu. Shiva, debout sur un pied, écrase de tout son poids un démon. Il semble nous dire : N'ayez pas peur, car regardez, par la force de mon esprit, j'ai déjà détaché un de mes pieds du sol. C'est une des figures les plus emblématiques et les plus riches qui soient dans le panthéon hindou, pourtant foisonnant. Shiva l'a emporté, mais tout espoir n'est pas perdu. Il le manifeste lui-même. Du pied levé, notre œil revient au tambour originel : un jour tout recommencera. La statue elle-même est un cycle. Nous avons tous en nous notre petit Kâliyuga, notre sensation d'apocalypse. Il y a même quelque chose d'étrangement attirant dans la perspective d'une fin prochaine. Si tant d'époques l'ont connu, c'est probablement que ce sentiment est inscrit en nous, qu'il ressurgit à telle ou telle occasion, témoin de notre peur, de notre culpabilité. Les Indiens connaissent eux aussi cette hantise humaine de la fin. Ils y répondent à leur manière.

Le sommeil de Vishnou

— *Et que fait Vishnou pendant ce temps ?*

— Vishnou s'endort. Il dort pendant un temps très long sur l'océan sans limites. En dormant, il doit rêver pour ne pas oublier les beautés du monde disparu. C'est donc pour ce non-oubli de Vishnou que nous devons à tout prix respecter notre dharma. Pour aider le dieu à rêver. Si toute valeur, toute beauté sont détruites à la fin d'un cycle, le monde est en danger de ne jamais réapparaître. Si quelque chose de l'équilibre entre forces de destruction et forces de conservation est préservé dans la mémoire du grand mainteneur que nous sommes, Vishnou et nous-mêmes, tous ensemble, alors tout espoir n'est pas perdu. Un nouveau cycle recommencera...

— *Le rêve a donc une fonction de mémoire.*

— De non-oubli, de lutte contre l'oubli. Le rêve reste éveillé dans l'esprit endormi. Qui décide du moment où le monde va être recréé ? Personne ne le dit. Aucun texte, je crois, n'en parle. La pensée indienne répugne à mettre en forme, en mots, ce qui est en deçà de la forme et relève de l'informe. *Tat tvam asi,* dit-on de la réalité ultime : « Tu es cela. »

— *C'est l'essentiel du message du* Bhagavad-Gîtâ...

— Le *Bhagavad-Gîtâ* est un texte très dense qu'on ne peut pas ramener à un « essentiel ». Nous devons cesser de croire que nous pouvons résumer en quelques phrases les grandes pensées, les grands textes venus d'ailleurs. En un sens, le *Gîtâ* reprend tout ce qui l'a précédé et le développe sur certains points. C'est un texte complexe. On y décèle même des influences bouddhiques. Je me garderai bien de vous le simplifier. Je n'en suis pas capable.

Quant au dharma hindouiste (le mot a un autre sens dans le bouddhisme), nul ne sait qui l'a établi. C'est un fait. C'est ainsi. Nombreux sont ceux, Jorge Luis Borges par exemple, qui se sont étonnés de cette obligation inexplicable. Répétons qu'il est impossible d'assimiler la pensée indienne (ou chinoise, ou maya) à nos concepts occidentaux. Nous n'avons en aucune manière le monopole de la pensée. Il existe, un peu partout en Occident, un racisme de l'intellect dont nous devons nous défier.

Le temps indien ne se réduit pas au nôtre. Il fait éclater toute arithmétique humaine. À la limite de cette pensée, une civilisation pourrait disparaître en quelques secondes, puis réapparaître. En quelques secondes, en quelques milliards d'années : quelle différence aux yeux éteints du cosmos ? Le néant est un non-temps. Brahma le créateur agit en un instant. Shiva est plus long, plus tortueux dans sa destruction. Mais cela revient au même. Tout dépend de nous, de notre perception, de notre regard, de notre attitude.

— *Pour un penseur comme René Guénon, il y a des ordres de manifestations qui se déploient dans le temps, et d'autres qui se déploient dans d'autres dimensions.*

— Oui, peut-être dans ces univers parallèles dont nous parlent aujourd'hui les scientifiques. Mais j'en finis d'abord — quelle insolence ! On n'en finit jamais avec lui — avec notre protecteur attitré, Vishnou. Après un certain « temps », tout d'un coup, pour des raisons qu'on ne connaît pas, Brahma, principe créateur, jaillit de son ventre, assis sur une feuille de lotus, et recrée en un instant le monde dont il rêvait. Tout se remet en mouvement. Cela fait, Brahma retourne dormir dans le ventre du dieu, en attendant la prochaine occasion. La création habitait le sommeil.

— *Krishna est le dernier avatar de Vishnou. Y en aura-t-il un nouveau avant la fin de ce monde ?*

— Oui, on sait même qu'il aura une tête de cheval. Nous avons connu jusqu'à présent huit avatars du dieu mainteneur ; *avatara* veut dire « descente » en sanskrit. Il s'est peut-être manifesté ailleurs, dans d'autres mondes habités, puisque l'univers indien est infiniment plus large en espace et en temps que le nôtre. La capitale de l'univers n'est d'ailleurs pas sur la terre, c'est une ville flottante, Amarâvatî. Elle est la résidence d'Indra, le roi des dieux. Ville errant dans les espaces, elle n'est jamais au même endroit. Dans le *Mahâbhârata*, c'est là qu'Arjuna rejoint Indra, dans un engin qui est décrit comme une fusée, ou presque : il est question de « poussée », de « vapeur », de « chevaux invisibles ». Il me semble qu'il s'agit là du premier voyage dans l'espace qui ait jamais été décrit. Avant même celui d'Élie.

— *À quoi servent les* avatara *?*

— Vishnou est là pour maintenir l'ordre du monde. De temps en temps, quand le monde va trop mal, il « descend » et prend une forme, non pas seulement humaine, mais terrestre. La série des *avatara* de Vishnou correspond, d'une manière un peu naïve et incomplète, à ce que nous croyons savoir de l'évolution des espèces. Il descend d'abord sous la forme d'un poisson, animal aquatique. Son deuxième *avatara* est une tortue, animal amphibie qui vit aussi bien dans l'eau que sur la terre. Le troisième est un sanglier, mammifère vivant uniquement sur la terre. Le quatrième est un homme à tête de lion : première apparition de l'homme, sous forme d'un hybride. Par une lointaine intuition, les textes indiens nous font descendre des animaux, en tout cas d'un socle commun marin. Le cinquième est le premier être humain complet, mais de petite taille et un peu bossu. Si l'on cherche à toute force des analogies, il pourrait être notre homme de Cro-Magnon. Vient ensuite Parashurâma, un ascète surpuissant, dont les mots ont un pouvoir magique, « l'homme à la hache ». Il séjourne dans les forêts. C'est un bûcheron. Les deux derniers *avatara* sont Rama et Krishna, les héros des deux grandes épopées, le *Râmâyana* et le *Mahâbhârata.*

— *Qui sera le neuvième* avatara *?*

— Il ne descendra pas de sitôt, affirme-t-on, parce que nous avons atteint l'irrémédiable. Le Kâliyuga est désormais trop engagé pour imaginer encore quelque sauvetage. Il viendra quand même, réplique-t-on, parce que tout en acceptant l'œuvre de Shiva Vishnou ne peut faire autrement que de lutter une dernière fois contre lui. Tel est son dharma. De ce neuvième *avatara,* on sait donc seulement que ce sera un homme à tête de cheval. Pourquoi ? Serait-ce un retour à l'animalité ? On n'en sait rien. Une parenthèse : à une époque déjà assez ancienne, l'hindouisme a tenté de faire du Bouddha le neuvième *avatara* de Vishnou — véritable tentative de récupération. Heureusement, le Bouddha a vécu assez longtemps pour préciser sa doctrine et se prémunir solidement contre toutes les tentatives de divinisation de sa personne (qu'il sentait venir). Ce délai n'a pas été donné au Christ, lequel, semble-t-il, n'a prêché que deux ans, deux ans et demi tout au plus.

— *« Si vous rencontrez le Bouddha, expliquent les maîtres du zen à leurs disciples, tuez-le. »*

— Oui, exactement. Tuez celui qui se dit le Bouddha. Tuez le dieu autodéclaré. Trouvez vous-même votre voie. Miraculeusement cette attitude fondamentale s'est perpétuée tout au long de l'histoire du bouddhisme et lui a permis de résister à toute tentation de déification, de divinisation, particulièrement à l'époque d'Ashoka, au IIIe siècle de notre ère, où l'hindouisme traversait une crise grave, laissant le bouddhisme devenir pour un temps la religion officielle de l'Inde.

Préparez-vous pour le grand soir

— *Si les bouddhistes ont résisté à cette tentation de faire du Bouddha un dieu, ils sont tout de même un certain nombre à attendre le dernier des bouddhas terrestres, le bouddha Maitreya, « celui qui aime », incarnation de l'amour universel. Le Bouddha historique ne fut jamais que l'avant-dernier. La plupart des grandes traditions ne parlent-elles pas de la venue d'un être providentiel dont la manifestation précéderait, dans la plupart des cas, l'accomplissement des temps ?*

— C'est clair en ce qui concerne le judaïsme et le christianisme. Les historiens du christianisme estiment que s'il n'y avait pas eu, à l'époque des premières prédications, une menace précise de fin du monde pesant sur le peuple juif, le christianisme n'aurait pas survécu. Le Christ a bénéficié en quelque sorte de circonstances historiques favorables qui ont précipité la conversion de certains juifs de son entourage. Toutes les grandes religions vous invitent à vous tenir prêt dans l'attente d'un événement imminent. La menace est terrible et puissante. Les temps sont consommés. Ce monde brutal et absurde ne peut plus durer, etc.

Dans cette attente souvent enfiévrée, dont Jean Delumeau parle si bien, le premier événement à caractère extraordinaire ou surnaturel, porté par les ailes craintives de la rumeur, peut être considéré comme le début de l'accomplissement d'un scénario-catastrophe, que décrivent les textes sacrés.

— *Vous faites allusion à l'Apocalypse de Jean ?*

— Imaginez une époque où, tous les matins, chacun ouvre sa fenêtre pour regarder le ciel en disant : est-ce pour aujourd'hui ? Les premiers chrétiens en sont intimement convaincus, beaucoup plus qu'ils ne le seront en l'an mil. C'est une période apparemment hantée par les nuées qui s'entrouvrent, l'ange exterminateur qui apparaît dans un grondement cosmique, la foudre qui détruit le monde comme elle a calciné Sodome et Gomorrhe. Il faut être prêt à partir...

— *Les Évangiles sont pleins de ces propos de Cassandre : « Cette génération ne passera pas avant que... » L'Apocalypse de Jean appartient à un genre littéraire particulièrement riche au sein du judaïsme. Il en a repris certaines formules. Mais il a porté le genre à son point d'excellence, adossé à deux siècles de littérature apocalyptique qui précèdent et annoncent Jean.*

— Nous ne savons pas si le Jean qui a écrit l'Apocalypse est aussi celui auquel on attribue le quatrième Évangile. Il s'agit sans doute de deux personnages différents. L'Évangile selon saint Jean est plus tardif que les Évangiles selon Matthieu, Luc et Marc. Il est curieusement le seul à rapporter certains événements majeurs comme la résurrection de Lazare. Il est surprenant que Matthieu, disciple de la première heure, n'en dise rien. Lui qui n'a pas quitté le Christ aurait-il passé cet événement sous silence ? Pour quelles raisons ? L'aurait-il considéré comme négligeable ?

Dans d'autres traditions, ce personnage providentiel dont vous parlez soudain s'efface. Il devient l'espoir caché. C'est ce qui se passe au Portugal avec le « roi caché », et dans l'Iran chiite avec l' « imam caché ». Ces personnages tout-puissants, justifiés par l'état du monde, ont décidé de le quitter. Ils se trouvent quelque part, ils attendent leur heure (un peu comme Vishnou, au fond). Dans le cas de l'imam caché, la métaphore nous dit clairement que le vrai pouvoir, le pouvoir juste et justifié, n'est pas visible. D'où l'hérésie manifeste qui consiste, dans l'Iran contemporain, à donner ce pouvoir aux religieux.

— *Pensez-vous que les épreuves dramatiques que*

l'humanité a traversées au XXe siècle aient été perçues comme des signes annonciateurs d'une fin des temps ?

— Il me paraît très difficile de dire pourquoi tout un peuple, à un moment donné de son histoire, se sent menacé de disparition. D'où vient ce sentiment d'une aventure humaine sur le point de s'achever ? D'une culpabilité collective ? d'une accumulation de malheurs et de craintes ? d'une prise de conscience aiguë de l'imperfection scandaleuse du monde ?

Nous n'en savons vraiment rien. Mais je doute que les habitants de la terre, aujourd'hui, à quelques exceptions près, soient persuadés de l'imminence d'une fin du monde au sens où on l'entendait autrefois, brutale et définitive. Nous sommes tous les quatre d'accord sur ce point. Malgré la menace nucléaire, et la possibilité que nous nous sommes enfin donnée d'un suicide collectif, nous envisageons plutôt, dans nos rêves les plus noirs, une mort lente.

Intéressants me paraissent aussi, comme à Gould, les moyens que les peuples ont imaginés pour survivre à la catastrophe annoncée, quand il devient patent qu'elle n'a pas eu lieu. Ce n'était donc pas pour aujourd'hui ? Eh bien, ce sera sans doute pour demain. Le lendemain, toujours pas de désastre. Ce sera probablement pour après-demain ! Ou pour le mois prochain, qui sait ? Peu à peu, à mesure que passent les mois, les années, les décennies, on commence à s'habituer à l'idée que le temps, peut-être, ne nous est pas aussi chichement compté que nous le pensions. Il faut donc continuer à vivre, en attendant que le ciel nous écrase. Mais comment transformer une situation d'urgence en une installation durable ? Thème très riche dans l'histoire des religions : prolonger l'éphémère, mais sans le perdre.

— *Il y a là une déception à surmonter...*

— En un sens, oui. La déception d'être vivant. Le ciel n'est pas tombé sur notre tête, maintenant il faut vivre ici-bas. Pour vivre, il faut s'organiser, établir une Église, une administration, des règlements, des hiérarchies. De là naissent assez vite les problèmes liés au pouvoir temporel des Églises. L'état d'urgence a disparu. Il faut durer. Il faut accepter le temps, qui a choisi de ne pas s'arrêter.

Cette attitude se retrouve un peu partout, au XVe et au XVIe siècle. Puis elle s'efface, pour revenir sous des formes atténuées. À plusieurs reprises, au XIXe siècle, des prophètes locaux ont annoncé la fin du monde pour une date précise : c'est un classique de la prophétie. Il faut dater la fin des dates. La fin est fixée par le voyant au 15 mai dans la nuit, par exemple. Les disciples, les membres de la secte, dès le 14 mai au soir, règlent leurs affaires. Ils montent au sommet d'une colline, se mettent tout nus, et attendent en grelottant que le ciel s'entrouvre. Ils sont deux ou trois cents serrés les uns contre les autres. Ils prient avec ferveur. La fin du monde est prévue pour le lever du soleil. Le soleil se lève, ils écarquillent les yeux. Rien ne se passe. La lumière du jour envahit la terre comme chaque matin. Alors on commence à se regarder. Les bébés ont faim. Il faut redescendre, remettre ses vêtements. Le prophète, qui s'est tenu prudemment à distance, reste introuvable. On le cherche et enfin, lorsqu'on le trouve, on le pend. S'il parvient à s'expliquer, le tour est joué : « Je me suis trompé, ce n'était pas le 15 mai de cette année, ce sera pour l'année prochaine. » Il faut reprendre le cours d'une vie que l'on croyait perdue. C'est peut-être l'un de ces moments où l'on devient pleinement humain. On quitte le ciel des yeux pour voir les problèmes du quotidien. Ce qui se passe en une matinée pour un groupe de fanatiques s'étend sur plusieurs siècles dans le cas de l'Église chrétienne. La chose m'a toujours fasciné. Nous étions nus et tremblants pour suivre le Christ, parce que le Christ nous avait annoncé qu'il reviendrait. Mais il n'est pas revenu. Alors nous nous sommes mis en situation de l'attendre confortablement. Nous avons élevé, pierre sur pierre, une église pour nous y abriter. Nous avons appris à durer, à devenir patients, à nous organiser pour faire durer notre foi, naguère fille de l'urgence.

— *Cette promesse qui nous a été faite ou cette catastrophe finale que nous attendons, ne sont-elles pas ressenties aussi comme une délivrance, une sortie de la prison du temps ?*

— Tout dépend du fait de croire ou de ne pas croire en un autre monde. Si vous êtes un épouvantable criminel, ou tout simplement poursuivi par une horde de créanciers furieux, ou bien atteint d'une maladie incurable, la mort suivie de la vie éternelle est une solution admirable. C'est une des raisons pour lesquelles les sectes recrutent aussi aisément. Tout ce que nous avons raté dans cette vie, nous le réussirons dans l'autre. Et de cette vie de souffrances et d'échecs, à la différence de Vishnou, vous ne garderez même pas le souvenir. Votre existence est une chrysalide dont un papillon s'envolera demain vers des cieux plus beaux et inaltérables. Si en revanche vous croyez au néant, un même sentiment de soulagement peut vous habiter à l'approche de la fin de votre aventure. Pourquoi craindre ce qui n'est pas ? Vous n'êtes pas loin alors de hâter cette fin, perçue elle aussi comme une délivrance. Il existe toujours un moyen de donner un petit coup de pouce à son destin. Ces deux attitudes, l'espérance d'une vie éternelle, ou bien l'attente désabusée de la fin de l'existence, subsistent de nos jours. Opposées, mais inséparables.

— *Avez-vous approché certains de ces groupes qui se préparent à la fin du monde ?*

— J'ai rencontré des membres de la secte du Temple solaire. Il est assez étonnant d'observer ceux qui sont restés mais qui, d'une manière que nous ne connaîtrons jamais, ont participé au « départ » de leurs camarades. Ceux que j'ai vus étaient des gens calmes, souriants, réinstallés dans la vie. Lorsqu'ils évoquent ces événements tragiques, on les sent revenus d'une autre rive... Ils ont tout de même vécu une expérience où la crédulité est poussée à l'extrême, jusqu'à la haine de la terre et de sa propre condition.

— *Le cas le plus extraordinaire est peut-être celui de la secte « Heaven's Gate » à San Diego. D'abord parce que les membres du groupe étaient de ceux qui arpentaient le cyberespace comme d'autres se promènent en forêt. Un journaliste a écrit d'eux qu'ils « appartenaient tous à cette tribu de paumés qui écument le Net pour échapper au vide de leur inadaptation. [...] Tous informaticiens, d'une remarquable compétence sur le plan technologique, ils se sont inspirés de mythes bibliques, ufologiques et astrologiques pour concocter une théorie morbide dont la seule issue était le suicide ».*

— J'ai lu qu'ils n'avaient aucune pratique sexuelle, portaient des vêtements noirs et des cheveux courts. Certains s'étaient même fait castrer. Puis, à une date déterminée de leur calendrier (cette précision chronologique est une donnée constante), ils se sont empoisonnés et allongés sur leurs lits munis, paraît-il (le détail est curieux et atroce), de leur passeport. Les propos de Luc Jouret, un des gourous de la secte du Temple solaire, n'étaient pas moins déterminés. « Tu vas voir, disait-il au téléphone à un de ses proches, ce sera fabuleux là-bas... »

— *On retrouverait ce genre d'encouragements au « départ » dans la littérature gnostique des débuts de l'ère chrétienne...*

— Quels que soient les « progrès » que la civilisation enregistre, quelle que soit l'évolution de la conscience et des lois, quelle que soit notre pratique du cyberespace, quelque chose en nous reste ancré dans cette certitude que les temps vont finir. D'où vient-elle ?

— *Cette approche du temps linéaire, irréversible, a généré en Occident des pensées, une philosophie, une façon de voir le monde. Pour toute histoire qui a commencé, nous appelons inconsciemment une chute. Si le Dieu créateur commence par « Il était une fois un monde prêt à accueillir le premier homme et la première femme », on peut s'attendre que ce même Dieu mette un jour un point final à son récit. Sans doute pour en commencer un autre.*

— J'ai déjà raconté ce qui suit[1] mais il me semble que cela mérite d'être répété. Nous travaillions avec Peter Brook, à partir du livre d'Oliver Sacks, *L'Homme qui prenait sa femme pour un chapeau* [2], sur les dérèglements que provoquent certaines lésions cérébrales. J'ai demandé un jour à Sacks : « Qu'est-ce que c'est, un homme normal ? », question complètement bateau, un sujet de dissertation de baccalauréat, sans grand intérêt. Mais j'ai ajouté : « De votre point

1. Dans *Raconter une histoire,* Paris, éditions de la FEMIS, 1993.
2. Paris, Seuil, 1988.

de vue de neurologue ? » Il m'a répondu : « Un homme normal, pour nous, c'est un homme qui peut raconter son histoire. » Surprenant qu'il dise cela à un scénariste. « C'est-à-dire, ajouta-t-il, un homme qui sait d'où il vient, qui a un passé, qui est situé dans le temps. Il se souvient de sa vie et de tout ce qu'il a appris. Il a aussi un présent, non pas qu'il vive dans un temps particulier, mais il a une identité. Au moment où il vous parle, il est capable de vous dire correctement son nom, son adresse, sa profession, etc. Il a enfin un avenir, c'est-à-dire des projets, et il espère qu'il ne mourra pas avant de les avoir exécutés. Car il sait aussi qu'il va mourir. » Un homme normal est donc un homme capable de raconter son histoire et par conséquent de se situer dans le temps.

— *Cette définition est aussi valable pour une société...*

— Mais une société aura beaucoup plus de mal qu'un individu à admettre qu'elle est mortelle. Je changerais un seul mot à la phrase de Valéry, pour lui faire dire : nous autres civilisations, nous savons aujourd'hui que les *autres* sont mortelles. Aucune société n'accepte ce constat pour elle-même.

— *Les sociétés méconnaissent aussi les circonstances dans lesquelles elles sont apparues. L'avenir n est pas plus limpide que le passé. Si un homme normal est un homme qui peut raconter son histoire, une société qui ne sait à peu près rien de son passé, qui se cache les risques qui pèsent sur son avenir, peut-elle être considérée comme normale ?*

— Prenez *Montaillou,* l'ouvrage de Le Roy Ladurie, qui se passe dans un petit village pyrénéen au début du XIVe siècle. Lorsque les juges, qui viennent de Toulouse ou de Pamiers, posent la question aux paysans de la montagne : « À quelle époque vivait Notre-Seigneur Jésus-Christ ? », ceux-ci répondent qu'il vivait à peu près au temps de leur arrière-grand-père. Le temps qui s'est écoulé entre le Christ et eux leur semble très court. Et d'ailleurs, s'ils ont eu quelques peintures et images pieuses du Christ entre les mains, ils l'ont vu représenté dans des vêtements du Moyen Âge. La notion de regard historique n'existe pas encore. Les soldats romains, dans les miniatures du Moyen Âge, sont représentés avec des armes contemporaines.

— *À partir de quelle époque commence-t-on à mesurer la durée réelle de l'histoire ?*

— Au XVIe siècle, il me semble. Deux phénomènes concomitants se produisent, à une vingtaine d'années près, qui indiquent un élargissement de l'horizon. Pour la première fois dans les livres illustrés on voit par exemple Caïphe, le grand prêtre qui prononça la condamnation de Jésus, représenté dans des vêtements juifs de l'époque. Premier effort encore maladroit de reconstitution historique. On abandonne les armures de chevaliers au profit des tenues militaires romaines. Le temps entre dans l'histoire. Dans cette même période, Thomas More publie en latin son *Utopie*. Le temps devient un élastique qu'on tire vers le passé comme vers le futur. La science-fiction fait son apparition, le futur est tout d'un coup un objet digne d'intérêt et de réflexion. Il existera et il durera, nous n'avons plus de doute là-dessus. La fin des temps est repoussée *sine die*. C'est aussi la période qui voit disparaître le mythe de l'âge d'or, ce temps idyllique des origines que nous chercherions à réinventer. Nous n'avons pas cessé de tirer sur cet élastique, d'un côté jusqu'au big-bang, de l'autre jusqu'à la mort du soleil annoncée dans 4,5 milliards d'années. Lorsque j'ai fait mes études d'histoire, on apprenait que l'homme, ou l'hominidé, existait depuis trois cent mille ans. On en est aujourd'hui à trois millions et demi. Quant à la fin de l'univers, les esprits scientifiques n'ont pas encore pu s'accorder là-dessus. Mais ils croient savoir qu'il finira.

Le vertige du temps

— *La science sait-elle, mieux que la syntaxe, définir aujourd'hui l'objet temps ?*

— Il vous faudrait interroger le chimiste et prix Nobel Ilya Prigogine qui a consacré sa vie, comme Marcel Proust, à rechercher un temps perdu ou, par nature, insaisissable. J'ai rencontré Prigogine à deux ou trois reprises. Bernard Pivot nous a reçus une fois en compagnie de l'astrophysicien Jean Audouze et de l'écrivain Jean d'Ormesson pour parler précisément du temps. Une discussion assez vive s'éleva entre Audouze et Prigogine, les deux scientifiques, que d'Ormesson et moi observions avec le sourire de l'ignorance. La discussion tournait autour de l'avant big-bang, avant l'apparition constatée de la matière. Le big-bang n'est peut-être pas le commencement de l'univers, mais il est le commencement de notre possibilité de parler de l'univers. Avant ce « commencement », qui peut-être n'en est pas un, nous ne pouvons actuellement rien dire. Avec le big-bang naissent l'espace et le temps, un vieux couple dont nous aurons certainement à reparler. Prigogine essayait d'imaginer quelque chose avant le début du temps. Audouze disait que c'était inconcevable, qu'on ne pouvait pas parler du temps avant qu'il y ait un support au temps, une matière dans laquelle le temps puisse imprimer son empreinte. Le temps n'est pas, si rien ne lui est soumis, disait-il.

Il faut comprendre que Prigogine est un chimiste et Audouze un physicien qui étudie la physique des particules. Ils se trouvent l'un et l'autre devant une constatation troublante : tout est soumis au temps, toutes les choses dont nous pouvons parler sont emportées dans le fleuve du temps qui coule dans une direction unique. D'où l'expression « flèche du temps » que les physiciens utilisent pour qualifier cette marche inexorable. Première curiosité : pourquoi tout va-t-il dans le même sens, pourquoi rien ne revient-il dans l'autre sens, vers la naissance, vers l'amont ? Pourquoi toutes choses vieillissent-elles ? Les scientifiques font alors cette constatation : s'il existe au moins dix ou onze dimensions de l'espace, et même davantage, il n'y en a toujours qu'une seule du temps. Tout est emporté par le temps, tout « vieillit », à une exception près : les particules élémentaires. Être soumis au temps signifie qu'il y a transformation, évolution. Tout ce que le temps touche s'use et s'anéantit. Mais jusqu'à nouvel ordre les particules n'évoluent pas. Elles ne se transforment pas. On n'a jamais vu mourir un électron ou un neutron. Sitôt qu'une forme est obsolète, qu'un corps a « fait son temps », les particules qui le constituaient se libèrent et se tiennent prêtes pour une nouvelle aventure, une forme inédite... C'est cette matière imperturbable, trop lisse pour que le temps s'y accroche, que le physicien observe avec fascination, ou plutôt tente d'observer, car à ce niveau-là, la « réalité » est inatteignable.

— *Vous voulez dire que personne n'a encore pu voir ces particules élémentaires ?*

— On n'en détecte aujourd'hui, je crois, que des traces. De l'observation de ces traces, on peut déduire que le temps est un attribut non pas de la matière élémentaire mais de la forme. Quand les particules commencent à se former en atomes et les atomes en molécules, à cet instant-là, implacablement, le temps apparaît et emporte ces formes. C'est le prix à payer — à plus forte raison lorsqu'il s'agit de formes complexes comme les nôtres. Quelles que soient les formes que l'univers et les corps qui le constituent peuvent revêtir, elles sont emportées par le temps, dans un même sens, alors que la matière intime dont ils sont constitués demeure indifférente. Paradoxe sur lequel travaille Prigogine, avec fécondité et imagination.

Si vous m'interrogez sur ce que je crois comprendre — les textes sont souvent difficiles —, je vous dirai qu'il me semble que cette irréversibilité du temps, qui s'applique uniquement aux formes, aux systèmes, et non à la matière élémentaire, peut être interprétée de deux façons. La première consiste à dire que le temps n'est qu'une illusion. Einstein l'a écrit, dans une lettre citée par Étienne Klein dans un récent ouvrage collectif [1] : « ... pour nous autres, physiciens convaincus, la distinction entre passé, présent et futur n'est qu'une illusion, même si elle est tenace ». Prigogine, à l'opposé, déplace l'illusion. La flèche du temps existe, même si l'insensibilité apparente des particules semble nous pousser à croire le contraire. Le temps « existait » même avant le début de l'univers. Début complexe, aux ramifications sans fin... Je suis incapable d'aller plus loin sans consulter quelques gros livres.

— *Est-ce qu'il n'existe pas une analogie avec les mythes des origines ? Les cosmogonies ne racontent pas, à proprement parler, l'origine du monde. Elles traduisent une volonté divine de mettre l'ordre au-*

1. *Dictionnaire de l'ignorance*, sous la direction de Michel Cazenave, Paris, Albin Michel, 1998.

dessus du chaos. Le rituel serait, de la part du prêtre, cette volonté chaque jour répétée de faire en sorte que l'ordre l'emporte sur le chaos. Mais que l'ordre l'emporte sur le désordre ou que le désordre l'emporte sur l'ordre, ces deux réalités continuent à coexister, comme coexistent à l'échelle microscopique des particules indifférentes au temps et à l'échelle macroscopique des corps que le temps dévore à pleines dents.

— Avec la « création » du monde, la forme l'emporte sur l'informe. Mais le prix à payer pour cette mise en forme, cette mise en ordre, c'est le temps, donc la mort. Toute forme est mortelle, et la mort naît avec la vie. À vrai dire, tous les peuples n'ont pas eu besoin d'une création. Il existe certaines traditions — les Aborigènes d'Australie par exemple —, assez rares, où le monde est donné comme existant de toute éternité. Mais la plupart des traditions présentent un mythe fondateur, un scénario original parfois extrêmement élaboré... Même dans la pensée cyclique indienne, il y a eu un commencement, nécessairement. La question des origines est abordée en Inde de plusieurs manières, à travers des mythes différents. Dans une des traditions les plus répandues, on raconte qu'à l'origine apparut la musique, ou plus exactement une série de vibrations harmonieuses, comme des ondes qui, pendant des temps incommensurables, se répandirent dans le cosmos. Ces ondes ont commencé à former des sons. Ces sons ont formé des modulations. De ces modulations musicales sont sorties peu à peu des voix qui ont formulé le « aum », le son fondamental. Et peu à peu le cosmos, par ses modulations, a énoncé les *Veda*. Les *Veda* n'ont pas d'auteur. Les *Veda* sont un texte dont on ne peut pas discuter l'authenticité. C'est le cosmos qui nous l'a donné. En même temps, ou un peu avant, apparaît dans le cosmos un œuf qu'on appelle selon les cas

Hirynia Garba ou Brahmanda, l'œuf de Brahma. Et cet œuf a explosé. De cet œuf jaillit un être indéfinissable appelé Prajapati, le principe créateur. Prajapati s'est alors disloqué et ses membres ont formé les différentes parties de l'univers. Cet univers, comme dans la tradition aztèque, tend à se reformer. Ses membres égarés tendent à se réunir, et la force qui travaille à cette réunion s'appelle l'amour.

— *On retrouverait des mythes fondateurs analogues dans un grand nombre de traditions...*

— La particularité du récit hindou est cette tentative de justifier une origine du temps, que les Indiens envisagent pourtant comme un éternel recommencement.

— *Vous avez travaillé sur ces grandes mythologies de l'Inde. Comment les Indiens perçoivent-ils ce que nous appelons le temps ?*

— Un des seuls scientifiques à oser s'opposer aujourd'hui à la théorie du big-bang est justement un Indien : l'astrophysicien Narlicar, à propos duquel ses pairs européens ou américains, qui l'admirent beaucoup car c'est un grand savant, parlent volontiers de métaphysique cachée. Il refuse le big-bang, d'une manière plutôt littéraire et assez drôle d'ailleurs, parce qu'il a beaucoup d'humour, car sa culture l'empêche de concevoir l'idée d'une origine unique, ou d'un temps unique.

— *Notre attitude scientifique est commandée par notre tradition...*

— C'est une évidence.

— La théorie du big-bang, qu'on l'accepte ou qu'on la discute, nous a fait percevoir la véritable dimension du temps. Newton croyait encore que l'univers était vieux de 6 000 ans quand les astrophysiciens nous parlent aujourd'hui de 15 milliards d'années... Le temps ne nous donne-t-il pas le vertige ?

— Nous ne sommes pas en mesure de concevoir une pareille durée. Notre cerveau est fait pour embrasser un certain déroulement historique, un certain « temps ». Est-ce une des raisons pour lesquelles certains résistent encore au principe de l'évolution des espèces ? Peut-être. Nous avons de cinquante à cent ans de vie. Il nous sera donné au mieux de connaître nos arrière-grands-parents et nos arrière-petits-enfants. Notre regard contemple ainsi jusqu'à deux cents ans de vie autour de nous, visibles, palpables. Un vieil oncle s'éteint, un bébé naît. Nos études historiques nous permettent d'élargir cette perspective, de remonter le cours du temps de deux, trois, cinq, dix mille ans. Nous allons, par un grand effort d'imagination, jusqu'à la combe d'Arc, jusqu'à la grotte Chauvet découverte il y a trois ans dans l'Ardèche : trente-deux mille ans, c'est considérable. Et pourtant, entre la combe d'Arc et la grotte de Lascaux, qui appartiennent à nos yeux à une même époque, cent soixante siècles se sont écoulés. Comment est-ce possible, se demande-t-on ? Seize mille ans séparent les peintures rupestres de la grotte Chauvet de celles de Lascaux ! Mais ce n'est pas vrai ! Et pourtant si...

— Il y a à peu près la même durée entre la combe d'Arc et Lascaux, qu'entre Lascaux et nous.

— À peu près. Source d'une intéressante méditation, ne trouvez-vous pas ? La combe d'Arc n'est pas le vestige de quelque monde primitif. Au contraire, c'est déjà une œuvre très élaborée, presque sophistiquée, composée par de grands artistes. Personne ne le conteste. Nous commençons ainsi à nous interroger sur l'étonnante épaisseur du socle ancien sur lequel nous reposons. Si nous passons à présent de la combe d'Arc à Lucy, il est clair que nous courons le risque de nous égarer. Comment concevoir le temps dans lequel vivait cette jeune femme, notre lointaine cousine, découverte en Afrique par Coppens et Johanson, vieille de 3,5 millions d'années ? Comment comprendre l'évolution d'une espèce qui va de l'*Australopithecus afarensis,* découvert en Éthiopie, à l'homme moderne ? Et l'histoire de l'homme est si courte au regard de certaines autres espèces ! Les fourmis sont vieilles de cent millions d'années. Les termites de trois cents millions ! On a découvert en Chine des vestiges d'organismes vivants datant de cinq cent soixante-dix millions d'années. Comment concevoir et appréhender ce temps-là avec notre « temps cérébral » organiquement limité ? Voilà pourquoi l'idée de création, dans son extrême simplification, dans sa fausseté manifeste, s'impose encore à nous, parce que nous souffrons non d'une paresse d'esprit, mais d'une véritable incapacité à entendre combien le temps est vieux.

— *À l'inverse, les astronomes voyagent allégrement sur des distances temporelles pour nous inconcevables. Et plus ils approchent les 15 milliards d'années en amont de notre temps, le fameux big-bang, plus leur progression ralentit, plus les problèmes deviennent insurmontables et plus on les sent jubiler lorsqu'il leur est donné de progresser d'un milliardième de milliardième de seconde vers un temps zéro.*

— Il y a un temps à partir duquel on peut commencer à penser l'univers et à en parler. Les scientifiques parlent en effet de nanosecondes.

— *Avant cet instant, le temps existe-t-il ?*

— Il est vrai que la question est obsédante. La recherche scientifique s'est mobilisée pour soulever le voile et nous dire, demain peut-être, si le temps se déploie au-delà de ces quinze milliards d'années. Personne ne peut suivre cette course à la recherche d'un temps perdu. Même les chiffres sont une muraille de Chine infranchissable. Ces chiffres sont tellement démesurés qu'on ne peut les restituer que par des puissances mathématiques. L'« ère de Planck », du nom du physicien allemand initiateur de la théorie des quanta, dont toute la physique quantique procède, envisage l'évolution de l'univers entre un temps zéro et un temps estimé à 10^{-43} seconde après le big-bang. Durant ce court, très court laps de temps, la température s'élevait à 10^{-32} degrés. L'ère suivante va de 10^{-43} à 10^{-32} seconde et est appelée l'« ère des quarks »... Qui peut suivre une pareille démonstration ? Comment percevoir ce temps prodigieusement aminci ?

— *L'annonce d'une possible fin des temps ou fin du monde n'est-elle pas amplifiée par le fait que notre passé aujourd'hui se dérobe, que nous ne pouvons plus le concevoir ?*

— C'est sans doute vrai. Ce qui nous a faits, ce dont nous sommes le résultat ne nous est pas physiquement perceptible. Nous n'avons pas le temps de sentir le temps, d'autant plus que notre pari (peut-être le seul de notre époque) est de prendre le temps de vitesse.

— *Voyager à la vitesse de la lumière...*

— Ce serait le seul moyen — théorique — de gagner d'autres planètes logées en d'autres systèmes solaires ou stellaires, distants de la terre de plusieurs milliers d'années-lumière. Nous avons voué en ce siècle un véritable culte à la vitesse. Nos véhicules, trains, avions, automobiles, battent des records bêtement terrestres, et c'est aujourd'hui un scandale si le TGV Paris-Lyon qui met deux heures pour traverser la moitié de la France est en retard de cinq minutes. Les héros de notre époque sont ces athlètes qui battent d'anciens records du monde de quelques centièmes de seconde. Vous êtes aujourd'hui un héros planétaire pour quelques poussières de temps. Si vous franchissez la barre des 9 secondes et 93 centièmes sur cent mètres, pour un centième de mieux, on vous couvre d'or.

Fin du temps ou fin des temps ?

— La fin des temps, ce n'est évidemment pas la fin du temps. Lorsque nous parlons de la fin des temps, nous parlons de la fin des temps humains, des temps définis par l'homme. En un sens, la fin des temps, des temps particuliers, c'est le triomphe du temps. Nous avons d'un côté un temps inattaquable, notre souverain absolu, et de l'autre des temps sur lesquels nous nous vengeons, d'une manière ô combien dérisoire. J'ai relu le fameux passage de l'Ecclésiaste où il est question d'un temps pour ceci, d'un temps pour cela. À l'intérieur du temps nous avons créé des temps multiples. Ces temps sont notre œuvre.

Il existe un temps d'aimer, un temps de mourir, qui sont inscrits en nous. Il serait très intéressant de se demander si le temps d'aimer peut avoir une fin. Est-ce qu'il y a un vrai temps pour aimer ? Est-il limité à une seule période de la vie ? Quand commence-t-il ? Quand s'achève-t-il ? Qui en décide ? Nous repoussons aussi le temps de mourir. La mort, autrefois unanimement acceptée, est escamotée dans les sociétés les plus avancées. De même, l'expression « en temps de guerre » a-t-elle encore un sens ? Les guerres sont-elles aussi nettement datées qu'autrefois ? aussi nettement déclarées et conclues ? N'y a-t-il pas autour de nous une multiplication de petites guerres qui n'osent plus dire leur nom ? Nous vivons une époque où ces temps que nous avons nous-mêmes inventés sont eux aussi en train de disparaître. Est-ce un bien, est-ce un mal ? Notre vie était divisée autrefois en périodes ou en saisons plus ou moins courtes ou plus ou moins longues. Nous avons tout fait pour abolir ces différences en nous chauffant l'hiver, en mangeant des fraises en janvier, etc. Est-ce que de la même manière, en effaçant les saisons, nous ne nous privons pas de cette variété, de cette richesse de temps multiples et variés ? Du temps des cerises et du temps des châtaignes ? Que gagnons-nous à uniformiser les petits temps de notre vie ?

Je trouve dans les *Cahiers* de Cioran, publiés après sa mort[1], cette réflexion singulière : « L'ange de l'Apocalypse ne dit pas "il n'y a plus de temps", mais : "il n'y a plus de délai". J'ai toujours vécu avec le sentiment que le temps est rongé du dedans, qu'il est sur le point d'user ses possibilités, qu'il manque de *durée*. Et cette carence qui est sienne m'a toujours rempli de satisfaction et d'effroi. » Il est satisfaisant, en effet, d'imaginer une carence dans la toute-puissance du maître. Satisfaisant, mais effrayant. Car ce maître est peut-être plus fragile que nous ne le pensons. Lorsque nous aurons aboli les temps qui sont

1. Paris, Gallimard, 1998.

les nôtres, est-ce que le Temps avec un grand T subsistera encore ? La question se pose après la fin des temps, comme elle se posait avant le commencement des temps. On dira : il restera Dieu, qui est hors du temps. Les croyants le diront. Mais que pourrait bien faire Dieu dans un monde où le temps aurait disparu ?

Je comprends très bien que Dieu veuille détruire l'espèce humaine, et je dirai même que par moments je l'approuve. Mais j'ai du mal à comprendre pourquoi il détruirait le temps. Il est vrai que je ne crois pas en lui, et ceci peut-être explique cela. Dieu, pour les croyants, est aussi insensible au temps qu'une particule élémentaire.

— *Dieu est tellement au-delà du temps qu'il peut agir dans le temps depuis son éternité. La théologie tente de résoudre cette série de paradoxes liés aux temps des hommes d'un côté, et de l'autre au temps, ou au non-temps, de Dieu.*

— Oui, faisons un peu de théologie. Quel délice ! Faisons même un peu — très peu, qu'on se rassure — d'herméneutique patristique. Voyons comment les Pères de l'Église ont abordé cette question.

La difficulté majeure — qui est toujours la nôtre — était de faire entrer, pour ainsi dire, le temps divin dans le temps humain, de telle sorte qu'ils s'interpénètrent. Les Pères de l'école d'Alexandrie, comme Origène, ou de l'école d'Antioche (Théodore de Mopsueste, Diodore de Tarse), les esprits les plus déliés sans doute, les plus pénétrants de leur époque, ont essayé d'établir des correspondances entre les différents textes révélés, soit d'une manière verticale, en s'élevant du type à l'archétype, ce qui est habituel (la Jérusalem nouvelle est une image de l'accomplissement céleste), soit d'une manière horizontale, ce qui est plus rare.

— *Par exemple ?*

— Comment le Christ, qui est Dieu, a-t-il pu se soumettre au temps humain en devenant homme ? Comment a-t-il pu naître et mourir, lui qui *est* de toute éternité ? Cette question difficile a soulevé mille tempêtes. Certains Pères sont allés jusqu'à dire que, de la même manière que le temple de Salomon est déjà une image de l'Église, le Christ *était* déjà la manne tombée dans le désert pour les Israélites, qu'il *était* le rocher d'où Moïse tira de l'eau en le frappant de son bâton, et que même ce rocher bienfaisant suivait le peuple hébreu dans ses longues errances. Même s'il ne s'était pas encore manifesté en tant qu'homme, le Christ-Dieu marchait déjà au milieu du peuple élu. Pour les mêmes raisons, après sa mort humaine, il n'a pas cessé d'être. Il est là, toujours, avec les croyants.

Il faudrait faire coïncider le temps divin (suprême, absolu) et le temps humain (limité, relatif). Tâche impossible, acrobatique en tout cas, menacée de tous côtés, aussi bien par l'indicible abstraction divine que par notre anthropomorphisme incorrigible. En ce sens, nous pourrions concevoir la fin des temps comme la fin de cette insupportable contradiction, de cette séparation maudite entre le Temps et les temps à laquelle nous revenons toujours. La fin des temps serait la fusion définitive dans l'unité, la fin de la flèche mortelle, le souhait d'une montée vers Dieu, d'une *perte du temps,* sans que pour cela nous perdions la vie, la vraie vie.

À l'évidence, hélas, c'est le contraire qui est vrai. Le Temps — le temps absolu, que nous l'appelions divin ou cosmique — nous ignore et nous dédaigne. Il est notre amant lointain et froid, rigoureusement insensible à notre ardeur, à nos prières — nous qui ne désirons que disparaître en lui sans pour cela mourir. Nous voulons en finir avec les temps comptés, les temps mesurés, pour accéder au temps qui ne se compte plus. Révolte répétée contre le temps qui nous emporte, révolte qui, pour désespérée qu'elle soit, n'en est pas moins la plus ambitieuse, la plus haute. Car la fin des temps, la fin des comptes et des mesures, la fin des terreurs et des espérances (« Laisse tout espoir », nous dit le *Gîtâ*), cela ne peut être que l'éternité.

Elle est retrouvée.
Quoi ? L'éternité.
C'est la mer allée
Avec le soleil.

Rimbaud l'a pressenti : oui, un jour le soleil avalera la mer, toutes les mers. Les astrophysiciens sont unanimes à le dire. Matière en fusion, proche de s'éteindre, et mers desséchées ne feront plus qu'un. Matière retrouvée, mais anéantie : peut-être alors verra-t-on mourir les particules. Peut-être alors, en manque d'univers, le temps s'abolira-t-il de lui-même. Et nous — oh ! que notre imagination a de force — nous *serons* enfin dans le néant, nous aurons rejoint l'être véritable, délivrés des temps et du Temps lui-même.

— *C'est ce qu'on appelle le nirvana ?*

— Peut-être. Personne ne sait très bien ce qu'est le nirvana. La notion est plus complexe que celle de notre paradis. Dans le nirvana, il n'est plus de conscience, en tout cas. Il n'est plus rien. Le temps s'est incliné devant le dharma accompli. Puisque pour un moment nous sommes revenus en Inde, citons les *Veda* : « Je suis le temps qui ne vieillit pas. » Mais dans le *Gîtâ*, Krishna lui-même déclare : « Je suis le temps vieilli. » Que s'est-il passé entre les deux sinon la création des formes, de la vie, et la chute dans les temps, dans l'histoire ? Pour Vishnou, comme pour le dieu de la Bible, la descente sur terre, sous une forme humaine, ne peut qu'être fatale. Avant le Christ, Krishna est déjà mort de son humanité.

Nous sommes bien dans notre sujet : temps objectif et temps subjectif, temps du monde et temps de l'âme. Rien ne permet d'affirmer, comme le disait Jean Audouze, qu'il existe un temps absolu, antérieur au monde et aux formes. Le temps absolu pas plus que l'espace absolu ne sont plus le cadre naturel et inamovible des phénomènes. Ils sont, au moins en partie, déterminés par les phénomènes qui se produisent dans l'espace-temps. S'il existe un temps absolu — et c'est moi, le mécréant, qui le reconnais —, ce ne peut être que le temps subjectif, le temps de l'âme, qui ne peut se résigner à l'éphémère. La question des scientifiques (existe-t-il un temps absolu, hors du monde ?) est parallèle à celle des théologiens : si Dieu détruit les temps, restera-t-il un temps pour l'âme ?

— *La conséquence de la « mort de Dieu » au* XIXe *siècle n'est-elle pas, un siècle après, une sorte d'homogénéisation des temporalités, une perte de relief du temps ?*

— Mais il n'est pas sûr que Dieu soit mort... En fait, c'est sur l'alternance du jour et de la nuit que repose toute l'organisation de la vie. On ne peut perturber notre relation au temps sans danger. Or, notre existence est fondée sur les rythmes solaires. Étant solaires, ils sont faux. Nous avons d'abord appris que le temps était déterminé par la rotation du soleil autour de la terre. On nous a expliqué ensuite que c'était la terre qui tournait autour du soleil. Puis que la terre tournait aussi sur elle-même. On nous apprend à présent que le système solaire évolue lui aussi à l'intérieur de la galaxie et enfin, dernière nouvelle sensationnelle, la galaxie elle aussi se déplace. Nous sommes pris dans toute une série de mouvements qui nous restent imperceptibles. Le temps est la synthèse de tous ces déplacements dont nous n'avons pas conscience mais qui modifient à chaque fraction de seconde notre position dans l'espace. Lequel de ces rythmes est le plus marquant ? Probablement celui du jour et de la nuit.

Vous savez que dans un film, et il s'agit là d'une règle obscure, mal perçue, les nuits doivent se succéder à intervalles réguliers. Si dans un western, deux scènes de bivouac sont trop rapprochées, quelque chose cloche. Le jour qui les sépare paraît trop court. De même, si l'on peut passer facilement d'un jour à un autre jour, on ne peut pas passer sans transition d'une nuit à une autre nuit. Pourquoi ? Je n'en sais rien. Personne n'a jamais pu me l'expliquer. Si l'on passe d'une nuit à une autre nuit, c'est toujours la même nuit. J'ai déjà donné l'exemple[1] des duels dans les westerns. Le premier qui dégaine est toujours celui qui va mourir. Il reste là, revolver à la main, pendant que la caméra passe sur l'autre, celui qui va gagner. Celui-ci dégaine et tire victorieusement. Qu'a fait le premier pendant ces deux secondes fatidiques ? Il est resté paralysé, sans tirer, attendant la mort. Deux actions simultanées sont montrées en fait l'une après l'autre. Si c'est bien fait, nous n'y percevons aucune fausseté. Quant aux repas de cinéma, grâce à un savant montage, ils se déroulent souvent en quatre ou cinq minutes, du potage au café. De même pour un personnage qui s'habille, et mille autres actions. Le temps n'est plus qu'un décor troué. Presque un jouet.

— *Cette pluralité des temps perdure pourtant à l'échelle de la planète. Un homme d'affaires à Paris*

1. Dans *Le film qu'on ne voit pas,* Paris, Plon, 1996.

ne vit pas *le même temps qu'un artisan de Bombay ou qu'un Targui perdu dans l'immensité des déserts algériens.*

— Les hommes entretiennent avec le temps des rapports complexes, d'une richesse prodigieuse. J'ai assisté par exemple au Népal à une vente d'esclaves. Il y avait là des représentants des Émirats qui venaient chercher des ouvriers pour travailler dans le pétrole. Tous les garçons en âge de travailler avaient été rassemblés. Ils se mettaient au garde-à-vous lorsque les représentants des Émirats approchaient ; leurs mères brossaient leurs vêtements et les marchands inspectaient la denture, évaluaient la force des bras. En quel temps vivions-nous, à ce moment-là ? À quelle époque ?

— *Entre ces différents temps humains, il semble que le* XX*e* *siècle ait creusé un très profond fossé.*

— Liv Ullmann a raconté qu'elle s'est trouvée un jour accompagnant une délégation de l'Unesco partie visiter une population quelque part au Soudan ou en Éthiopie, dans un endroit très reculé. La population avait été avertie que les ambassadeurs de l'Unesco débarqueraient d'un grand oiseau métallique, mais que ce grand oiseau ne pourrait se poser que dans la mesure où ils auraient préalablement aménagé un espace pour lui. Tous les hommes se mirent alors, avec des pierres et des morceaux de bois, en devoir de dégager cet espace et d'inventer une piste d'atterrissage. Les travaux durèrent près de six mois. La piste achevée, ils s'assirent tous autour pour guetter l'arrivée du grand oiseau de fer.

L'oiseau apparut enfin dans le ciel et se posa. Il fit un tour jusqu'au bout de la piste de bois et de pierres pour, finalement, revenir vers ce comité d'accueil terrifié par ce spectacle surnaturel. L'oiseau s'immobilisa et la porte s'ouvrit. Ils virent alors descendre un ange blond aux yeux bleus, les bras chargés de chocolats et de cadeaux de toutes sortes. L'ange, suivi par les représentants de l'Unesco, venait d'un autre monde et jamais on n'avait rien vu de semblable. Leur tradition imposait à ce peuple d'offrir quelque chose aux hôtes de passage. Mais qu'offrir quand on n'a rien ?

Une femme s'est alors approchée de l'ange blond — Liv Ullmann — et lui a demandé si elle était mariée. L'ange a tourné la tête à droite puis à gauche, signe qu'aucun homme ne l'avait encore prise pour femme. On lui a proposé alors de choisir un mari parmi les plus beaux jeunes gens du village. C'est une scène qui nous montre à quel point les hommes pensent aujourd'hui sur des niveaux radicalement différents. Chaque temps de l'humanité a laissé sa trace. Nous vivons sur un immense palimpseste. L'histoire ne dit pas comment Liv Ullmann s'y est prise pour repartir célibataire...

Œdipe à l'entrée de Thèbes

— *Pensez-vous que notre époque a quelque chose d'unique par rapport à toutes les autres ?*

— Toute époque est unique. Et au fond, qu'est-ce qu'une époque ? Ça commence quand ? Ça finit quand ? Je vis en ce moment sur la terre en même temps que mon petit-fils qui a quinze mois. Peut-on dire que nous partageons la même époque ? Qu'est-ce qu'une époque, sinon un enchevêtrement de générations qui s'enroulent les unes dans les autres, sans séparation tranchée ? Il faut se méfier des époques : elles sont au mieux un cadre historique déterminé par des historiens pour la commodité de leurs travaux.

L'Ancien Régime, la Restauration, le second Empire : mais pour les gens qui vivent ensemble à ce moment-là, tous ces mots n'ont pas grand sens. Par exemple, quelle époque vivons-nous ? Vivons-nous l'époque de l'explosion démographique, ou celle de l'Europe unie, ou celle de la fin de l'histoire ? Comment définir notre temps ? C'est très difficile. Goethe s'écrie à propos de la bataille de Valmy qui marque la défaite des Prussiens : « Une nouvelle époque commence dans l'histoire du monde. » C'est une formule. Il ne dit pas quand cette époque finira. Il n'en sait rien.

Par ailleurs, on se trompe toujours quand on juge son époque. On ne peut pas être juge et partie. On ne peut pas se retirer au sommet d'une montagne ou d'une colonne, comme Siméon le Stylite, pour juger calmement son temps. D'ailleurs tous les journalistes honnêtes le reconnaissent : un éditorial n'est que la forme que prend, à un moment donné, une réaction épidermique. Autrement dit, un éditorial n'est ni une pensée, ni un point de vue d'ensemble, c'est un frisson. « L'époque où nous vivons » est loin de pouvoir être embrassée dans toute sa diversité. Plusieurs histoires se sont entrelacées qui n'ont pas forcément emprunté les unes aux autres. Elles se sont réciproquement ignorées. Des courants souterrains traversent le socle de l'histoire et ce sont ces courants que l'historien, comme l'éditorialiste, se trouve bien en peine de détecter.

Cela dit, si les sentiments sont confus, un certain nombre de faits sont incontestables. La surpopulation sera un énorme problème pour les générations à venir. La surconsommation qui en découle entraîne une surpollution qui risque de menacer la survie même de notre espèce dans son état actuel. Du point de vue du bouddhisme, le mot « environnement » est impropre puisqu'il suppose que les choses sont autour de nous, alors que nous en faisons partie, que nous faisons corps avec ce monde. Tous ces problèmes se poseront d'une manière probablement très aiguë dans les trente ans qui viennent. D'un autre côté, on voit beaucoup d'éléments positifs. Des gens écrivent même des livres sur la fin de la misère. Il existe des banques des pauvres, comme au Bangladesh, qui fonctionnent bien. On constate une élévation du niveau de vie, même modeste, dans nombre de pays. Le continent latino-américain va mieux qu'il y a trente ans.

— *Vous êtes en désaccord avec Jean Delumeau sur ce point...*

— Il est habituel de dire que les grandes illusions du XVIIIe siècle, du siècle des Lumières, sont mortes. Personne ne croit plus par exemple qu'en changeant les institutions, la société, on changera l'être humain. Aucun modèle alternatif ne nous a changés. Pourtant le fonctionnement de la société est plus satisfaisant. Nous avons amélioré la justice, les rapports économiques, la solidarité, peut-être même le partage des connaissances, donc des chances. L'être humain, lui, est toujours égal à lui-même : aussi décevant et merveilleux qu'il l'a toujours été. Nous devons admettre que le progrès de l'homme par la culture n'est qu'une illusion, mais cela n'est pas vrai pour les sociétés. Et il est très difficile de distinguer l'un de l'autre.

Nous avons un sentiment de déception car nous sentons bien que nous n'avons pas changé, et une certaine espérance parce que nous constatons que la société fonctionne plutôt mieux. Rien n'est ni gris, ni blanc, ni noir. Chacun peut avoir là-dessus son propre avis. Pour ce qui me concerne, je viens d'un tout petit village, d'une campagne dans laquelle j'ai passé mon enfance, et j'ai donc plutôt tendance — mais j'en suis conscient — à être pessimiste, parce que le monde apparemment paradisiaque que j'ai connu jusqu'à l'âge de quinze ans a été détruit. Cette enfance détruite m'incline à penser que tout a été détruit, ce qui n'est pas vrai. D'abord parce que je retrouve encore des traces de cette enfance lorsque je retourne chez moi. La nature est plus résistante qu'on ne le croit, et pas seulement la nature humaine. Ce paradis perdu a-t-il été remplacé par d'autres ? Je ne saurais le dire, n'étant plus un enfant.

— *Le XXe siècle est avant tout celui des paradoxes, vous l'avez écrit dans* Regards sur le visible[1], *votre livre d'entretiens avec Jean Audouze...*

— Il y a deux mots que je mettrais en avant pour qualifier « notre époque ». Le mot *paradoxe* et le mot *énigme*. Ils sont assez voisins. Dans ce livre, nous avons formulé six paradoxes pour cette fin de siècle et nous allons peut-être y revenir... Quant au mot « énigme », il évoque un certain nombre de questions que la science n'a pas su aborder de manière satisfaisante et qui nous empêchent de dormir sur nos deux oreilles.

— *Le scientisme enthousiaste et conquérant, qui ne doutait pas de trouver l'équation dernière de l'univers, s'est dégonflé comme une baudruche.*

— Marcelin Berthelot, inaugurant l'Académie des sciences en 1893, affirma dans son discours que l'univers était désormais « sans mystère ». C'est cela le scientisme. La science officielle aborde le tournant du siècle en affirmant qu'elle sait tout. Aujourd'hui, lorsque vous interrogez les scientifiques, ils vous affirment que le XXIe siècle s'ouvre sur des énigmes. Ils disent qu'ils ne savent même pas ce qu'ils ignorent. Nous sommes un peu comme Œdipe à l'entrée de

1. Paris, Plon, 1996.

Thèbes. À l'aube du nouveau siècle, plusieurs sphinx nous attendent. Ils vont nous interroger, nous poser d'étranges questions. L'une d'elles touchera au problème de la surpopulation, conjugué à celui de la désertification. Une autre abordera le thème de la solitude et de la communication. Une autre encore traitera du développement du savoir et de celui de l'ignorance, le nombre d'analphabètes en France, par exemple, étant sans doute plus important à la fin du XXe siècle qu'il ne l'était au début. Allons-nous pouvoir répondre ?

L'aveugle et sa fille

— *Pour filer la métaphore, nous pourrions dire qu'Œdipe triomphe du Sphinx et devient roi de Thèbes comme la science semble sur le point de triompher à la fin du XIXe siècle. Mais c'est les yeux crevés qu'Œdipe quitte Thèbes accompagné de sa fille Antigone qui guide désormais ses pas...*

— L'épreuve d'Œdipe est en somme bénéfique : roi éphémère de Thèbes, il a eu le loisir de mesurer son ignorance. Nous entrons dans le nouveau siècle en aveugles, guidés par ce peu de raison, ce peu de sagesse qui nous reste. Et juchés sur des béquilles électroniques dont nous sentons bien la fragilité.

— *Il est impossible de juger d'une époque tant que l'on ne dispose pas du recul nécessaire. Vous avez pourtant inventorié avec Jean Audouze les grands paradoxes qui semblent caractériser nos sociétés modernes, vous en parliez à l'instant. Pouvez-vous nous les rappeler ?*

— Le XXe siècle est avant tout, me semble-t-il, le siècle de l'explosion démographique. La courbe de la population mondiale grimpe très légèrement pendant cinquante siècles, connaissant même quelquefois des inflexions, et, tout à coup, à partir des années 1920-1930, la croissance est foudroyante. En un siècle, la population mondiale a été multipliée par sept. Or, en même temps que la natalité s'emballe — voici notre premier paradoxe —, s'étendent les déserts. La désertification s'accroît au rythme de la surpopulation. Plus la planète est lourde de vies humaines et plus nous constatons que les populations se concentrent en des zones déterminées, abandonnant à tous les vents de la terre des espaces jadis cultivés. Il était tout à fait dans nos cordes de relever le défi de la désertification. Pourquoi ne l'avons-nous pas fait ? Notre renoncement est inquiétant.

— *Vous avez signalé que l'ère de la communication était aussi celle des solitudes...*

— On peut le dire en reprenant une belle expression de Valéry qui parle de « la multiplication des seuls ». Plus on invente des moyens de communiquer et plus les hommes font l'expérience de la solitude. Jamais ce sentiment de solitude n'a été exprimé par les poètes anciens comme par les artistes de notre temps. Alors même que nous pouvons imaginer l'isolement dans lequel se trouvaient les individus des siècles passés, sans courrier, sans fax, sans téléphone et se déplaçant d'une ville à l'autre à la vitesse d'un cheval. Le sentiment de la solitude apparaît avec les romantiques. Mais les champions du spleen et de l'angoisse sont les poètes, les dramaturges, les cinéastes du XXe siècle.

— *Ce sentiment est-il lié à une certaine décomposition des liens familiaux ou sociaux, à une perte de légitimité du projet social ou bien à l'absence de Dieu ?*

— Le « retrait de Dieu » n'est certainement pas étranger à la déliquescence des liens sociaux. Le fait d'aller à la messe ensemble et de prier ensemble constituait très certainement cette soudure entre les êtres. Cela pouvait aider à lutter contre l'angoisse et à mieux dormir. Aucun doute. Mais, en Occident tout au moins, nous nous sommes séparés de Dieu, coupés des autres mondes. Rien à redire à cela : c'est parfaitement justifié. Bien évidemment, en renonçant à nos chimères, qui nous reliaient à un monde imaginaire d'une puissance rassurante, nous nous sommes retrouvés seuls. Seuls dans l'espace — au moins dans l'espace immédiat — et seuls dans le temps : rien avant, rien après. De passage entre deux néants.

— *Il y a peut-être un rapprochement à faire entre la crise du monde moderne et ce que l'on appelle la « crise d'adolescence ». Bombardée par des nouvelles bouleversantes qui remettent périodiquement en cause ses conceptions sur l'existence, l'humanité entrerait dans son adolescence — à peu près comme l'individu se trouve bouleversé dès l'âge de douze ou treize ans en découvrant certaines vérités sur lui-même et son entourage que son entendement ne lui avait pas encore permis d'appréhender. L'humanité traverserait alors une période de turbulences garantes de son épanouissement futur. Cette crise d'adolescence, quel qu'en soit le prix, aurait pour enjeu une certaine maturation des hommes et des nations.*

— La vision optimiste de l'avenir côtoie la vision pessimiste. Nous l'avons dit, nous n'avons pas que des raisons de désespérer. Ni d'ailleurs d'espérer. Il est clair par exemple, si nous regardons autour de nous, que nous sommes installés dans le Kâliyuga. À l'exemple de l'Algérie, nous voyons aujourd'hui se développer le massacre pour le massacre. Pensez au Rwanda, pensez aux Hutus et aux Tutsis, à la fin de la Bosnie-Herzégovine, à l'Algérie, à la Colombie, maintenant au Mexique. Je ne vous tue plus pour telle ou telle raison, je vous tue pour vous tuer. Kâliyuga : l'assassinat est inexplicable et inexpiable. Les sociologues parlent aussi du syndrome de Ratopolis. Vous connaissez le principe : on met des rats dans un certain habitat, on augmente leur nombre mais en même temps leur ration de nourriture. À partir d'un certain nombre, même s'ils ont de quoi manger et boire, ils s'entre-tuent sauvagement. Il serait intéressant de mettre la question de la fin des temps en relation avec la fin des espaces et de considérer la notion d'espace vital qui, pour ce que nous venons de dire, est peut-être tout à fait pertinente. C'est une notion qui est marquée politiquement par le nazisme d'une manière si odieuse qu'on n'ose plus en parler. Mais peut-être est-elle beaucoup plus fondamentale que ce que nous pensons. Pour les rats, en tout cas.

— *Ces massacres commis sans aucun motif seraient alors liés à un sentiment confus de manque ou de perte d'un espace ?*

— La notion est difficile à cerner. Elle n'est pas objective. Prenez la foule indienne que vous supportez très bien lorsque vous participez, ce que j'ai fait, à ces grands pèlerinages qui ont lieu périodiquement en Inde. Je me suis retrouvé bloqué au milieu d'un océan de plusieurs millions de personnes, réduit à épouser les mouvements de cette foule, c'est-à-dire privé de toute initiative individuelle. Et je me sentais plutôt bien. Qui sait si nous tolérerions cette foule compacte en Occident ?

— *Lorsqu'on revient en France, on a l'impression que les rues sont vides... Mais revenons aux paradoxes du monde moderne...*

— En voici un : jamais aucune autre époque n'a conçu et produit autant de biens à consommer, à commencer par l'argent lui-même. Jamais les objets de consommation n'ont été aussi répandus, aussi désirables, aussi accessibles, alors que l'écart des conditions humaines ne cesse de croître, aggravant la misère des misérables, et redoublant leur frustration. Chaque société, même la plus riche, a désormais ses parias et l'on voit même des nations entières condamnées à la mendicité ! Ainsi, les experts prévoient une prochaine famine au Niger. Et nous crevons sous la nourriture inutile.

— *Dans* La Force du bouddhisme[1], *vous écrivez que pays riches et pays pauvres étaient, à la fin du XVII*e *siècle, dans un rapport d'inégalité de 1 à 5, et à la fin du XX*e *siècle de 1 à 4000.*

— Le rapport de 1 à 5 vaut, je crois, pour la fin du règne de Louis XIV. Ce rapport était passé, dans les années 1970, de 1 à 800. On peut parier aujourd'hui sur une inégalité encore plus grande, probablement de 1 à 4 000 en effet. Et l'hégémonie économique américaine n'arrange rien.

Un autre paradoxe réside dans cette fièvre avec laquelle notre époque multiplie les copies, les reproductions, les imitations (Eco en a très bien parlé [2]), allant jusqu'à inventer et répandre l'image virtuelle, composée hors de toute réalité, alors que, dans le même temps, nous assistons à un renouveau surpre-

1. Paris, Robert Laffont, 1994.
2. Dans *La Guerre du faux,* Paris, Grasset, 1985.

nant du théâtre. Les expositions de peinture des grands maîtres attirent des foules considérables et le public manifeste, en toute occasion, une véritable passion, presque maniaque, pour l'œuvre originale. Dans un autre ordre d'idées, jamais aucune époque n'a laissé l'athéisme s'exprimer avec autant de force, de liberté et de clarté — on a même vu un empire immense se construire sur le matérialisme seul. Dans le même temps, des formes de religiosité nouvelles partout apparaissent qui, tout en s'affirmant spirituelles, n'hésitent pas à recourir à la plus cruelle violence pour établir ici-bas leur pouvoir. L'irrationnel fleurit partout. On peut visiter chaque année un Salon de la voyance. Les journaux proposent des rubriques d'astrologie ridicules, mais sans doute appréciées des lecteurs. À la télévision, on se complaît à recevoir des chapelets d'exaltés qui racontent leurs escapades avec de troublants Vénusiens, le dédoublement de leur corps astral, leur avant-dernière réincarnation (toujours flatteuse), leurs visions à distance, que sais-je encore ?

— *L'idée de décréter la mort de Dieu n'est-elle pas, en soi, un peu péremptoire ?*

— En 1968, avec le cinéaste Luis Buñuel, j'ai écrit le scénario de *La Voie lactée,* un film qui se déroule dans l'univers des hérésies propres à la religion chrétienne. Deux pèlerins contemporains partent pour Saint-Jacques-de-Compostelle, et le propos du film est de ramener toutes les conversations sur la question des hérésies. À l'époque, tout le monde nous prenait pour des fous : quelle idée de faire un film sur les hérésies ? En 1968, Dieu était mort. Tout était politisé, dans l'entreprise, dans la famille, à l'école, il ne restait pas d'autre voie que le politique. Le film est sorti en 1969, mais si vous le visionnez aujourd'hui, il vous apparaîtra peut-être comme une exploration du fanatisme aux résonances tristement contemporaines.

— *Et c'est le politique, lui, qui traverse des jours sombres...*

— Un autre paradoxe que nous signalions avec Jean Audouze : les découvertes et les acquis de la science sont à ce point remarquables qu'ils nous demeurent le plus souvent inintelligibles ou hermétiques, et que l'ignorance se trouve être, en définitive, la principale bénéficiaire. Il peut arriver aussi que cette ignorance soit revendiquée et l'erreur enseignée systématiquement : je fais allusion au discours fanatique et intolérant qui se fait entendre partout dans le monde, et qui n'est bien entendu qu'une clameur née de l'échec.

— *Vous parliez de ce fossé qui sépare un petit groupe de gens qui se tiennent informés des progrès de la science et le grand nombre qui est absent du débat, et ne s'en inquiète guère. Le XXᵉ siècle n'a donc pas comblé ce fossé comme il le prétendait ?*

— Ce très large et durable fossé entre une poignée de personnes détenant les connaissances et le grand nombre s'est toujours maintenu : par exemple, lorsque les Vénitiens ont commencé à faire du commerce dans le monde entier, il leur était très utile de connaître les distances et de savoir combien il fallait de temps pour se rendre d'un point à un autre. Les secrets de construction sur les chantiers des cathédrales, les secrets de navigation n'étaient que rarement divulgués. À partir de la fin du XVIIIᵉ siècle, avec le renouvellement de la pédagogie, puis l'instruction gratuite et obligatoire au XIXᵉ siècle, on a espéré que l'abîme se comblerait. Mais il ne se comble jamais. Une de nos dernières illusions, je parle de ma génération, fut celle de la télévision. On s'imagina que la télévision serait un moyen de diffusion du savoir passant par-dessus toutes les barrières pour venir directement chez vous : grâce à elle, on allait pouvoir sérieusement élever le niveau moyen des connaissances. Quelle déconvenue ! Le seul pays au monde qui ait réussi à se servir pédagogiquement de la télévision est l'Inde. Indira Gandhi et ses ministres ont imposé des programmes éducatifs pendant vingt ans. Le peuple indien a fait des progrès considérables dans la connaissance, ce qui a permis à l'Inde d'accéder à un niveau scientifique international tout à fait correct... Chez nous, c'est le contraire qui s'est passé. Les contraintes commerciales les plus vulgaires l'ont emporté.

— Ce qu'on a raté avec la télévision, on va peut-être le réussir avec Internet...

— Sommes-nous vraiment dignes de communiquer ? C'est la grande objection qui peut être faite à la communication. Étant donné que nous sommes susceptibles de nous transmettre les uns aux autres beaucoup plus de mal que de bien, ne vaudrait-il pas mieux nous interdire de communiquer ? Notre immense réseau de « communication » n'est-il pas, malgré les apparences, un outil néfaste, l'une des dernières inventions du Kâliyuga ?

— Comment distinguez-vous savoir et connaissance ?

— Marguerite Duras disait que le savoir était ce que nous avons appris à l'école et la connaissance ce que nous avons appris par nous-mêmes. La connaissance ne peut que s'ajouter au savoir. Elle permet de disposer du savoir et de ne pas en être esclave. Ce que nous comprenons aujourd'hui, c'est que le savoir entraîne nécessairement l'ignorance. C'est ainsi. Si l'on veut vraiment savoir, si l'on veut posséder un savoir précis dans un domaine, on n'a pas le temps de connaître les autres. On se condamne à ignorer. L'important n'est pas le savoir ou la connaissance que vous possédez. L'important est la *prajna,* c'est-à-dire votre aptitude à les acquérir. La force qui vous conduit au fond des choses.

— *Ces sciences dites « dures » dont nous parlions ont fait surgir dans notre esprit les montres molles de Dalí. N'y avait-il pas chez lui un pressentiment de cette fin des temps que nous évoquons ? À quoi peuvent servir des montres molles ?*

— Il faut dire que certaines expressions qui sont passées dans le langage public n'ont strictement aucun sens. Qu'est-ce qu'un espace courbe ?

— *La réponse est dans* Le Mont Analogue *de René Daumal.*

— Elle est aussi dans les montres molles de Dalí. Dalí suggère ici la possibilité d'un temps fondant. D'un temps caramel mou. Pourquoi pas ? Eluard appelait Dalí « la machine à penser ». C'était un grand esprit, très étrange, borné sur certains points, sur l'argent par exemple ; contrairement à ce que l'on croit, c'est Gala qui s'en occupait. Mais, à côté de ces carences, il pouvait avoir des intuitions extraordinaires. Les montres molles ne sont pas les seules : ses personnages à tiroirs figureront aussi parmi les images du siècle.

— *Son Christ vu de haut évoque aussi ces images*

de synthèse dont vous parliez tout à l'heure, où la caméra peut tourner autour de son objet... et jusqu'au personnage de Dalí qui semblait faire partie intégrante de l'œuvre et du message...

— En un certain sens, Dalí est aussi un produit de cette médiatisation dont par ailleurs il s'est joué avec un génie sans pareil. Il est une caricature impressionnante de l'homme du XXe siècle. La question demeure de savoir si ses gesticulations cachaient du vide ou bien s'il s'agissait d'un écran de fumée destiné à protéger une œuvre cohérente. À la fois délirante et contrôlée, paranoïaque et critique. Seule la postérité répondra, comme d'habitude. Elle est là pour ça, la postérité. Pour rectifier nos savoirs, et même nos goûts. Les réponses sont toujours pour demain.

Le secret des horlogers

— Peter Brook m'a raconté ceci : un vieil horloger lui a dit qu'à la fin du XVIIe siècle les horlogers ont décidé de se réunir régulièrement pour réguler le rythme du tic-tac et l'accélérer progressivement, de siècle en siècle.

— *On dirait les premières lignes d'un chapitre du* Pendule de Foucault *d'Umberto Eco...*

— Et c'est vrai. Quand j'étais enfant, nous avions une vieille horloge à la campagne qui faisait lentement : « baang, baang »... Maintenant, on a des tic-tac-tic-tac-tic-tac, comme si la mécanique elle aussi suivait le rythme de la vie moderne. Vous savez qu'il ne faut surtout pas mettre un réveil à côté de son oreille, sur sa table de chevet, quand on dort, parce que notre cœur, paraît-il, a tendance à se régler sur le tic-tac du réveil. Si les battements sont de plus en plus accélérés, quelle gymnastique cardiaque !

— *Pourquoi les horlogers ont-ils voulu accélérer le tic-tac des horloges ?*

— Pour l'harmoniser, j'imagine, avec le tempo de la société. On imagine ces vieux horlogers qui arrivent à la réunion et qui disent : « C'est vrai que l'histoire roule de plus en plus vite. Nous devons accélérer un peu le mouvement de nos horloges. » Une société secrète décidant, dans l'ombre, du rythme des tic-tac dans le monde... *Si non è vero...*

— *On nous a fait croire que notre espérance de vie a augmenté, mais peut-être que ce n'est pas vrai... Peut-être ne sommes-nous pas aussi vieux que nous le croyons. En fait vous n'avez peut-être que trente ans...*

— Mais non ! Le temps lui-même ne change pas. C'est le rythme, c'est notre lecture du temps qui change. Puisqu'il est arbitraire, ce tic-tac, qu'il soit lent ou accéléré, ne change rien à la durée d'une seconde, ni à notre âge. Entre le tic et le tac, vous comptiez autrefois une bonne seconde, alors que nos tic-tac se suivent désormais à un rythme qui semblerait vertigineux à nos arrière-grands-parents.

— *Mais le tic-tac ne marque-t-il pas la succession des secondes ?*

— Absolument pas. C'est uniquement une perception sonore du temps. Une illusion de plus. Il faut donner l'impression que le temps va plus vite, parce que la société va plus vite. Après cette conversation avec Peter Brook sur les horlogers, j'ai rencontré un ami indien, Moshe Agashi, un personnage complexe, à la fois psychiatre pour enfants, acteur de cinéma célèbre, et directeur de l'École de cinéma de Poona où je suis allé travailler. Nous nous connaissons depuis dix ou quinze ans. Il est venu me voir il y a quelques jours et a passé deux heures ici. Un homme très fin, très subtil. Naturellement, nous avons commencé à parler du temps. Je lui raconte mon histoire d'horlogers, qui l'enchante, et il me dit : « Tu as remarqué que nos montres, nos montres numériques, digitales, affichent simplement un chiffre sur le côté du cadran ? » Je lui dis que j'ai effectivement remarqué ce détail. Il me dit : « As-tu remarqué autre chose ? » Je ne disais rien, j'attendais la révélation.

— *Nous aussi !*

— « Sur les montres numériques, me dit-il, un petit rectangle indique l'heure, mais le cadran lui-même est muet. Tu vois un chiffre, un point c'est tout. Nous avons des montres qui nous disent l'heure qu'il est, mais qui ne nous disent plus l'heure qu'il n'est pas. » Cela me parut lumineux. Il continua : « Sur une montre à cadran, l'heure que tu lis s'inscrit dans le cercle du temps. Tu te rappelles immédiatement ce que tu as fait dans la journée, où tu étais ce matin, quelle heure il était lorsque tu as croisé ton ami, tu te souviens de l'heure à laquelle le jour commence à baisser et tu vois le temps qu'il te reste avant d'aller te coucher, la conscience apaisée par une journée bien remplie, avec aussi la certitude que le temps recommencera demain sa course autour de ta montre. Mais si tu n'as qu'un petit rectangle, tu es obligé de vivre dans une série d'instants et tu perds la vraie mesure du temps. » Il me semble que ce temps perdu est au cœur de notre livre...

— *Dans cet ordre d'idées, il y a aussi les grandes horloges de Beaubourg et de la tour Eiffel qui s'arrêteront en l'an 2000.*

— C'est la même chose : absence de repères.

— *Les sociologues disent que les jeunes gens n'ont plus aucune notion du passé, qu'ils ne connaissent plus ce qui constituait la mémoire des générations. Ils sont les adeptes de l'immédiat qui, comme par hasard, rime avec média...*

— C'est à cause du tic-tac !

— *Vivre sans passé c'est un peu comme marcher sur un fil, au-dessus du vide, sans filet. Si le présent ne vous convient pas, vous n'avez plus aucune échappatoire.*

— On a connu d'autres histoires savoureuses. En 1582, comme le rappelle Gould, la réforme du calendrier est décidée par le pape Grégoire. On passe au calendrier dit grégorien. Pour cela, on supprime brusquement dix jours dans le décompte quotidien. On passe du jeudi 4 au vendredi 15 octobre. Encore un trou dans le temps, encore un temps perdu !

Le temps des avocats

— *N'y a-t-il pas en Occident une difficulté ou une impossibilité à parler du temps ?*

— On m'a raconté l'année dernière à Hongkong une autre histoire de chronologie que je livre sous toutes réserves. Un vieux Chinois se serait récemment rendu compte que dans la datation traditionnelle on a oublié une année. C'est simple : vous ouvrez votre dictionnaire et vous cherchez le nom de l'empereur Auguste, par exemple. Né en 63 avant Jésus-Christ, il est mort en 14 après. Nous ajoutons 14 à 63, il a donc vécu 77 ans. Mais dans ces 77 ans, fit remarquer le vieux Chinois, l'année zéro, l'année supposée de la naissance du Christ, a été oubliée. Auguste a donc vécu en réalité 78 ans. Tous les personnages de l'Antiquité qui ont vécu à cheval sur cette césure arbitraire du temps ont vécu un an de plus que nous ne le pensions. Gould explique ce phénomène par le fait qu'à l'époque des calculs le zéro était inconnu. Notre temps dépend bien de nous.

— *Il suffit d'évoquer cette impossibilité où nous sommes, deux fois l'an, au moment de retarder ou d'avancer notre montre, de nous situer dans le temps. Pour certains, c'est un petit instant de détresse.*

— On s'apprête à fêter l'an 2000, alors que cette date ne représente rien. Ce n'est pas la fin du XXe, ce n'est pas le début du XXIe siècle. C'est un simple passage du 1 au 2 ! Une festivité arithmétique !

— *Mais si ce chiffre 2 000 ne correspond à aucune réalité, il constitue cependant une réalité culturelle dont la force est incontestable. Il suffit d'évoquer tous les problèmes que ce passage au 2 va causer, notamment du côté des empires de l'informatique.*

— Le problème de l'informatique me semble littéralement merveilleux. Eco montre bien à quel point il est révélateur. C'est apparemment une catastrophe qui est annoncée. Une autre fin des temps.

— *Dans un très robuste dossier de* Courrier international, *il est dit que la catégorie professionnelle qui va le mieux profiter de ce passage d'un siècle à l'autre, est celle des avocats, parce que toutes les entreprises vont se retourner vers ceux qui les ont équipées de systèmes informatiques que le passage à l'an 2000 rendra tout à coup caducs.*

— Il est évident que s'il existe une profession qui n'a aucun souci à se faire dans les siècles prochains et qu'on ne verra pas gonfler les files des chômeurs, c'est celle d'avocat. Dans tous les domaines, nos descendants hériteront d'un nombre inimaginable de contentieux. Dans le domaine des droits d'auteur, que je connais un peu, certains seront insolubles.

— *Que pensez-vous des fins des temps à retardement ? On dit qu'il faudra trois cents ans pour localiser toutes les mines antipersonnel enfouies dans le sol africain...*

— Et cinquante ans pour déminer Papon ! Votre question m'a aussitôt fait penser aux déchets nucléaires. Nous prenons des paris insensés sur l'avenir. Nous avons un peu l'attitude de ces optimistes qui se font enfermer dans des cylindres cryogéniques. Ils sont morts d'une maladie dont ils pensaient, avant de mourir, qu'elle pourrait être guérie par la science dans un avenir proche. Ils conservent ainsi leur corps dans cette attente. Nous faisons ce type de pari. Nous parions que dans cent ans nous saurons réparer les dégâts que, deux ou trois générations plus tôt, nous avons délibérément provoqués. Pourquoi ne pas imaginer par exemple que des satellites pourront demain déminer un territoire donné ? Même chose pour les déchets nucléaires.

— *Hölderlin a écrit : « Là où croît le danger croît aussi ce qui sauve. »*

— C'est dans les périodes de grande souffrance physique et morale qu'apparaissent les grands saints. Si vous voulez. Mais nous engageons tout de même des paris délirants. Nous parions sur un possible qui nous est aujourd'hui inconcevable.

— *Comment devons-nous considérer ceux qui ont porté atteinte à la beauté du monde ?*

— Il est parfois impossible, à l'intérieur d'une génération, de pardonner à un homme pour les fautes qu'il a commises dans sa jeunesse : c'est l'exemple de Papon. Nous l'avons jugé pour ce qu'il a fait il y a cinquante ans. Or, est-ce le même homme ? Nous le supposons. Il y a pourtant toute une littérature qui dit le contraire. Pour Restif de La Bretonne, par exemple, un homme qui a passé trente années en prison, lorsqu'il ressort, n'est plus le même. C'est une certaine idée de la justice qui peut nous amener à vouloir punir un homme pour des fautes commises plusieurs dizaines d'années auparavant. Vous me ferez remarquer que Papon n'a pas passé trente ans en prison. C'est bien vrai. Mais cette idée de justice devient délirante si on cherche à l'appliquer sur plusieurs générations. On ne peut pas faire payer un peuple, une famille ou un groupe pour des crimes commis plusieurs siècles plus tôt. Je me rappelle l'exemple d'une famille respectable considérée comme une lignée de voleurs parce que, au XVIe siècle, un membre de cette famille avait été surpris en train de voler une gerbe de blé... C'est presque une caricature de notre justice.

— *Ne nous rend-on pas responsables, peu ou prou, des écarts de conduite d'Ève et d'Adam ?*

— À en croire cette histoire ancienne, les hommes sont tout de même un peu moins coupables que les femmes ! Mais soyons sérieux. Nous ne pouvons pas croire raisonnablement à cette idée d'un péché originel que nous serions chargés d'expier — sinon au prix d'un effort de naïveté presque impardonnable. Jean Delumeau le dit très bien. D'un autre côté, la lecture du mythe nous conduit à nous interroger sur ce qu'est l'espèce humaine et à nous demander si elle n'est pas effectivement coupable. Cela ouvre sur nous-mêmes un aperçu tout à fait étonnant : nous naissons coupables. Elle est comment, l'espèce humaine ? Elle est coupable. Coupable de quoi ? Coupable.

Le retirement du monde

— *Les périls écologiques planétaires sont peut-être les nuages les plus menaçants dans le ciel du troisième millénaire. L'humanité est en situation de s'autodétruire et c'est là sans doute l'aspect résolument nouveau de notre temps...*

— En a-t-elle réellement l'intention ? Il ne semble pas qu'elle soit allée très loin dans ce sens. Jamais personne n'a songé vraiment à faire sauter la terre.

— *Ce sont les monstres que nous avons engendrés qui demain vont nous dévorer.*

— Avant de se dévorer eux-mêmes. Peut-être. La difficulté vient naturellement, et quels que soient les moyens de communication mis à notre disposition, du degré d'ignorance de la plupart d'entre nous. Comment engager une action réparatrice commune si les gens n'en comprennent pas l'urgence ? Jules César savait que la terre était ronde. Il en connaissait même, à cent kilomètres près, la circonférence, grâce à Ératosthène qui l'avait calculée au IIIe siècle avant notre ère. Un petit groupe de gens autour de César partageaient sans doute cette connaissance, des gens cultivés qui avaient entendu parler des fameux calculs. Mais combien de Romains, de Grecs, de Barbares étaient au courant ? Un nombre infime. C'était une connaissance réservée à un petit nombre de gens. Il y a encore 40 % des Français qui croient que le soleil tourne autour de la terre.

— *La mondialisation des problèmes entraînera pourtant, nécessairement, des solutions planétaires. Mais à l'heure de la mondialisation nous ressentons justement le besoin de circonscrire un espace où inscrire notre action, un besoin de réduire le champ, la tentation de l'isolement...*

— Vous posez là un problème qui personnellement me tracasse. C'est le problème du refus. Que faut-il refuser ? Au nom de quoi ? Pourquoi ? Et jusqu'à quel degré ? On ne peut pas tout accepter. Nous ne pouvons pas, en dépit de tous nos efforts, être au courant de tout. De toutes les techniques qui nous sont proposées, aucune n'allonge le temps, aucune ne multiplie nos yeux ou les connexions de notre cerveau. Nous sommes physiquement les mêmes devant un éventail de possibilités, de distractions, de connaissances qui sont pratiquement sans aucune limite. Je suis donc obligé de refuser quelque chose. Forcément. Sinon je vais me perdre, me désespérer. Je vais m'égarer et devenir fou. La tentation de certaines sectes est de tout refuser, de dire : ce monde-là n'est pas le mien, je jette mon poste de télévision par la fenêtre, je balance mon ordinateur et je vais vivre dans les bois avec un petit groupe d'amis. Nous allons développer nos petites histoires, peut-être même créer des mythes, des valeurs, et entre nous une hiérarchie, naturellement. Nous allons nous débrouiller. Nous n'allons pas nous fermer économiquement au reste du monde, mais simplement refuser l'information qui nous est assénée. Cette tentation existe en chacun de nous à des degrés divers. Je ne suis pas sûr qu'il faille la condamner entièrement. C'est un sentiment monacal très ancien, le retirement du bruit et du mouvement. On ne se coupe pas du monde pour autant et on ne cesse pas de porter un jugement sur lui. Les empereurs de Byzance allaient quelquefois au désert consulter les anachorètes sur les affaires de l'Empire, pensant que le regard de ces ascètes sur les choses publiques était peut-être plus profond que celui des ministres empêtrés dans l'administration du temporel. Ce refus total n'est pas absolument à rejeter. Il y a là une certaine beauté.

— *N'y a-t-il pas aussi quelque danger à se mettre ainsi culturellement et intellectuellement à l'écart ?*

— Je me méfie de deux choses. La première, c'est le choix de l'ignorance. Qu'est-ce qui peut recouvrir la terre, demande le *Mahâbhârata* ? C'est l'obscurité, plus facilement que la lumière. Le choix de l'ignorance est une impasse. Quand je vois, à Paris, des écoles rabbiniques, par exemple, qui enseignent aux enfants juifs que la terre a été créée il y a 6 322 ans, et que tous les fossiles laissés ici ou là l'ont été par le diable pour nous égarer, mon premier réflexe est de penser : pauvres enfants, qui devront désapprendre tant d'âneries ! Après quoi, naturellement, je m'interroge sur la liberté de l'enseignement. Autre danger : je connais une famille qui refuse la télévision. Les enfants ne regardent pas la télévision, mais en entendent parler toute la journée à l'école, et sont complètement perturbés. Ils ont l'impression qu'il existe à côté de leur monde un autre monde auquel ils n'ont pas accès. On ne peut pas tout ignorer et on ne peut pas tout savoir. Il y a un équilibre à trouver pour chacun de nous. Nous voici à nouveau sur le chemin de Thèbes. Pour ceux qui vont avoir seize ou dix-huit ans demain, quel chemin choisir ? Devant quel sphinx s'arrêter ? L'éventail des possibilités s'est incroyablement enrichi, et pourtant vous avez toutes les chances de rater l'embranchement de *votre* chemin et de vous perdre.

— *Mais où qu'on se retire et si loin qu'on se retire, on reste plus ou moins dans le même monde, balancé entre le jour et la nuit, l'été et l'hiver, la naissance et la mort. D'où vient cette idée qu'on pourrait se détacher culturellement et économiquement du reste du monde et n'entretenir avec lui aucun contact ?*

— Cela repose peut-être sur la conception qu'on avait autrefois des dimensions de la terre. Elle apparaissait immense, presque sans limites, capable d'accueillir toutes les expériences. On remarque encore, jusqu'à la fin du XIXe siècle, quelque chose d'inoffensif dans les actions humaines. Si cette communauté dissidente se trompe, il ne s'en suivra aucun dommage particulier de nature à mettre la vie des autres en péril. Plus même : cette terre n'est pas assez peuplée. Tous les textes anciens insistent là-dessus. Je me rappelle un cantique que l'on chantait dans mon enfance :

Guide mes pas, ô doux Seigneur,
Sur la terre encore si nue.

Si nous prélevons une part de terre dans cette immensité, nous n'enlevons rien aux autres, nous ne confisquons rien. Un hectare retiré à l'infini n'entame pas l'infini. Lorsque Charles Fourier décrit son phalanstère, il évoque un lieu à l'intérieur duquel va s'installer une société idéale qui sera protégée contre l'extérieur, sans en subir les dommages et sans lui nuire.

— *Ce qui distingue les utopies du XXe siècle de celles des siècles passés, c'est qu'elles ont été des laboratoires à ciel ouvert avec, pour cobaye, l'humanité tout entière.*

— Deux problèmes, dans les utopies, n'ont jamais été résolus, y compris dans celles qui ont été mises en œuvre au XXe siècle. Le premier concerne la défense de la société artificiellement établie vis-à-vis du monde extérieur. Si certaines de ces communautés élaborent des modes de vie résolument pacifiques, comme c'est le cas de quelques sectes aujourd'hui, aucune d'elles ne peut négliger l'éventuelle agression d'un peuple ou d'un groupe voisin. Si nous pouvons être attaqués, il faut pouvoir nous défendre. Si nous devons nous défendre, il nous faut une caste de soldats. Il nous faut alors des armements, des munitions. Nous rentrons dans une logique que nous avions précisément souhaité dénoncer.

Deuxième problème : les basses besognes. Elles existent. Qui s'en chargera ? Jusqu'à la Révolution française, le problème ne se posait pas. Une classe d'hommes et de femmes naissait pour servir les autres. À elle incombaient les basses besognes. Mais à partir de la Révolution, il est désormais question des droits de l'individu, de justice pour tous, d'égalité des conditions, et le problème se pose d'une manière redoutable. Les basses classes peuvent à tout instant se révolter. C'est l'une des hantises du siècle. Fourier imagine des systèmes de roulement : ce sera à chacun son tour, selon les quartiers, de s'occuper des travaux de vidange, de la corvée de patates, etc. Mais à partir du moment où on installe ce système tournant apparaît l'*exception,* parce qu'il y a des gens malades, des gens faibles, des gens allergiques, des gens plus riches que d'autres qui peuvent se payer un remplaçant, ce qui fut le cas au XIXe siècle pour le service militaire. Ce problème des basses besognes reste irrésolu. Il le sera par le nazisme, par le communisme. Le nazisme, par exemple, revendique la théorie archaïque des classes inférieures. C'est ainsi que les Allemands font venir des travailleurs des pays qu'ils occupent. Le STO n'est alors qu'une application des principes d'Aristote, pour dire les choses un peu vite...

— Ces basses besognes n'ont-elles pas échu aujourd'hui aux immigrés ?

— Dans nos sociétés utopiques, car nos sociétés ne sont rien d'autre que des utopies techniques en action, dans les années 1950 et 1960, nous avons en effet cru résoudre ce problème en faisant appel aux travailleurs immigrés. Puisqu'on ne peut plus avoir d'esclaves comme autrefois, faisons appel aux populations des pays pauvres ! Elles vont connaître en France des conditions de travail qu'aucun Français n'accepterait. Et cette idée dangereuse, à connotation raciste, nous a conduits à une situation qui paraît aujourd'hui insoluble et qui a favorisé l'apparition, puis la croissance, d'idéologies nauséabondes.

Ce n'était pas l'appel à des travailleurs étrangers qui était répréhensible, mais les conditions de vie qui leur étaient offertes. Une société contemporaine prétendument idéale, ou visant à l'être, bute toujours sur le même obstacle : dans un monde où tout se sait (ou presque), comment faire coexister sur le même sol des conditions de vie aussi dramatiquement inégales ?

D'où l'accusation absurde contre « ces étrangers qui viennent nous voler notre travail », d'où ce repli sur soi, ce nationalisme désespéré, sans issue. Car le temps de l'isolement est dépassé. Oui, ce temps-là est fini. Aucune population au monde ne peut vivre sans échanges avec les autres. De nombreux anthropologues l'ont dit. L'autarcie culturelle et raciale est une marche à la mort. Elle est tout aussi irréalisable que son contraire, une culture mondiale uniforme.

Les États-Unis, à l'évidence, ont dû une grande partie de leur force à l'extraordinaire mélange de peuples qui les ont constitués. Le cas est unique dans l'histoire : un peuple nouveau formé de tous les peuples. Mais la puissance de cette confédération a conduit finalement la culture américaine, tentée de se croire seule au monde, à une isolation véritable. Ce sentiment est assez répandu, aux États-Unis, dans les classes cultivées. Chaque fois que je vais donner des cours à Columbia University ou ailleurs, j'entends mes amis se plaindre de ne plus rien recevoir du Japon, de l'Europe, à plus forte raison du reste du monde. Comment voir à New York un film africain ? Ces Américains ont conscience d'un danger. Peut-on concevoir une culture, si puissante soit-elle, qui serait autosuffisante ?

Ce sentiment d'un péril se manifeste dans le pays qui est aujourd'hui — mais pour combien de temps ? — le plus puissant du monde. Ce qui est très caractéristique, c'est que cette domination économique et technique s'accompagne d'une sorte d'arrogance culturelle nouvelle. Puisque nous sommes les plus riches, nous sommes aussi les plus sensibles, les plus doués, les plus artistes, etc. La vieille phrase — de Cicéron je crois — « la Grèce conquise conquit son farouche vainqueur » n'est plus à l'ordre du jour. Les États-Unis sont en train de rabaisser la création artistique au pur exercice de l'échange marchand, ou plutôt en train d'inventer, mais en vain, une culture de l'argent. Évidemment, cela ne durera pas. Nous pouvons compter sur le temps. Il emportera cet empire, comme les autres.

— *Ne peut-on concevoir que ces basses besognes soient accomplies demain par des robots ?*

— Oui, mais qui fabriquera le robot ? Ma femme passe moins de temps dans sa cuisine que ma mère n'en passait. Si la machine à laver la vaisselle a simplifié les tâches des femmes, il faudrait tout de même se demander qui fabrique nos robots domestiques et dans quelles conditions.

— *Des esclaves en Asie... Mais peut-on imaginer une humanité qui ne vivrait plus demain aux dépens d'une population d'esclaves ?*

— Oui, car l'utopie, comme toute chose, se renouvelle. Pourrons-nous vivre un jour sans que Pierre exploite Paul, sans que Pierre et Paul soient deux peuples, deux classes, deux générations, deux personnes, un homme et une femme ? Cette utopie est toujours devant nous comme une carotte au bout du bâton. C'est quelque chose qui nous pousse à agir : la poursuite d'un monde meilleur.

— *C'est encore toute la dynamique des lendemains qui chantent : ne faut-il pas considérer avec méfiance cette rhétorique de l'espérance ?*

— Si nous nous débarrassons de cette espérance, si nous cédons au cynisme, au « blaséisme », si j'ose dire, nous sommes perdus. Nous allons nous renfermer dans notre petite coquille et vieillir dans notre chagrin, comme disait de Gaulle. J'ai éprouvé cette sensation à une certaine époque de ma vie, vers l'âge de cinquante ans. Je n'avais plus de vrais problèmes professionnels. J'avais suffisamment d'argent pour me retirer et vivre à la campagne tranquillement le reste de mes jours. Je pouvais me contenter de cultiver ma petite statue et, éventuellement, mon compte en banque. Mais un certain sentiment de reconnaissance m'a gardé de ce mauvais pas. Étant d'une origine modeste, j'ai senti le moment venu de rendre un peu de ce qui m'avait été donné. À cette époque j'ai pris un certain nombre d'engagements, avec la conviction que mon action pourrait avoir des effets bénéfiques. Une société sans pensée utopique est inconcevable. Utopie au sens de désir d'un mieux. Nous connaissons tous cette sensation paresseuse, somnolente, qui nous persuade que nous vivons dans une société généralement satisfaisante, que nous ne pouvons guère espérer mieux, que nous devons en rester là, nous garder des aventures périlleuses. C'est un peu l'état d'esprit traditionnel d'une bonne partie de ce qu'on appelle la droite.

Mais il existe — dans un rapport différent au temps, cette fois positif — une autre manière d'envisager les choses, un autre état d'esprit qui me paraît assez bouddhiste ; et en ce sens la gauche est bouddhiste par définition, il me semble.

— *Voilà une nouvelle qui va faire grand bruit !*

— Pourquoi le bouddhisme est-il de gauche ? Mais tout simplement parce qu'il admet, comme composante intime de toutes choses peut-être la plus profonde la notion d'impermanence. Rien ne peut être fixé durablement. Tout nous échappe, y compris notre moi. À la remarque héraclitéenne, « nous ne nous baignons jamais dans le même fleuve », le bouddhisme ajouterait : « Et ce n'est jamais le même baigneur. » Avec cette composante essentielle : comment admettre un régime politique, qu'il soit utopique ou réaliste, qui fixerait les choses pour toujours ? Ou même pour un certain temps ?

— *L'impermanence ne peut d'ailleurs se concevoir sans la notion d'interdépendance.*

— Parmi les cent concepts les plus commentés dans les différentes écoles bouddhiques, l'impermanence et l'interdépendance apparaissent comme ceux qui sont le mieux à même de nous éclairer aujourd'hui sur l'enseignement du Bouddha. Je vous accorde que la société communiste en Russie n'a pas donné l'image d'une société en mouvement. Et pourtant, théoriquement, le marxisme est donné comme une *dialectique*. Ce sont toujours les lendemains qui chantent. Les plans quinquennaux suggèrent l'idée d'une société en marche. Mais le communisme avait avec les religions une idée commune, qui n'a pas été souvent relevée : l'idée d'un « recommencement des temps ». Le marxisme a-t-il été notre dernière transcendance, notre dernier millénarisme ?

Un très vieux couple : l'espace et le temps

— *Les bouleversements dans la conception du temps à l'époque moderne sont allés de pair avec une nouvelle appréhension de l'espace...*

— Oui, essayons de voir comment notre conception de l'espace a évolué. C'est vers les XVe, XVIe et XVIIe siècles qu'une nouvelle approche de l'espace se fait lentement jour. Jusque-là, la terre reste, nous l'avons dit, immense, presque sans limites. Elle est non seulement le centre du monde mais, aux yeux de beaucoup, le monde tout court. Pour un paysan du Moyen Âge, l'idée de faire le tour du monde est incongrue, impensable. Une première évolution se produit à l'époque des grandes découvertes. On se rend compte, vers la fin du XVe siècle, qu'on peut faire le tour de la terre. La nouvelle de l'exploit de Magellan a un grand retentissement. La terre apparaît désormais comme un objet isolé, qui va progressivement diminuer de volume pour devenir minuscule. Une deuxième évolution se dessine au XIXe siècle. Si jusque-là les moyens de transport n'ont pas vraiment évolué depuis l'Antiquité, si on se déplace, en 1800, sensiblement à la même vitesse qu'à l'époque de Jules César, les choses changent soudain radicalement. Le train, l'automobile, l'avion rendent désormais possible un tour du monde en 80 jours, puis en 80 heures et moins. Au fur et à mesure que la vitesse de déplacement augmente, la terre diminue et notre perception de l'espace se modifie. Mais en même temps, et cela n'est pas un hasard, au moment où Magellan fait le tour du monde, un obscur chanoine polonais du nom de Copernic affirme et prouve que la terre n'est pas au centre du monde. La terre à peine conquise cesse d'être le centre. De la même manière, à la fin du XIXe siècle, alors que les moyens de transport gagnent en vitesse d'une manière inconcevable jusque-là, le soleil à son tour cesse d'être le centre de l'univers. Notre perception de la dimension de la terre est donc inséparable de notre perception de la place de notre planète parmi les autres corps célestes.

— *À cette même époque, le temps s'allonge, on passe des milliers aux millions et aux milliards d'années.*

— Et ceci n'est pas étranger à cela, vous avez raison. Savez-vous en quelle année on a cessé de considérer le soleil comme le centre du monde ? En 1921.

— *Un an à peine avant que soit énoncée la première théorie du big-bang !*

— Et je ne crois pas que cela soit une coïncidence. Essayons d'aller plus loin. Notre intérêt pour la planète terre s'est transformé à partir du moment où nous l'avons quittée et où nous l'avons observée depuis la lune, ou depuis un satellite. Nous avons découvert cette petite planète bleue. Et nous ne nous étions pas trompés : elle était bien ronde, isolée et sans doute presque seule de son espèce, en tout cas dans un environnement proche. Et toute petite, vue de loin, car l'univers a atteint au XXᵉ siècle des proportions touchant à l'inconcevable. Comment imaginer une distance de deux, de dix milliards d'années-lumière ? La planète change ainsi de taille à mesure que l'univers affirme sa dimension, et que des chiffres nouveaux nous humilient et nous égarent. Ce matin, dans ma salle de bains, écrivait à peu près Cioran, j'ai entendu à la radio un astronome qui parlait de centaines de millions de soleils. J'ai immédiatement cessé de me raser : à quoi bon faire encore sa toilette ? Cioran n'est pas le seul : le sentiment vague de l'infini peut être profondément décourageant.

— *C'est une des blessures narcissiques dont parlait Freud.*

— Exactement. Quelle humiliation ! Nous qui pensions que la terre était le centre du monde, voire le monde tout entier, nous découvrons que nous ne représentons même pas un grain de sable sur cette plage sans bornes qu'est l'univers. Mais, en même temps que nous ressentions cet abaissement, les astrophysiciens faisaient une découverte incroyable qui nous rapprochait paradoxalement de cet inatteignable : l'univers est insaisissable, mais il est identique à nous, il est composé de la même matière que la nôtre. Nous sommes faits des mêmes particules élémentaires et des mêmes atomes. Ce qui paraît perdu dans la distance, dans un espace démesuré, est retrouvé par une intimité qu'on pourrait dire consubstantielle. Nos rapports avec le temps ne sont pas tellement éloignés de ce qu'ils sont avec l'espace. Lorsqu'on parle de douze milliards d'années-lumière, on parle d'une distance fabuleuse mais aussi d'une immense durée, stupéfiante, inimaginable.

— *Stephen Jay Gould dit que la découverte du temps profond au* XIXe *siècle a été la plus grande découverte scientifique de tous les temps. Mais existe-t-il pour vous un lien de causalité entre cet espace qui s'élargit et ce temps qui s'accélère ?*

— Si la distance que je dois franchir, hors des limites anciennes de mon village, est démesurément plus grande que celles auxquelles mes jambes ou mon véhicule sont adaptés, je dois concevoir des moyens de déplacement plus rapides, surtout si des obstacles se dressent sur ma route. Je peux à la rigueur imaginer d'aller à pied jusqu'en Chine (certains l'ont fait), mais je ne pourrai, sans techniques particulières, ni atteindre l'Amérique, ni me poser un jour sur la lune.

Pour conquérir l'espace, je dois conquérir le temps. Il me faut aller de plus en plus vite. L'espace et le temps sont deux frères siamois. Impossible de convoquer l'un sans que l'autre se présente avec lui. Ils sont nos deux compagnons attitrés, ils nous tiennent chacun par un bras. Pourtant, à en croire les « spécialistes », ce couple est tout à fait bizarre, car l'un est unique, le temps, tandis que l'autre est multiple, l'espace.

— *Comment cela ?*

— Ne me faites pas parler de ce que j'ignore. Le fait est que les scientifiques que je connais, ou que je lis, n'ont jamais pu expérimenter une deuxième dimension du temps. En revanche, au-delà des trois dimensions habituelles, que nous connaissons tous, on parle maintenant de dix ou de onze dimensions pour l'espace. Et certains en prévoient d'autres. Les scientifiques, par obligation sinon par goût, sont beaucoup plus rêveurs qu'autrefois. Après avoir, dans les siècles passés, défini la science comme une activité rigoureuse, excluant de son champ de recherche un certain nombre de phénomènes, ils reconnaissent aujourd'hui que les frontières entre ce qui peut être connu scientifiquement et le reste sont beaucoup moins nettes qu'il y a cent ans. On les voit même, de temps en temps, et sans aucune expérimentation (comment inviter les étoiles à pénétrer dans nos laboratoires ?), tirer de leur chapeau un nouvel univers. Au-delà de la matière noire, ou manquante, la *dark matter,* connue depuis plus de quinze ans et dont la masse — inapprochable — paraît neuf fois plus importante que celle de tout notre univers, les astrophysiciens, ces insatisfaits professionnels, évoquent à présent l'idée d'un *shadow universe.* Et demain, qui sait quoi encore ?

— *La* dark matter *a-t-elle quelque chose à voir avec l'antimatière ?*

— Non, c'est encore autre chose. L'antimatière, d'ailleurs très minoritaire dans l'univers, nous est relativement familière. La matière noire n'est pas nucléaire. Elle est d'une autre sorte, d'une autre « composition » que la nôtre. Nous ne pouvons pas la connaître, l'analyser. C'est une réalité radicalement étrangère. Peut-être constituée de neutrinos, auxquels on vient de trouver une masse. Mais on ne peut pas entrer en contact avec elle, pas plus qu'avec la matière « ombre », la dernière recensée.

— *Cet « univers ombre » va-t-il nous aider à résoudre les grandes énigmes de la science ?*

— Comment voulez-vous que je vous réponde ? Il est vrai qu'il reste des énigmes. La théorie du big-bang n'explique pas tout, apparemment. Je déjeunais récemment avec trois scientifiques de haut niveau. Après vingt minutes de conversation consacrées précisément à ces énigmes, soudain nous nous sommes tus. Long et étonnant silence. Nous n'arrivions plus à parler. Je pensai à une phrase du poète persan Farid Oddin Attar, qui écrivait au XIIe siècle : « La vue et le soleil ont la même racine » (le mot « racine » peut se traduire aussi par « principe »). Michel Cassé l'a dit à sa façon : « L'atome du soleil parle à l'atome de l'œil le langage de la lumière. »

Je me demandai une fois de plus, dans ce silence, si quelques-unes de ces intuitions anciennes, parfois magnifiquement exprimées, n'ont pas touché, senti ces énigmes de la science d'aujourd'hui. Pour la première fois, la science et certaines traditions s'accordent pour dire qu'« il y a autre chose », sans préciser quoi. La science, qui a fait d'immenses découvertes dans ce siècle, a aussi perdu son arrogance. C'est peut-être un autre paradoxe, mais tant mieux. Je rêve de fonder quelque part un Centre d'études paradoxales, qui prendrait la réalité a contrario, qui partirait de l'impossible. Le paradoxe nous oblige à retourner notre pensée comme un gant. C'est fertile et amusant.

Cette science, que son avancée a rendue modeste, reconnaît aussi ses zones de silence et se tait devant elles. Une ancienne métaphore indienne, à propos de Krishna (le mot veut dire « noir »), dit que si nous allumons une bougie dans le noir, la flamme dessine un cercle de lumière qui reste cerné par le noir. Si on ajoute une, puis deux bougies, le cercle s'agrandit. On en met cent mille, on les remplace par un soleil, mille soleils, cent millions de soleils, le cercle de lumière devient prodigieusement immense, mais il est toujours entouré par les bras noirs de Krishna. Extraordinaire élasticité de l'ombre.

— *La fin des espaces serait une révolution dans notre manière de vivre l'espace ?*

— Ma fille part pour Montpellier dans un quart d'heure en avion. Elle y sera dans deux heures. Nous franchissions cette distance, il y a cent ans, en quinze heures de chemin de fer et, il y a deux cents ans, en huit jours. Ce qui s'est réduit, ce n'est pas l'espace, c'est notre aptitude à le parcourir. C'est le temps rétréci qui fait apparaître l'espace plus court.

D'autres espaces ont changé, l'espace théâtral par exemple. Longtemps frontal et séparé, conçu comme une représentation donnée du lumineux à l'obscur, de l'actif au passif (on parlait en anglais d'un *two rooms theater*), l'espace théâtral s'est modifié, acteurs et spectateurs se sont rapprochés, réunis. On parle aujourd'hui d'un *one room theater*. Peter Brook souhaite quelquefois que le public et les acteurs « couchent dans le même lit ». Et il faudrait aussi parler des images de synthèse, du virtuel.

— *L'espace virtuel est-il encore un espace ?*

— On peut se poser la question. L'image de synthèse, partie d'un maillage laser d'un objet réel, n'existe pas. Elle n'est qu'un jardin mathématique. Nous pouvons jouer avec elle, la dédoubler, passer dessus, dessous, nous perdre dans de nouveaux vertiges. L'espace virtuel mérite bien son nom. Il n'a pas d'existence réelle. Pourtant, il est chargé de possibilités multiples.

— *Où avez-vous approché ces images de synthèse ?*

— Je m'y suis intéressé dès l'origine, il y a quinze ans. Un jour, je travaillais avec un infographiste, je lui ai demandé de me fabriquer un vase ancien, de l'éclairer (avec des projecteurs fictifs) puis de le transformer, grâce à son arsenal de boutons, en un vase sumérien du troisième millénaire avant notre ère. Le jeune infographiste me demanda : « Trouvé dans la terre ou dans la mer ? » J'avoue que j'ai aimé cette question... Huit minutes plus tard, nous avions le vase sous les yeux et nous pouvions jouer avec. Mais où étions-nous ? Dans quel espace et dans quel temps ? Affranchis de l'espace ordinaire à coup sûr. En revanche, le temps passé devant l'ordinateur était réel. Notre montre pouvait le décompter. Bizarrerie intéressante : l'espace est virtuel, mais le temps est resté réel. Le vieux couple s'est séparé.

— *N'est-ce pas une façon de fuir en dehors du monde ?*

— On peut se laisser griser par ces jeux. Un certain nombre de ceux qui se laissent entraîner dans cet espace sans ombre s'y perdent. Ils y vivent des aventures extraordinaires au regard desquelles leur existence peut paraître bien grise. Est-ce une raison pour rejeter ces jeux ? Non, bien sûr. Ceux qui vont s'y oublier ne sont-ils pas les mêmes qui allaient au siècle dernier chercher l'oubli au cabaret ? Notre oubli est-il pire que l'autre ?

— *La fin des espaces peut s'illustrer aussi par le thème de la mondialisation.*

— Les gens de ma génération s'étonnent d'apprendre qu'une crise en Asie du Sud-Est peut nous affecter. Autrefois, toute crise lointaine nous semblait plutôt favorable. Si un pays allait mal quelque part, cela risquait d'aller mieux pour nous. Schémas qu'il nous faut briser. Mais on s'y fait. Ce n'est pas le plus difficile.

— *Le XX*[e] *siècle a pris un grand plaisir à nous brouiller avec le temps. Les héros de la science-fiction méconnaissent les barrières qui autrefois délimitaient les temps passé, présent et futur. Dans* Retour vers le futur, *le personnage principal retourne vers le passé pour aider son père à rencontrer et à épouser sa mère. Ces paradoxes dont joue le cinéma ne montrent-ils pas que le temps est une création de la conscience ?*

— Avez-vous lu *Le Voyageur imprudent* de Barjavel ? C'est l'histoire d'un voyageur du temps qui revient à l'époque de la Révolution française. Il se prend de querelle avec quelqu'un, il tue ce quelqu'un qui était son ancêtre et il disparaît du même coup. Je pense aussi à l'écrivain américain Poul Anderson, auteur de la *Patrouille du temps*. Il raconte comment les patrouilleurs intervenaient dans le temps pour *préserver* le cours de l'histoire. Ils devaient être d'une extraordinaire discrétion pour ne pas intervenir dans l'enchaînement des causes et des effets.

— *Cette idée de retour dans le passé est tout à fait récente...*

— Il semble bien. Nous avons parlé du

XVIe siècle comme de cette époque charnière où les hommes, en Occident, prirent peu à peu conscience du temps et de l'espace. La civilisation occidentale s'installe dans le temps comme une rivière qui prendrait pleinement possession de son lit. On va bientôt appeler ce temps-là l'histoire. Si Malraux eut une idée dans sa vie, ce fut de dire que le XXe siècle est le siècle de l'homme dans l'histoire. Les hommes du passé vivaient davantage dans leur temps et uniquement dans leur temps, dans leur époque étroitement délimitée. D'où, peut-être, une difficulté mentale à en sortir.

— *On circule mieux dans le temps et on circule mieux dans l'espace. Pour reprendre l'image de la rivière, le XXe siècle est le siècle où la rivière sort de son lit.*

— Le meilleur auteur de science-fiction reste Marcel Proust. Relisons la dernière page de *À la recherche du temps perdu,* dont précisément le dernier mot est « temps ». Proust a été obsédé par le temps au moins autant que Prigogine. Il faudrait les faire dialoguer. Jusqu'à la dernière page, jusqu'à son dernier mot, Proust semble se demander, presque avec angoisse, s'il aura le temps d'achever son œuvre, le temps de retrouver le temps. Il semble avoir du temps, si profondément uni à son œuvre, une sensation presque tactile, qui aide et prolonge la pensée. Nous retrouvons avec lui, au plus haut niveau, cette antique tentative des théologiens et des philosophes : réunir les temps en un temps, fondre l'objectif dans le subjectif. Chaque morceau de son œuvre, si durement conquis sur le temps de chaque jour, semble du même coup s'inscrire dans une espérance d'éternité.

La fin de l'espèce humaine n'est pas la fin du monde

— *On peut se rendre maître de l'espace, nous l'avons vu, et le XXe siècle aura tout fait pour nous en persuader. Mais on est toujours l'esclave du temps.*

— Maîtres de l'espace, ou des espaces, en apparence. Esclaves du temps, assurément. Tout ce que nous disons, faisons, pensons est forcément inscrit dans le temps. Et si chaque phrase que nous prononçons était un pari sur le temps, le pari que nous ne pourrons jamais conclure ? Par moments, ce pari est presque pathétique. Il rejoint la crainte ancienne d'un arrêt du temps, brutal et inexorable, susceptible de nous anéantir à chaque fraction de seconde. Ainsi le fil ténu de notre vie serait une série très longue de victoires sur cette menace — jusqu'à la défaite individuelle qui nous attend tous. Rappelons-nous Lautréamont, au chant V des *Chants de Maldoror* : « Mais, puisqu'il est prouvé que, par un hasard extraordinaire, je n'ai pas encore perdu la vie depuis ce temps lointain où je commençai, plein de terreur, la phrase précédente... » C'est presque proustien.

— *Dans* Un thé au Sahara, *adapté par Bertolucci, le romancier Paul Bowles fait tout à coup son apparition pour expliquer qu'il est peut-être parvenu à cette époque de sa vie, de son temps, où il aura rêvé pour la dernière fois certaine chose, où il se sera souvenu pour la dernière fois de certains événements...*

— Les *Mythologies* de Lévi-Strauss se terminent par le mot « rien ». L'auteur écrit que dans un certain temps, de toute manière, il ne restera rien sur la terre. Rien de ce que nous avons imaginé, de ce que nous avons construit, de ce que nous avons pensé, de ce que nous nous sommes rappelé, de ce que nous avons rêvé. Ne restera pas même une mémoire de cette destruction. Tout aura disparu. « Rien. » Toute cette bibliothèque d'œuvres humaines, de pensées humaines, basculera dans le néant. L'univers lui aussi est inscrit dans le temps. Comme nous il a une histoire et comme nous il aura une fin. Cette notion de fin des temps et de fin des espaces, de fin du sentiment des temps, est quelque chose sur quoi il est bon de rêver un peu. Le directeur de l'Institut d'astrophysique de Paris, Alfred Vidal Madjar, voudrait faire pour l'an 2000 ce qu'il appelle une année cosmique, c'est-à-dire répartir sur une année l'histoire de l'univers.

— *L'idée originelle est attribuée à l'astronome Carl Sagan...*

— Si vous situez le big-bang au 1er janvier, vous aurez les dinosaures en novembre, je crois, et l'apparition de l'*homo sapiens* quelques minutes avant le premier coup de minuit, dans la nuit du 31 décembre. Nous sommes donc très jeunes dans le monde, des nouveaux venus dans le temps. Mais le plus troublant, si nous prolongeons cette année, c'est de voir que le « rien » de Lévi-Strauss, la fin véritable des temps, est prévue pour le mois d'avril prochain. Tout au moins en ce qui concerne notre système solaire. Mais comment déménager ? Comment changer de soleil ?

Dans quatre milliards et demi d'années, le soleil aura brûlé toute son énergie et la terre sera inhabitable. Une solution serait de prolonger artificiellement la vie du soleil. Une autre serait d'aller vivre ailleurs. Nous ne sommes pas capables aujourd'hui de réaliser de tels exploits techniques, mais dans quatre milliards d'années ?

— *La science énumère les différents scénarios de la fin du monde : astéroïde venant percuter la planète ; réchauffement de la température consécutif aux dégâts causés à la couche d'ozone, cela conduisant au recouvrement par l'océan d'une grande partie des terres habitées ; bombe démographique ; pollution des eaux ; catastrophe survenue dans l'une des innombrables décharges nucléaires ; guerre mondiale, etc. L'avenir n'est pas un long fleuve tranquille...*

— Précisons que ce serait la fin de notre monde mais pas la fin du monde. Nous ne pouvons même pas avoir d'action directe sur les planètes qui, dans notre système solaire, sont les plus proches de nous. Alors que dire des planètes qui se déplacent dans d'autres ballets célestes ?

— *Mais en vertu du principe qui veut qu'un papillon qui bat des ailes en Asie puisse produire une catastrophe en Amérique, pourquoi ne pas nous inquiéter aussi des conséquences de la disparition de notre monde sur la marche de l'univers ?*

— Il faut se méfier de ce cliché, qui est théoriquement vrai, mais qu'on n'a jamais vu mis en œuvre ; et d'autre part ne pas oublier les distances énormes et le vide presque total qui séparent les galaxies et les amas de galaxies. On peut distinguer trois définitions de la fin des temps qui vont en s'élargissant. La première est la fin de l'espèce humaine : nous y travaillons. La deuxième est la fin, par notre faute, de toute forme de vie sur la terre.

— *Sauf les bactéries, disent les scientifiques.*

— Pour détruire tous les hannetons, il faudrait déjà

en mettre un bon coup. Les insectes sont très résistants. On découvre des coléoptères bien vivants, paraît-il, dans les cratères des explosions atomiques (je ne crois pas que ce soit vrai pour la bombe H). Pourtant, des espèces, et même des espèces d'insectes, disparaissent avant même que nous les connaissions. Il existe déjà des fossiles du XXe siècle. Plutarque raconte que, quand Alexandre s'avança vers l'Orient, il emmena avec lui des savants et des philosophes grecs. Une rencontre opposa ces Grecs à des sages hindous, les « gymnosophistes ». Une des questions posées par les Grecs fut : « Quel est l'animal le plus rusé ? » Réponse indienne : « Celui que l'homme n'a pas encore réussi à connaître. »

— *L'histoire ne dit pas si les philosophes d'Alexandre furent admiratifs ou déçus...*

— Autre question grecque : « Qui a commencé le premier, le jour ou la nuit ? » Autre réponse indienne : « Le jour. Mais il n'a précédé la nuit que d'un jour... » Après la fin de la vie terrestre, on passe à un dernier stade et la destruction touche, au-delà de la terre, l'ensemble des planètes du système solaire, et même l'univers tout entier. Dieu découvre alors qu'il s'est trompé, qu'il n'aurait pas dû créer ce monde...

— *Mais la vision religieuse de la fin des temps n'est pas celle-là. Dieu ne pense pas qu'il s'est trompé ! Il pense que les temps sont accomplis. La création est parvenue au stade ultime de son développement, l'œuvre de Dieu est achevée.*

— Il ne l'avait créée que pour un temps ? Je ne comprends pas.

— *Exactement, pour permettre que se réalise*

quelque chose. Dieu accorde une certaine liberté à ses créatures et pour leur permettre de l'éprouver, Dieu s'est retiré. Le temps où il nous est donné de jouir de cette liberté est aussi le temps du retrait de Dieu. Dans ce monde où Dieu n'est pas est un monde où nous le cherchons, où il nous a laissés libres de l'oublier ou de le trouver. Et ce temps de notre recherche du Dieu absent a une fin. Mais le moment où nous serons à nouveau dans la présence de Dieu n'est évidemment pas donné comme un châtiment mais comme une espérance. En ce sens l'Apocalypse n'est pas un livre de bruit et de fureur comme on le croit d'habitude, mais bien un livre d'espérance.

— Et c'est là sans doute la raison pour laquelle les inquisiteurs sauvaient les âmes et détruisaient les corps. À partir de ces élucubrations éthérées, angéliques, et au nom d'une transcendance irréelle par définition, on légitime l'action qui consiste à détruire l'immanence réelle. Qu'importe si je massacre cette population d'Indiens puisque je sauve leurs âmes ! Justifier quelque action ou quelque pensée que ce soit au nom d'un imaginaire, si ravissant soit-il, est inacceptable. L'imaginaire ne peut pas se partager. Comme le dit Borges, la théologie c'est de la littérature fantastique, dont on peut apprécier bien entendu la qualité, par exemple ce que vous venez de dire. Je suis souvent fasciné par les inventions théologiques, mais ce sont des inventions humaines. Justifier les pires de nos actions humaines par un plan caché de Dieu relève du délire. Un délire dangereux. On dirait qu'il s'agit d'« excuser Dieu » d'avoir créé un monde si évidemment imparfait, si sanguinaire qu'il oblige toutes les créatures vivantes à se dévorer les unes les autres. On imagine ainsi que Dieu s'est caché, qu'il attend son heure... Mais s'il revient et nous trouve dans cet état, pires qu'à l'origine, comment y voir une « espérance » ? Un « accomplissement » ? Si j'étais croyant, je tremblerais d'effroi.

Heureusement, il ne s'agit là que d'un délire. D'un délire religieux qui va souvent plus loin que d'autres délires et reste un objet d'étude aussi passionnant que révulsant. C'est par une *fatwa divine* qu'on a condamné à mort Salman Rushdie, et d'autres. Au nom d'un fantasme !

— La parole des prophètes émane toujours, en ce sens, de ceux qui se sont volontairement mis en situation extrême pour rencontrer Dieu.

— Pour se persuader de l'avoir rencontré. Un des phénomènes les plus déroutants de l'activité de l'esprit humain est qu'il arrive à croire, avec une conviction totale, qui peut aller jusqu'à l'hallucination, à la réalité de ses propres inventions. Il se bâtit des chimères et s'attache ensuite farouchement, parfois férocement, à proclamer leur existence, leur vérité. Cette curieuse contradiction, où la subjectivité s'égare, s'est manifestée dans l'histoire de la connaissance, et même des sciences. Mais elle n'est nulle part aussi éclatante que dans l'histoire des religions.

Les religions sont une lente invention humaine. On sait assez bien comment elles apparaissent, comment les premiers cultes s'installent timidement, puis se développent, comment les premiers dieux prennent des formes et des fonctions diverses, comment ils se raréfient et finissent par n'être qu'un. Mais survient toujours un moment, dans cette lente élaboration, où nous finissons par croire à ce que nous avons, dans le passé, imaginé. Un peu comme si nous croyions à la réalité de nos rêves anciens.

— Vous n'avez jamais été vous-même en situation de croire ?

— Enfant peut-être, car j'ai été élevé dans la religion catholique. Mais depuis l'âge de quinze ans, jamais. L'homme a inventé les dieux, puis Dieu : c'est une évidence. Mais la question reste passionnante : comment cette haute perversion de l'esprit humain a-t-elle pu conduire, et conduit-elle encore, à l'affirmation de réalités transcendantes à propos desquelles, par définition, on ne peut rien dire, sinon que nous les avons inventées ? Perversion plus étrange encore : après avoir affirmé que ces « réalités » nous échappent, qu'elles sont « transcendantes », hors de portée de notre esprit, nous commençons immédiatement à les décrire, à les disséquer minutieusement, à établir les attributs de Dieu, la hiérarchie des anges, et que sais-je encore ?

— *Einstein disait que ces questions sur l'origine et les fins dernières, non seulement la science ne les avait pas évacuées comme le scientisme le prétendait, mais elles demeuraient le centre de toute activité intellectuelle. Un homme qui ne serait pas capable de les poser, pensait-il, serait incapable de vivre. Ces questions ultimes du sens, de la transcendance, on doit constamment les affronter avec la même patience que si l'on cherchait à vider l'océan avec un gobelet.*

— Avec la même patience et la même efficacité ! Cela dit, Einstein n'est pas forcément — dans ce domaine — une référence suprême. Nous parlons en ce moment, je ne sais pourquoi, des religions. Or, les religions ne se posent pas de questions. Elles y répondent. Elles sont la négation même de la recherche nécessaire. Quoi de pire qu'un catéchisme ? La science elle-même nous invite à penser qu'il y a « autre chose ». Mais elle se garde bien de nous dire quoi.

— *Une autre réalité, un autre niveau de compréhension des choses.*

— Il existe dans toutes les traditions, nous en avons parlé, à un moment donné, un « sentiment ». Je ne sais pas comment dire. Ce n'est pas une vérité scientifique, ce n'est pas une révélation, c'est un sentiment d'autre chose. Le sentiment de forces cachées, d'une autre dimension, d'autres mondes. Dans chacune des traditions philosophiques ou religieuses, nous retrouvons ce sentiment. Dès qu'il se manifeste, les prêtres sont là pour l'interpréter : vous devrez l'apprendre par cœur et le réciter tous les dimanches. Le bouddhisme échappe à cette pulsion d'appropriation. Il est peut-être la seule tradition (mais pas toujours) à faire un réel effort en ce sens.

Éloge de la lenteur

— *Nous avons dit notre désarroi face au temps, à cette flèche tirée par un archer invisible et qui nous semble prendre de la vitesse à mesure quelle s'approche de sa cible. Croyez-vous que nous puissions apprivoiser le temps ?*

— J'ai lu récemment un dossier épatant sur l'apprentissage de la lenteur. Il existe en Allemagne des instituts où l'on apprend aux gens comment agir lentement. On leur dit : « Prenez votre verre, portez-le à vos lèvres... plus lentement ! Beaucoup plus lentement ! » Dans le même sens, le tai-chi-chuan, que je pratique irrégulièrement depuis des années, donne le sentiment de se situer différemment dans le temps. En fait, la chose la plus précieuse, si elle est possible, est de prendre ses distances par rapport au temps, d'échapper à sa tyrannie.

On me demande souvent : « Mais comment faites-vous pour faire tant de choses ? » Question que j'entends au moins une fois par jour et qui d'ailleurs me fait perdre beaucoup de temps ! Je réponds toujours, et ce n'est pas une boutade : « Parce que je les fais lentement. » Je ne suis pas un homme pressé. Il est vrai qu'il y a un certain nombre de trucs pour gagner du temps, par exemple éviter de conduire dans Paris, préférer le métro et le taxi où vous pouvez lire, travailler, préparer vos rencontres, rêvasser, méditer, discuter... On peut utiliser des ruses, mais l'essentiel est vraiment de ne pas être pressé. Quand on me commande un travail, et que je sens que j'en ai pour deux mois, j'en demande trois. Très souvent, je prends mon agenda et je barre, au hasard, deux demi-journées dans la semaine suivante : un rendez-vous que je prends avec moi-même. Quand ces demi-journées arrivent, je peux faire ce que je veux de ce temps-là. Le principal est peut-être de ne pas avoir une montre numérique, d'apprivoiser chaque journée, de prendre son temps au lieu d'être pris par lui.

— *Vous pratiquez le tai-chi-chuan avec un Chinois ?*

— J'en fais un peu partout, dans le jardin du Luxembourg, en Chine lorsque j'y vais. J'en fais seul. J'ai pratiqué beaucoup d'exercices de ce type dans ma vie, surtout avec Peter Brook et son groupe. Nous avons fait tant de choses depuis maintenant vingt-quatre ans que j'ai mis au point un petit exercice personnel : un pour le matin, un pour le soir.

— *Un enchaînement ?*

— Oui, mais ce n'est pas vraiment du tai-chi. Je m'en inspire. Tout dépend je crois de la nature de chacun. Je me méfie un peu, même dans le tai-chi, du mouvement de groupe qui impose le même rythme à tous. Je suis un enfant de la campagne, j'ai toujours été plutôt vigoureux, actif, j'ai toujours eu besoin d'exercices physiques. Quand je n'en fais pas pendant un ou deux jours, je ne me sens pas bien. À d'autres, le régime physique que je m'impose (beaucoup de marche, de gymnastique, etc.) paraîtrait exténuant, voire néfaste, surtout à soixante-sept ans. Alors que si je ne le pratique pas, ça me manque. Le tai-chi ne me suffit pas. Il me faut quelque chose de plus musculaire. Chacun doit trouver cette sagesse personnelle, ne pas chercher à se mesurer aux autres — et ne pas plier les autres à ses propres règles de vie.

— *Mais quand on s'entraîne seul, il y a le risque de privilégier toujours la facilité, de se répéter.*

— Je ne cherche pas à accomplir des exploits. L'exercice d'apaisement, par exemple, que je fais souvent le soir avant de me coucher, est un mélange de yoga et de tai-chi. On peut très bien trouver pour soi-même la bonne formule. Dans les jardins, on peut se joindre à un groupe. Lorsque je dirige des ateliers de dramaturgie, aussi bien en Amérique latine qu'en Inde ou en France, je cherche le meilleur moyen de créer un lien entre les acteurs. Quand vous créez un groupe de sept, de quinze ou de vingt personnes, la meilleure façon de les unir est de pratiquer quelques exercices en commun. Lorsqu'il y a un Chinois dans le groupe, je lui demande de diriger un exercice de tai-chi. Si c'est un Indien, je lui demande un autre type d'exercice. Quand c'est un Japonais, j'attends de lui autre chose encore. Mais ce sont des exercices généralement amusants, destinés à détendre et à rapprocher. Si quelqu'un se trompe, on ne l'envoie pas au cachot.

— Nous entretenons avec le temps vécu des rapports élastiques. Si vous méditez assis sur un coussin et qu'il vous prenne l'envie soudainement de regarder votre montre, vous constatez soit qu'il ne s'est passé que quelques minutes soit que vous êtes là depuis une heure.

— Les expériences de méditation zen, ou de tai-chi, entre autres, sont avant tout une exploration du temps. Expérience subjective, bien sûr, mais qui permet une tout autre attitude à l'égard du temps. Il ne s'agit plus de le dominer, mais plutôt de l'apaiser, de le rendre familier, de le faire sien. Toutes les sensations liées au passage du temps disparaissent dans la méditation. Le temps, c'est un peu comme le vent. Le vent, on ne le voit pas : on voit les branches qu'il remue, la poussière qu'il soulève. Mais le vent lui-même, personne ne l'a vu. Je me permets souvent cette comparaison : bien sûr, nous voyons les effets du temps, mais personne ne peut dire qu'il a jamais vu le temps lui-même. Nous sommes une maison du temps. Notre corps en porte toutes les marques, comme s'il s'agissait d'intempéries. Nous sommes les témoins, la preuve du temps. Mais nous ne vieillissons pas tous de la même manière, nous ne mourons pas au même âge. Nous savons aussi que le bonheur brûle le temps, que les jours heureux passent vite, et que la misère l'allonge, qu'elle est lente, lourde et durable. Ainsi nous ne vivons pas tous dans le même temps subjectif, qui est le seul au fond qui nous importe.

— C'est Bergson, n'est-ce pas, qui le premier a parlé de la durée, du temps subjectif, pour tenter de désobjectiver le temps ?

— Le premier en Occident, je crois. Bien que le temps, depuis saint Augustin, ait été considéré comme notre grand maître, notre culture a produit peu de vraies réflexions sur le temps. C'est chez les artistes qu'il faut chercher. Dans un tableau de Poussin, ou de Magritte, le peintre peut tenter plusieurs approches du temps. Dans Magritte, nous verrons des éléments en apparence contradictoires : une maison avec une fenêtre allumée et pourtant un soleil encore haut dans le ciel. Dans Poussin, il y a parfois plusieurs actions successives présentées en même temps. Dans certaines pièces de Shakespeare, une personne entre en scène et n'en bouge plus. Un autre personnage arrive, sort, d'autres viennent, apportent des nouvelles. Quand le personnage sort, cinq ans ont passé. Entre le premier et le deuxième acte d'*Othello,* on trouve une impossibilité chronologique flagrante. Alors les professeurs disent : Shakespeare s'est trompé, il a fait une erreur. C'est absurde.

— Il a pris un couloir du temps.

— Les artistes ont plus joué avec le temps que les philosophes n'ont voulu l'admettre. J'ai adapté un merveilleux poème du Persan Saadi, que chante Juliette Gréco : À peine j'entre dans ta chambre que déjà s'ouvre la porte du jour. Je te vois, je te prends dans mes bras, la porte du jour est ouverte. La nuit est comme en un instant dissoute. Le temps se venge de nos plaisirs.

Le rêve est notre vraie victoire sur le temps

— Comment vaincre le temps, comment sortir du temps, comment jouer avec le temps ? Une histoire extraite du *Mahâbhârata* peut illustrer cette expérience. Un maître et son disciple marchent dans la campagne, s'arrêtent sous un arbre. Il fait chaud, ils s'asseyent. Le maître dit à son disciple : « Je vois un puits là-bas. Peux-tu aller me chercher un peu d'eau ? » Le jeune disciple va jusqu'au puits, à cinq cents mètres de là. Il y rencontre une jeune fille. Ils se plaisent. Ils engagent la conversation. La jeune fille explique qu'elle habite dans le village voisin. Le jeune homme lui propose de prendre sa cruche et de la porter. Ils vont jusqu'au village. À mesure que le conte se développe, on se rend compte que le temps commence à apparaître. La jeune fille présente le jeune homme à sa famille. Elle l'invite à partager leur repas. Il est tard. On lui propose de rester dormir. Il reste là. Il se plaît beaucoup avec la jeune fille. Les jours suivants, il les passe avec elle. Finalement, ils se marient. Le jeune homme travaille au village. Ils ont des enfants. Puis les parents de la jeune fille meurent : la vie s'écoule de manière tout à fait normale et un jour, tout à coup, il se rappelle... qu'il est allé chercher de l'eau ! Sa femme a déjà des cheveux blancs. Il se rappelle qu'il doit apporter de l'eau à son maître, qui attend sous l'arbre. Alors il quitte le village en toute hâte, remplit une écuelle d'eau et gagne l'arbre sous lequel il trouve son maître qui lui dit : « Bien... J'ai failli attendre. » Dans l'éclair d'un regard échangé avec la jeune fille, peut-être s'est-il passé tout ça. Toute une vie. Mais cette vie a-t-elle été vraiment vécue ?

— *Dans* Un soir, un train, *le film d'André Delvaux, il y a quelque chose de semblable. À un moment donné le train où se trouvent Anouk Aimée et Yves Montand s'arrête en pleine campagne. Tout est blanc de neige. Personne ne comprend ce qui se passe. Lui descend et marche vers le village le plus proche où on fête Noël. La fête est très gaie. Il se retrouve dansant avec une infirmière. Tout d'un coup quelque chose se déchire. On comprend que le train a eu un accident.*

— Le rêve est la vraie victoire sur le temps. Et pas seulement dans les films...

— *Avez-vous constaté combien admirablement celui dont l'existence est brève sait gérer son temps de vie ? N'y a-t-il pas chez Mozart ou chez Rimbaud comme un pressentiment d'une destinée ramassée sur un nombre moins grand d'années et donc une faculté de « gérer » ce capital de temps au mieux ? Chez eux tout commence très tôt, s'accomplit en un temps record et tout semble achevé ou à peu près lorsque la mort arrive. Avons-nous en naissant un capital de temps et savons-nous, d'une manière inconsciente, le temps que nous allons vivre ?*

— Le cas le plus troublant est celui de Rimbaud. Chez lui tout est dit à dix-sept ans.

— *Il quitte l'Occident pour des régions improbables. Mais sa correspondance nous révèle un homme désabusé, déçu par les mondes qu'il a traversés. Comme si, après avoir écrit ce pour quoi il était venu au monde, il avait dû gérer ensuite un temps inutile...*

— Le départ de Rimbaud ne se fait pas d'un coup. C'est un vagabond qui traverse la France à pied, qui va en Autriche, qui revient... Ce n'est pas un départ net. Il n'est pas non plus un amateur en littérature. Il a fait de très bonnes études. Il n'est pas un génie jailli de rien. Il excellait en vers latins. C'est à tout cela qu'il renonce. À ce qu'il a fait et à ce qu'il pourrait faire. Son temps est accompli. Quand il part, il n'a publié qu'*Une saison en enfer,* qui est resté en stock (sauf sept exemplaires) chez un libraire belge. Les *Illuminations* et le *Reliquaire* seront publiés sans lui.

Il n'en saura rien. Il sera parti, puis mort. Il ne saura jamais qu'il était Rimbaud.

— *De la même manière que nous avons des empreintes digitales, peut-être chacun d'entre nous a-t-il un temps de vie, un rythme particulier de vie, un temps à déployer dans l'existence.*

— Si le rêve est notre petite victoire sur le temps, il a souvent à faire avec le temps lui-même. Je suis, dans mes rêves, le plus souvent en retard. Je vais rater le train. Ou bien l'avion est là et j'ai perdu mes bagages, mon passeport. Le monde va sans moi. C'est pourtant dans nos rêves, où l'on dit que cent images se succèdent en une seconde, que nous devrions nous sentir les coudées franches et l'esprit léger. Mais la force du temps est telle que nous continuons à la subir, à lui obéir, même quand notre conscience pensait lui avoir faussé compagnie. Caché à l'intérieur de nos cellules, le maître ne se relâche pas. Le voleur d'instants n'a pas suspendu son travail.

Spinoza dit quelque part qu'à chaque instant, ici et maintenant, nous sommes immortels. C'est plus fort que nous : le temps nous demeure insensible. Mais nous n'envisageons pas de plus haute victoire que celle que nous souhaiterions remporter sur cet adversaire consubstantiel. Dans la plupart des cas, la victoire est amère, car elle ne s'obtient que par l'oubli. Cet oubli au demeurant si nécessaire, comme Umberto Eco nous le rappelle ; un oubli — un triage — sans lequel nous ne pourrions vivre.

Un homme que j'ai beaucoup aimé, l'écrivain espagnol José Bergamín, parlait en ce sens de l'« instantanéité éternelle », dans un livre que j'ai eu le bonheur de traduire[1]. Nous voulons savoir et sentir, aussi loin que possible, ce qu'il y avait derrière nous. Et savoir

1. *Le Clou brûlant*, Paris, Plon, 1972.

aussi ce qui se trouve très en avant, au-delà même de la tombe. Notre vie, dit Bergamín, est « une expérience perplexe et extasiée du temporel ». Elle est une série de moments historiques (pour beaucoup, elle n'est que cela) traversée d'instants d'éternité — que seule la poésie, sous toutes ses formes, nous apporte.

Quand un événement nous a fascinés, une expression commune dit que « le temps s'est arrêté ». Si cela pouvait être vrai ! Le plus profond, le plus bel effet d'un spectacle serait que les spectateurs cessent de vieillir en y assistant. Je ne vois pas de souhait plus haut. Que le temps daigne un moment s'asseoir parmi le public et surseoir à sa vieille tâche. Qu'une clairière préservée s'ouvre pour tous *pendant ce temps.* Que le temps lui-même échappe au temps. Nous pourrions formuler le même souhait pour notre conversation, pour ce livre. Que risquons-nous à le faire ? Que quelques secondes de plus s'écoulent — et peut-être se perdent — à écrire, puis à lire, ces derniers mots.

*(Entretiens réalisés à Paris le 15 octobre
et les 5 et 27 décembre 1997.)*

À TOUTES FINS UTILES

par

Umberto Eco

Tous ceux qui suivent, depuis quelques années, l'aventure intellectuelle d'Umberto Eco ne s'étonneront pas de retrouver ici l'auteur du Nom de la rose *et de* La Guerre du faux *s'interrogeant, après le paléontologue, l'historien des religions et le philosophe, sur la signification qu'on peut raisonnablement prêter à la notion de « fin des temps ». Car qui mieux que cet universitaire migrateur, titulaire de la chaire de sémiotique à l'université de Bologne, qui passe sa vie dans les aéroports et qu'on soupçonne déjà fortement de voyager pour échapper aux importuns et pour pouvoir écrire, pouvait tenter de diagnostiquer le mal dont semble souffrir l'Occident à l'approche de son deux millième anniversaire ? Et lorsqu'il réintègre son domicile que croyez-vous que fasse cet esprit toujours en alerte ? Croyez-vous un instant qu'il cesse de se préoccuper de notre sort ? Pas du tout. Depuis son appartement milanais, confortablement assis devant son ordinateur, cet érudit de soixante-six ans emprunte à la nuit tombée les voies impénétrables du*

Web et c'est dans ces couloirs du temps qu'il scrute l'état de santé mentale de la planète.

Disciple et ami de Roland Barthes, il tente de mettre en pratique, en toutes circonstances, ce que l'auteur des Mythologies *appelait le « flair sémiologique », cette capacité « d'identifier des messages là où on serait incité à ne voir que des gestes, de subodorer des signes là où il serait plus commode de ne reconnaître que des choses ». Cette méthode, appliquée à l'étude des signes de toute nature émis par la société contemporaine, a produit une manière de « sketches théoriques » auxquels la presse italienne a donné de savoureux échos et dont* Comment voyager avec un saumon *(Grasset, 1998) marque une manière d'aboutissement littéraire et humoristique. Parce que notre homme, qui a fréquenté longuement l'œuvre de saint Thomas d'Aquin et qui voit dans la civilisation de l'Occident médiéval un résumé des aspirations et des travers de l'esprit humain et donc un objet de déchiffrement inépuisable, est aussi intarissable à propos de la télévision, du site de* Playboy *sur Internet, des téléphones portables et de toutes ces étranges réjouissances du monde moderne.*

Rien d'étonnant alors à l'entendre constater que le monde est « ouvert », en ce sens que chaque individu le réinvente en fonction de la lecture qu'il en fait, et que notre propension à décréter que nous vivons l'époque la plus dangereuse pour l'avenir de l'espèce est un mal assez bien partagé par l'ensemble de la communauté humaine, toutes époques confondues ou presque. Le professeur temporise donc et tente toujours de détourner l'attention de l'objet vers un sujet caractérisé par son incapacité à juger sagement. Ethnologue des temps modernes, c'est dans les pages qui suivent que Eco exerce le mieux son intuition de sémiologue et donne à voir, comme l'écrivait Robert Maggiori, « dans l'embrouillamini des opinions toutes faites, des préjugés et des langues de bois politiques ou économiques, les clignotements de l'intelligence ».

— Nous disposons, à proximité du centre Beaubourg, d'une grande horloge qui égrène les secondes nous séparant de l'an 2000. Croyez-vous que les Occidentaux aient la sensation de ce compte à rebours ?

— Rien ne nous prouve que les gens soient angoissés à l'annonce du troisième millénaire. C'est la presse, et elle seule, qui s'acharne à créer une psychose. Les gens ne s'en soucient pas, sauf pour réserver une nuit d'hôtel aux îles Samoa ou Fidji afin de faire deux fois la fête. Non, je n'ai pas l'impression qu'il y ait dans la société de préoccupation particulière à propos de l'an 2000. Cet homme qui brandit une pancarte, au coin de la Cinquième Avenue, sur laquelle est écrit : « *The end is coming* » a toujours existé. Il y a toujours eu des gens qui attendaient la fin du monde, et il y en aura toujours. Nous sommes naturellement tentés de mettre en relation certains événements frappants avec cette date. Mais ces événements auraient tout aussi bien pu se passer à une autre époque. Rien à voir avec l'an 2000.

Le mythe des terreurs de l'an mil

— Qu'en est-il de l'an mil ?

— Comme le dit Stephen Jay Gould, on a beaucoup glosé au XIXe siècle à propos de la dernière nuit du premier millénaire sur les foules terrifiées pleurant dans les églises. On a prouvé ensuite qu'il n'existait aucun document à l'appui de cette hypothèse. J'avais vingt ans quand j'ai lu *L'An mil* de Henri Focillon et je me souviens de mon étonnement en découvrant qu'il n'y avait pas eu de terreur de l'an mil. Les paniques millénaristes se sont manifestées bien avant la fin du millénaire, ou après, mais non à cette date précise. Cependant, Gould cite les recherches récentes de Richard Landes qui nous conduisent partiellement à revenir sur cette opinion. Il admet qu'il a pu y avoir, suscitées par des sectes hérétiques, des manifestations de peur ici ou là, mais nous ne disposons pas de documents pour le prouver parce que l'Église (c'est-à-dire, à l'époque, la culture officielle) a pour ainsi dire effacé le phénomène. On n'enregistrait pas ces épisodes de l'histoire locale pour éviter de contribuer au malaise collectif.

Comme le dit Jean Delumeau, en face de toute poussée millénariste, l'Église avait repris à son compte la solution géniale de saint Augustin. Les mille ans de bonheur dont parlait l'Apocalypse (et dont l'attente a incité tous les mouvements millénaristes à en accélérer violemment la venue), eh bien, ils étaient déjà là ! Et pour couper court à toute polémique, il a précisé de surcroît qu'il ne fallait pas prendre le chiffre mille au pied de la lettre. Mille signifiait une très longue durée. Oui, le Christ reviendra, mais prenez votre temps ! Ne vivez pas dans l'épouvante ! Ainsi, d'un tournemain, il a conceptuellement ruiné toute velléité d'utopie millénariste.

— *Pourquoi l'analyse de saint Augustin n'a-t-elle pas permis d'éliminer définitivement les courants millénaristes ?*

— Disons que saint Augustin a vaincu au niveau de la théologie officielle, mais que son interprétation n'était pas en mesure d'apaiser les tensions sociales ou de refréner les pulsions collectives. Ce qui revient à dire que le millénarisme n'est pas un problème théologique, ni exégétique...

— *Stephen Jay Gould établit d'ailleurs un lien entre les tensions millénaristes et les problèmes sociaux...*

— Évidemment. Le millénarisme est toujours un mouvement populaire. On n'a jamais vu d'empereur millénariste. Il s'agit toujours d'individus insatisfaits d'un certain état des choses et qui veulent le changer. Les mouvements apocalyptiques sont en fait des poussées révolutionnaires. C'est bien pour cela que l'Église et les pouvoirs en général se sont toujours méfiés d'eux. Au point, on l'a vu, d'en étouffer les manifestations, et de les passer sous silence comme en l'an mil. Je voudrais faire ici une petite remarque que je crois amusante.

Il nous faut, pour cela, revenir au débat sur le premier millénaire. En 1996, des spécialistes américains du premier millénaire se sont réunis en congrès à Boston, et c'était justement Richard Landes qui m'avait invité, puisque je m'étais occupé autrefois du commentaire de l'*Apocalypse* de Beatus de Liebane. Des journalistes s'étaient précipités en imaginant que les historiens allaient débattre des peurs de l'an 2000. On a essayé de leur expliquer qu'il s'agissait de discuter du millénaire précédent, et que même à cette époque-là les terreurs n'étaient pas vraiment attestées. Mais ils ont posé les mêmes questions que vous : Y a-t-il une terreur de l'an 2000 ? Et ma réponse a été la même : Non, ces peurs sont imaginaires, en réalité, les gens s'en moquent ! Les journalistes ont alors sombré dans un désespoir absolu. Sans peurs liées de près ou de loin à ce passage vers le troisième millénaire, pas de nouvelles sensationnelles, pas de scoop, rien qui puisse faire un gros titre dans la presse du lendemain. En conséquence, ces journalistes n'avaient plus qu'à les inventer de toutes pièces.

La morale de l'histoire est intéressante. La fin du premier millénaire n'est pas survenue sans susciter, ici où là, des réactions de peur, mêmes marginales. C'est probable. Mais le gardien de l'idéologie et de la mémoire, c'est-à-dire l'Église, a fait de son mieux pour qu'on n'en parle pas. À la fin du deuxième millénaire il est clair que ces peurs n'existent pas, en dehors de quelques groupes très marginaux. Mais les gardiens de l'idéologie et de la mémoire, qui sont aujourd'hui les médias, font de leur mieux pour qu'on en parle. Par défaut d'archives, nous avons cru que ces peurs avaient été inexistantes pendant la nuit du 31 décembre 999. Par excès d'archives, nos descendants pourront croire que toute l'humanité a été saisie d'épouvante pendant la nuit du 31 décembre 1999...

— *Pourquoi cette différence ?*

— Parce que l'Église avait pour consigne « surtout pas de bruit ! » et que la consigne des médias est « le plus de bruit possible ! ».

Visions paranoïaques

— *N'y a-t-il pas une coïncidence, qui peut sembler étrange, entre une crise de civilisation et le tournant du millénaire ?*

— L'approche de la fin du millénaire est une occasion pour réfléchir sur notre histoire. Si quelqu'un se sent vieillir, il pense à faire son testament et le bilan de sa vie. L'échéance du millénaire est une période intéressante en tant que prétexte pour dresser un bilan, mais de la même façon qu'il y a un siècle un voyage en Australie était un prétexte pour mettre ses papiers en ordre. Le signe 2 000 est une occasion pour faire retour sur nous-mêmes, une anamnèse qui nous permettra de savoir quand nous sommes tombés malades et quels sont les moyens de nous en sortir.

— Beaucoup d'époques se sont perçues comme vivant la fin de la civilisation...

— La fin d'un siècle produit toujours une sensation d'épuisement. Lorsqu'on approche d'une échéance avec deux zéros, la littérature est soudain submergée d'une vague de spleen. Pensez au décadentisme de la fin du XIXe siècle, au sentiment de la fin de l'Empire austro-hongrois, à Nietzsche annonçant la mort de Dieu ; pensez au mysticisme postrévolutionnaire de la fin du XVIIIe siècle... C'est le charme du double zéro. Je dirai à Jean-Claude Carrière que chaque génération a son Kâliyuga...

— Et cette fois, c'est le charme du triple zéro !

— Ah, trois zéros, c'est encore mieux que trois six, 666, l'année de la Bête. Une fête pour les numérologues !

— On ne compte plus les livres où les événements actuels sont considérés comme signes des temps, interprétés en fonction d'une catastrophe à venir. Citons simplement Le Code secret de la Bible...

— On m'avait adressé les épreuves de ce livre en me demandant ce que, en Amérique, on appelle un *blurb,* un petit texte louangeur destiné à la quatrième page de couverture. En sollicitant ma complicité, l'éditeur qui m'adressait ces épreuves révélait par là qu'il n'avait pas compris que mon *Pendule de Foucault* se moque précisément des livres comme celui-là et des gens qui voient des correspondances partout. D'ailleurs, j'ai lu récemment que quelqu'un a appliqué le même code à un autre texte avec des résultats également épatants. Il est évident que l'on peut tout faire dire à des nombres. Or, ce qui me frappe, ce n'est pas qu'une personne écrive ou publie *Le Code secret de la Bible.* Ce qui me frappe, c'est que l'auteur et l'éditeur qui ont lu mon *Pendule,* qui bien sûr parle d'occultisme, l'ont lu comme un livre occultiste ! La chose est plus courante qu'on ne pourrait le croire. Ceux que je nomme dans le livre les Diaboliques lisent le roman et s'empressent de m'adresser leurs opuscules...

— *Il fallait s'attendre que les Diaboliques, chez qui vous dénoncez ce que vous appelez une paranoïa interprétative, voient finalement en vous un sympathisant...*

— Évidemment, autrement je ne parlerais pas à leur propos de paranoïa interprétative ! Mais j'ai cité ce phénomène pour dire que même associer un tremblement de terre à l'an 2000 est un symptôme de paranoïa interprétative. Savez-vous combien de tremblements de terre il y a eu pendant le dernier millénaire, même dans les années qui ne se terminaient pas par deux zéros ?

— *Aujourd'hui où se multiplient ces signes de changement d'ère ou de civilisation, ces Diaboliques publient d'innombrables traités pour annoncer la fin des temps...*

— Mais posez-vous la question : est-ce l'an 2000 ou bien la chute du mur de Berlin qui engendre de tels comportements ? Au moment où les grandes idéologies tombent en miettes, l'homme, animal religieux par définition, ne possède que quatre choix. Il peut adopter une position philosophique — c'est le choix aristocratique ; il peut aussi préférer la religion officielle ; il peut rejoindre une secte... Le défaut de la religion est qu'en général elle vous laisse responsable de suivre ou non ses préceptes, surtout à l'époque actuelle. Elle est donc, d'une façon curieuse, moins protectrice qu'une idéologie comme le nazisme, le marxisme stalinien ou maoïste, qui réglaient chaque moment de votre vie. Au contraire, une secte vous permet d'abdiquer votre volonté pour obéir à celle d'un gourou, de troquer votre ego contre le sien. Et c'est plutôt dans ces milieux-là qu'on parle de fin des temps, ou d'un âge nouveau. Mais, encore une fois, sommes-nous sûrs que ce phénomène soit lié à la fin du millénaire ? Le foisonnement des sectes me paraît être aujourd'hui une conséquence de l'écroulement des grandes idéologies.

— *Quelle est la quatrième option ?*

— Une sorte de secte non répressive, moins exigeante qu'une religion, plus amusante qu'une philosophie : le New Age, le syncrétisme absolu, qui accepte la vérité de toute position sans besoin de contrôle rationnel, ni d'une quelconque théologie. On accepte tout, les soucoupes volantes comme la macrobiotique, le bouddhisme comme la pranothérapie ; il suffit de composer son propre menu. Une religion « *do-it-yourself* ». Mais cela aussi, je l'attribue davantage à la chute des idéologies qu'à l'approche de l'an 2000.

— *Quels sont les indices de ce lien entre la chute des idéologies et le développement du New Age ?*

— Lorsque l'utopie soixante-huitarde est entrée en crise, lorsqu'on a sonné le glas du terrorisme « rouge » (en Allemagne et en Italie), enfin lorsque est venu le temps de la *perestroïka*, les rayons consacrés dans les librairies au marxisme et à la mythologie révolutionnaire (posters de Guevara, etc.) ont été remplacés par des rayons consacrés à ce qui s'appelait déjà alors le New Age. À New York, dans une librairie, j'ai même trouvé saint Augustin classé au rayon New Age ! C'est la caractéristique de cette conversion des révolutionnaires de 1968 au mysticisme : puisqu'il nous est prouvé désormais que nous ne pouvons plus changer le monde, tout ce qui tendra à établir, d'une manière ou d'une autre, l'existence d'une autre réalité sera bienvenu (et tant pis pour cette exigence bourgeoise et scientifique de cohérence : nous mettrons ensemble des choses radicalement différentes). Mais tout cela nous dit aussi quelque chose sur la façon dont beaucoup de soixante-huitards ont vécu une révolution qui est restée virtuelle. Sommes-nous certains que le retour au mysticisme soit une conséquence de la crise de 68, ou bien les événements de 68 sont-ils la première manifestation d'une crise du marxisme « scientifique », et donc le premier chapitre du New Age ?

— *C'est un renversement d'analyse inattendu...*

— Mais si on va chercher les racines du mouvement soixante-huitard en Californie, on trouve déjà tous les éléments du New Age, le *flower power,* le peyotl, le Don Juan de Castaneda... Beaucoup de soixante-huitards sont aujourd'hui bouddhistes ou « New Age », quelques-uns sont redevenus catholiques. J'ai rencontré au mont Athos un moine bibliothécaire qui parlait un excellent français ; nous avons un peu parlé de la foi orthodoxe, puis nous avons parlé de Paris. Il m'a tout de suite demandé si Julia Kristeva était encore mariée avec Philippe Sollers... Comme je lui demandais comment il pouvait savoir ça, il m'a dit qu'il avait fait Mai 68 à la Sorbonne et qu'ensuite, tout à coup, il avait fait son chemin de Damas et était devenu moine sur le mont Athos. Alors je l'ai un peu taquiné sur la liturgie orthodoxe. « Vous êtes un intellectuel, lui ai-je dit, vous savez bien que les icônes que vous embrassez à la messe du matin ne sont pas des reliques véritables. » Il m'a répondu que ce n'était pas le problème : « Si vous les embrassez avec dévotion, vous en sentez réellement le parfum. » Il n'avait pas oublié son éducation philologique : il n'a pas cherché à me démontrer qu'elles étaient authentiques, il m'a seulement dit que si j'entrais dans l'esprit de sa foi, elles étaient vraies — ce qui ne veut pas dire authentiques. Je me demande si, lorsqu'il était sur les barricades à Paris, il était mené par le même enthousiasme (j'emploie le mot « enthousiasme » dans son sens religieux) que celui qui l'a conduit jusqu'à la sainte montagne.

Tous les hommes sont mortels

— *Dans votre dialogue avec le cardinal Martini* [1], *vous écrivez que « la pensée de la fin des temps est aujourd'hui plus caractéristique du monde laïque que du monde chrétien. Le monde chrétien fait de cette pensée un objet de méditation et le monde laïque feint de l'ignorer, mais cette pensée le hante ». Pouvons-nous parler d'une apocalypse laïque ?*

— Dans son Apocalypse, Jean voit la mer devenir sang, les étoiles tomber du ciel, les sauterelles s'élan-

1. *Croire en quoi ?*, traduit de l'italien par Myriem Bouzaher, Paris, Rivages, 1998.

cer hors du puits de l'abîme, les armées de Gog et Magog déferler, la Bête surgir de la mer... Le monde profane contemporain est évidemment insensible à ce genre de descriptions. Pourtant, nous avons aussi nos peurs apocalyptiques : nous sommes sensibles à la situation misérable d'une partie de l'humanité, aux pluies acides, au trou dans la couche d'ozone, à la prolifération des déchets nucléaires, aux modifications climatiques, à la fonte des glaciers, à la disparition de certaines espèces, à l'incroyable surenchère scientifique, etc. Pour une pensée religieuse, la fin des temps est un épisode, un rite de passage qui conduit à la Cité radieuse, à la Jérusalem céleste. Pour une pensée laïque, c'est la fin de tout, et c'est pourquoi elle tend souvent à la refouler. Cela est d'ailleurs regrettable, car la méditation sur la mort devrait être le sujet central de toute philosophie. Mais souvent, on s'arrête au *carpe diem, buvons, mangeons, demain nous mourrons*. Aujourd'hui en Italie, si vous abordez le sujet de la mort avec des laïques, ils répondent : « N'en parlons pas ! » Et pourquoi pas ? Il se trouve que je suis philosophe : penser à la mort est mon métier ! Pourquoi ne devrais-je pas parler de mon sujet principal ?

Dans l'une de ces lettres au cardinal Martini, je cite l'épisode ancien de ma rencontre avec un vieux communiste. À l'époque j'étais un jeune catholique, et tous les soirs à six heures, sur la place de la ville, je retrouvais ce monsieur bien plus âgé que moi, fervent communiste. Nous avions d'interminables disputes, aussi amicales que passionnées. Un jour je lui ai demandé, d'une façon très polémique, comment il pouvait, dans sa perspective athée, donner un sens à sa mort. Il m'a répondu : « En demandant des funérailles civiles. Comme cela je disparais, mais je laisse un message aux autres. »

J'admirais beaucoup cet homme, parce qu'il avait

un sens aigu de la continuité de l'histoire et de la communauté. Sa propre mort prenait sens à ses yeux dans la mesure où il pouvait l'utiliser pour transmettre une chose de valeur aux autres. C'est une admirable façon non religieuse de penser la fin. Dans la société laïque, il faut aller chercher cet idéal dans les couches cultivées. En revanche, même le dernier des croyants, le plus humble, le moins instruit, peut être persuadé que la mort est seulement un passage. Le judéo-christianisme a inventé l'histoire comme parcours, et cette histoire n'est pas tellement centrée sur la fin de tout mais sur des passages successifs. La seule chose qui disparaîtra le jour du Jugement dernier, c'est le purgatoire. Et finalement, nous ne perdrons pas grand-chose puisque, d'après l'historien Jacques Le Goff, le purgatoire est une invention récente !

— *Quelle est la spécificité de l'Apocalypse dans la problématique chrétienne de la fin des temps ?*

— La fonction de l'Apocalypse n'est pas de parler de la fin du monde. Il ne s'agit pas d'évoquer la Jérusalem terrestre mais la Jérusalem céleste. Toutes les considérations sur la fin du monde ont pour origine une lecture hérétique de l'Apocalypse. L'Apocalypse raconte comment le monde finira, mais le problème n'est pourtant pas là. Si le texte s'interroge sur l'avenir de la Jérusalem terrestre, son message essentiel est de nous certifier que la Jérusalem céleste est déjà là. Elle a toujours été là. L'Apocalypse est un livre ambigu qui peut engendrer à la fois le désespoir et l'espérance.

— *Comme vous le mettiez en scène dans* Le Nom de la rose, *on voit fleurir aujourd'hui toute une littérature qui cherche à mettre en relation les événements tragiques que nous vivons avec certains passages de l'Apocalypse.*

— Je peux vous donner les preuves que dans chaque siècle on a interprété certains événements par rapport au texte apocalyptique : la comète, la vache à deux têtes, etc., étaient commentées comme autant de signes annonçant une échéance dramatique pour l'espèce humaine. Les spécialistes le savent, l'écrivent, mais le grand public ne veut pas le croire. Vous devez consoler un ami qui a été abandonné par sa femme. Cet homme vous dit : « Je ne peux plus vivre ! » Quel argument emploie-t-on d'habitude ? « Mais voyons, lui dites-vous, chacun de nous, au moins une fois dans sa vie si ce n'est davantage, a été quitté. Cela arrive à tout le monde. » Cet argument n'a jamais consolé un amant malheureux. Il imagine que son problème est plus grave que ceux que vous évoquez. Dans le même sens, l'argument que tous les hommes sont mortels n'a jamais rassuré un mourant ! « Tu meurs, mais voyons, ça arrive à tout le monde, mon vieux ! » S'il a encore un peu de force, il vous giflera. Alors, comment ferez-vous pour convaincre les gens que cette fin du monde qu'ils voient venir, d'autres l'ont vue venir avant eux, et à chaque génération ? Qu'il s'agit d'une espèce de rêve récurrent, comme rêver que nos dents tombent ou que nous nous trouvons tout nus dans la rue ? Non, vous répondra-t-on, cette fois c'est plus important.

— D'où vient ce besoin de penser à la fin du monde ?

— C'est une espèce d'illusion d'optique liée au fait que nous savons que les hommes sont mortels. Les hommes sont mortels, mais pourquoi le monde le serait-il nécessairement ? Les êtres humains sont les seuls animaux qui savent qu'ils doivent mourir. Je n'ai jamais rencontré un chien capable de dire que tous les chiens sont mortels. L'homme transfère cette idée fondamentale sur l'univers. Si cet homme qui est mon père s'éteint, le monde dans lequel je vis ne va-t-il pas mourir aussi ? C'est une démarche intuitive que la raison ne peut pas entraver, et ceci pour une raison très simple. L'expérience nous a enseigné que les hommes étaient mortels et que nous allions mourir un jour ou l'autre. Mais nous n'avons pas cette même expérience en ce qui concerne l'univers, parce que personne n'a vécu la fin d'un univers. Même si le monde est seulement l'ensemble des êtres mortels, cela ne veut pas dire qu'il soit lui-même mortel.

Cette transposition de notre expérience à celle de l'univers est une erreur logique que nous commettons continuellement et dont Kant a beaucoup parlé : nous concevons l'idée du monde, l'idée de Dieu ou de la liberté comme quelque chose qui va au-delà de notre expérience sensible, mais nous faisons l'erreur d'appliquer à ces idées les catégories valables dans les limites de notre expérience sensible. On ne peut pas appliquer au monde les lois que le monde impose à ses objets. Nous sommes dupes de l'idée grecque (pensons à Platon) de l'univers considéré comme un grand animal. D'ailleurs, qu'est-ce que l'Adam Kadmon de la Kabbale ? Toute cosmogonie procède de cette personnification des éléments constitutifs de l'univers considéré comme un grand vivant. Mais l'univers n'est pas un animal (pas plus qu'il n'est un minéral). L'animal peut disparaître sans que disparaisse une certaine « condition d'existence » qui s'est manifestée à travers lui.

— *Les astrophysiciens nous disent que l'univers dure depuis treize milliards d'années environ et qu'il durera peut-être encore plusieurs centaines de mil-*

liards d'années. Nous ne serions pas sortis encore des commencements.

— Mais, c'est Jean-Claude Carrière qui le dit, la fin des temps n'est pas la fin du temps. Vous et moi, nous sommes destinés à mourir, l'humanité peut-être aussi (si le soleil s'éteint), et probablement les galaxies que nous connaissons. Mais tout cela ne signifie pas que l'univers va disparaître. C'est pour moi le sens positif du message de l'Apocalypse, même pour ceux qui ne croient pas : il y aura toujours de nouveaux cieux et de nouvelles terres. D'ailleurs nos idées sur l'univers restent fort imprécises. Si nous savons presque tout du corps humain, nous ne savons presque rien sur les dimensions réelles de l'univers, sur son âge, sur le nombre de corps qui le constituent. Nous nous tournons alors vers les mythologies, les théories occultistes, vers toutes les approches irrationnelles du problème.

— La quête des origines a conduit la science à repousser sans cesse notre horizon intellectuel. Or, vous l'avez rappelé, toute société humaine élabore son projet de vie à l'intérieur de certaines frontières qu'elle se donne dans l'espace et dans le temps. Ne manquons-nous pas aujourd'hui de ces repères ?

— Il faut se résigner à devenir adulte. Si cet univers est sans commencement et sans fin, imprécis dans ses contours, alors il devient presque impossible de l'anthropomorphiser. Nous serions plutôt en situation de nous libérer de cette idée obsessionnelle que l'univers doit faire comme nous, naître et disparaître.

— Mais c'est aussi la science qui nous a révélé la dimension historique de l'univers. Les étoiles naissent et meurent. L'univers, lui aussi, aura une

fin... C'est tout le sens de l'entreprise, par exemple, d'un savant comme Ilya Prigogine de réhabiliter la notion de temps irréversible que la physique classique avait niée.

— Je ne veux pas me mêler de questions qui excèdent mes compétences, mais j'ai l'impression que le fait de dire que le temps a une direction n'est pas la même chose que de dire qu'il aura une fin. On peut concevoir une évolution infinie. Le problème d'une évolution infinie est très proche de celui, vénérable, de l'éternité du monde, débattu au Moyen Âge. Or saint Thomas, en tant que saint, avait tout intérêt à démontrer que le monde n'était pas éternel, parce qu'un tel monde rend presque inutile l'idée d'un Dieu créateur. Mais puisqu'il était un saint (et en tout cas un savant honnête), il a dû conclure qu'il n'existait pas de possibilité rationnelle de démontrer que le monde n'est pas éternel. Il faut y croire (selon saint Thomas) pour des raisons de foi. On ne peut pas le prouver. À propos de la direction du temps, j'en arrive alors à la même conclusion que saint Thomas : on ne peut pas prouver que le temps a une fin.

Le temps est une invention du christianisme

— *Aussi bien dans vos romans que dans certains de vos essais, vous explorez la question de l'« interprétation malade ». On a l'impression que vous évaluez là un certain rapport de cause à effet qui a peut-être quelque chose à voir avec le problème de la flèche du temps. L'aptitude au délire interprétatif est-elle liée à une certaine relation que l'Occident entretient avec le temps linéaire générateur d'angoisse ?*

— Vous avez absolument raison. Essayons d'être clairs. Je ne dis pas qu'il y a une seule flèche du temps. Peut-être y en a-t-il beaucoup plus qu'on ne croit. Dans le même ordre d'idées, je ne dis pas qu'il y a une seule géométrie, la géométrie euclidienne, car il en existe beaucoup d'autres. Je dis simplement que dans la vie quotidienne, s'il s'agit d'accrocher un tableau au mur, il faut suivre la géométrie d'Euclide et non celle de Lobatchevski, et si l'on demande à quelle heure arrivera à Lyon un TGV qui est parti à sept heures de Paris, il faut penser avec le temps de nos horloges et non avec le temps intérieur de Bergson. Or toute aptitude à la paranoïa interprétative, et donc toute pensée ésotérique et occultiste, toute pensée qui se dit de la Tradition, toute pensée New Age et antimoderne (qui parfois se dit postmoderne) refuse de reconnaître la réalité de la flèche du temps — même si c'est sur ce credo que nous réglons nos affaires quotidiennes. La pensée occultiste élabore une théorie des correspondances, des résurgences, des renversements de la cause et de l'effet. Dante était rosicrucien parce que ses écrits annonçaient à l'évidence le courant rosicrucien apparu trois siècles après lui ! On se refuse à considérer que les rosicruciens ont simplement lu Dante. On attend toujours un événement qui s'est déjà produit.

C'est pour cette raison que beaucoup d'occultistes font des clins d'œil aux pensées orientales qui n'accordent pas à la flèche du temps la même importance que nous. Je ne suis évidemment pas un expert en philosophies orientales comme Carrière, mais je ne crois pas qu'un Indien ou un Japonais raisonne comme le loup de *Phèdre* cherchant à savoir qui est l'agneau qui, en aval, trouble l'eau que le loup boit en amont. Simplement, pour certaines religions ou philosophies orientales, ces rapports de cause à effet sont des phénomènes de surface qui n'ont rien à voir avec une métaphysique du cycle éternel ou de l'éternel retour. D'accord. Mais la pensée occultiste occidentale applique cette nonchalance envers la flèche du temps aux phénomènes de surface eux-mêmes, ce qui me paraît tout simplement fou. Car cela conduit à dire que l'agneau ne peut pas troubler l'eau du loup. Affaire classée. La science contemporaine est fille d'une vision judéo-chrétienne du monde. Peut-être qu'elle a tort, mais c'est ainsi. Toutes les histoires de mariage de la science et du tao sont belles, mais permettez-moi de me méfier un peu.

— *Expliquez-nous un peu mieux dans quel sens la science contemporaine est judéo-chrétienne.*

— Il suffirait de dire qu'elle est née dans ce milieu. Si elle était née sur l'île de Pâques, on pourrait penser à d'autres influences. Mais ne plaisantons pas — ou mieux, ne soyons pas trop sérieux, ni trop rigoureux. Le messianisme juif (attente de quelque chose ou de quelqu'un qui doit encore venir et qui changera le destin d'Israël) a poussé la pensée chrétienne à inventer l'histoire. La flèche du temps n'existe pas dans les mythologies anciennes.

— *Ce sont les chrétiens qui ont donc lâché la flèche du temps ?*

— La flèche du temps est en effet une invention du christianisme, mais en tant qu'il est l'héritier du judaïsme traditionnel. Bien que le Messie, pour les chrétiens, soit déjà arrivé, cela ne suffit pas : nous devons penser à une histoire terrestre (qui va du présent au futur, sans retour possible) après laquelle, depuis une seconde venue du Christ, va commencer une histoire céleste. C'est, encore une fois, le message de l'Apocalypse. Hegel et Marx ne sont pas pensables sans saint Jean. Au contraire, la pensée ésotérique qui réapparaît après la Renaissance est une pensée de l'éternel retour. Selon cette pensée, tout ce qui pouvait être dit avait déjà été dit dans l'antiquité la plus lointaine et il ne s'agissait plus alors que de redécouvrir une sagesse ensevelie. Il n'y avait pas de progrès de la connaissance.

— *Du fait de l'hégémonie de la civilisation occidentale, cette vision de l'histoire initiée par le christianisme n'influence-t-elle pas tous les peuples de la terre ?*

— Je n'en suis pas sûr. Voyez le phénomène du cargo cult en Polynésie et en Mélanésie. Lorsque les navires européens sont apparus pour la première fois à l'horizon, en apportant des biens inconnus, ces peuples ont imaginé qu'un jour des divinités débarqueraient pour leur apporter le bonheur. C'est une attitude selon moi typiquement millénariste. Le mythe du cargo cult n'indique pas que les populations mélanésiennes ou polynésiennes se sont mises à croire en l'histoire considérée comme un progrès constant. Pour les anciens Mexicains, par exemple, il est clair que Cortez et ses soldats incarnaient des dieux venus de la mer puisque c'est de ce côté-là, d'après la mythologie de ces peuples, que devaient surgir les dieux. Cortez a profité de la crédulité des Mexicains et a détruit la civilisation de Moctezuma sans aucun remords. Mais cette civilisation est morte du fait de sa propre illusion millénariste, et non pas parce que son idée du progrès s'est vu soudain malmener par les troupes de Cortez. Les anciens Mexicains n'avaient aucune notion du progrès.

— *La modernité au contraire s'est construite sur la notion de progrès, qui est son grand mythe. S'agit-il d'un mythe en voie d'effondrement en cette fin de XXe siècle ?*

— J'ai dit que notre civilisation occidentale était née sur l'idée d'une certaine direction de l'histoire étroitement liée à l'idée de progrès. Mais il y a deux façons d'entendre la notion de progrès. L'une est qu'on ne revient jamais en arrière, que la loi de la nature, aussi bien que de la culture, est la transformation, et que même quand nous nous penchons sur notre passé nous le repensons de façon à produire quelque chose de nouveau. L'autre est que tout ce qui vient après est meilleur que ce qui existait avant. Les deux idées ne sont pas identiques. En faisant quelque chose de différent, on peut aussi produire des monstres. Le XIXe siècle avait divinisé l'idée de progrès comme perfectionnement infini et sans retour. L'idée hégélienne d'un progrès cumulatif est en effet peut-être la grande faute de la civilisation moderne. Notre siècle a compris que le progrès n'est pas forcément continu et cumulatif. Il peut connaître des phases ascendantes et des revers. Le XIXe siècle marque à la fois le moment de la grande célébration de ce progrès cumulatif et le commencement d'une crise morale profonde. Il a produit un fondamentalisme du progrès, auquel nous devons échapper. L'écologie contemporaine représente peut-être le moment le plus important de cette mise en cause du progrès.

Le Millennium Bug

— *Que vous inspire l'« apocalypse informatique », celle qui menace tous les ordinateurs de la planète le 1er janvier 2000 ?*

— Le problème véritable n'est pas comment en sortir. On l'a vu, c'est une question d'argent. Ce qui me plonge dans un désarroi infini, c'est comment une telle chose a pu arriver. Comment une erreur aussi grossière a-t-elle pu être commise par des génies tels que le furent les inventeurs de l'informatique contemporaine, des hommes qui ont transformé radicalement notre façon de penser, de travailler, de communiquer ? Ce n'étaient pas des hommes de Néanderthal ayant une idée imprécise du passé et de l'avenir, mais des hommes de notre temps, qui connaissaient l'histoire, qui avaient appris que les siècles ont l'habitude de se succéder l'un après l'autre. Comment n'ont-ils pas réalisé, je ne dis pas il y a deux mille ans, mais il y a moins de trente ans (trente ans !), que leur *software* ne fonctionnerait plus après l'an 2000 ! Il n'y a que deux explications possibles.

La première est qu'ils savaient parfaitement ce qu'ils faisaient, mais que leur souci n'était pas de réfléchir aux problèmes des gens à la veille de l'an 2000 mais de vendre un produit convenable dans les années 1980 ; la mémoire des ordinateurs de l'époque étant plus limitée qu'aujourd'hui, deux chiffres occupant moins de mémoire que quatre, ils ont donc produit le Bug sans se préoccuper du futur. Vingt ans était une distance temporelle qui ne correspondait pas aux dimensions de leur investissement (mental et financier). Supposons que quelqu'un nous dise : « Attention à tes investissements, parce que si tu achètes des dollars, il peut se révéler que dans mille ans les dollars ne vaudront plus rien. » Notre réponse immédiate sera, naturellement, de nous préoccuper en priorité de nos enfants et, éventuellement, de nos neveux, et non de ce qui se passera dans mille ans. Pour un investissement à court terme, vingt ans sont comme mille ans.

— Personne n'imaginait que ces machines passeraient le cap du troisième millénaire... Mais quelle est votre seconde explication ?

— Les informaticiens étaient tellement habitués à une économie fondée sur la courte durée des produits qu'ils ne pensaient pas que ce qui était vendu au début des années 1980 serait encore en fonction en décembre 1999. Ils étaient tellement convaincus que le renouvellement des machines se ferait tous les deux ans qu'ils n'ont pas pris la peine de régler ce problème de calendrier ! Mais s'ils ont vraiment raisonné ainsi, ils ont commis une erreur fatale. Ils ont oublié que tout le *hardware* et tout le *software* peuvent se renouveler, mais que la mémoire, elle, reste toujours la même, qu'il s'agisse de la date d'Hiroshima ou du jour où j'ai déposé 100 francs sur mon compte en banque. Depuis les années 1980 et jusqu'à aujourd'hui, une banque a changé d'appareils et de programmes informatiques plusieurs fois, mais chaque nouveau programme a dû avaler la mémoire précédente. Ainsi, ils ont négligé le fait que la mémoire précédente était marquée par le système de chiffrage qu'ils avaient établi à l'origine.

— *Vous parlez donc d'une incapacité de penser le long terme. Ne peut-on pas dire que cette incapacité s'est toujours vérifiée dans le passé ?*

— Certes. La plus grande bêtise de l'histoire n'a-t-elle pas été celle de Napoléon lorsqu'il a vendu la Louisiane pour financer l'expédition de Russie ? S'il n'avait pas vendu la Louisiane, les États-Unis seraient un pays francophone ! La Louisiane était en outre la région la plus cultivée — et puis, à l'époque, elle ne se limitait pas à l'État de la Louisiane actuel, mais occupait tout le cours du Mississippi. Mais dans cette histoire, on peut seulement reprocher à Napoléon de n'avoir pas prévu que les États-Unis allaient devenir le pays le plus puissant du monde. Le problème du Millennium Bug me paraît d'une qualité différente. Il devient le symptôme d'un rapport difficile entre la mémoire, comme trésor du passé, et le futur, comme ce dont nous nous sentons responsables. S'il y a un problème au seuil de l'an 2000, il concerne la perte de la mémoire historique.

Funes ou la mémoire

— *Comment pouvez-vous parler de perte de la mémoire au moment même où Internet met à notre disposition une sorte de mémoire totale de l'humanité, une immense bibliothèque virtuelle ?*

— Voilà donc l'occasion d'aborder ce que j'ai défini comme la crise actuelle de la mémoire. Revenons un instant à la notion de progrès. Pendant des siècles, nous avons eu l'impression que notre culture se définissait par une accumulation ininterrompue des connaissances. Nous avons appris le système solaire de Ptolémée, ensuite celui de Galilée, puis celui de Kepler, etc. Mais c'est faux ! L'histoire des civilisations est une succession de gouffres où des tonnes de connaissances disparaissent ! Les Grecs, déjà, ont été incapables de récupérer les connaissances mathématiques des Égyptiens, ce qui a causé la floraison des occultismes qui se fondent sur l'idée de la récupération d'anciens savoirs perdus. Ensuite le Moyen Âge a perdu toute la science grecque, tout Platon sauf un dialogue, et la moitié d'Aristote... Nous pourrions continuer longtemps. Nous nous apercevrions qu'à chaque époque, au cours des âges, on a laissé perdre une partie des connaissances.

— *Suggérez-vous que nous nous contentons de redécouvrir ce qui avait été oublié ?*

— Non, bien au contraire ! Bien que parfois on puisse récupérer certains fragments du savoir perdu, on est le plus souvent impuissant. Ce que je dis, c'est que la mémoire sociale et culturelle a pour fonction de filtrer, non de tout conserver. Parfois nous approuvons ces filtrages (nous ne nous désolons pas d'avoir perdu les mathématiques mésopotamiennes, s'il y en avait, sauf lorsque nous sommes historiens des sciences) et parfois nous les considérons comme des censures, qu'elles soient le fait de l'Inquisition, des staliniens ou des sectaires du *politically correct* américain, qui cherchent à éliminer des manuels d'histoire tout ce qui peut apparaître comme une atteinte à telle minorité raciale par exemple. En tout cas, la fonction de la mémoire, qu'elle soit individuelle ou collective, n'est pas seulement de retenir mais aussi de filtrer.

— *La culture est donc faite de mémoire, mais aussi d'oubli...*

— Il s'agit d'une dialectique très délicate, d'un équilibre difficile. Commençons par la mémoire. Il n'y a pas de survie sans mémoire. Si on vous donnait un grand coup sur la tête et que les aires du cerveau qui président à votre mémoire s'en trouvent endommagées, vous n'auriez plus d'identité. Les sociétés ont toujours compté sur la conservation de la mémoire pour les mêmes raisons. À commencer par le vieillard de la tribu qui le soir, sous un arbre, racontait les exploits de ses ancêtres. Il transmettait ces légendes aux jeunes générations, et c'est ainsi que le groupe maintenait son identité. Chaque civilisation trouve son identité lorsqu'un grand poète compose son mythe fondateur. Et lorsque, dans une société, une censure quelconque efface une partie de la mémoire, elle connaît une crise d'identité. De la même façon, je le répète, lorsque par un excès de *political correctness* on élimine des manuels d'histoire le voyage de Christophe Colomb parce que parler de « découverte de l'Amérique » serait faire injure aux autochtones, la mémoire se trouve amputée, aliénée. La mémoire doit être respectée, même lorsqu'elle est cruelle.

— *Mais vous avez dit que la mémoire était l'art de conjuguer le souvenir et l'oubli...*

— Oui. Se souvenir c'est trier. Si je me souvenais de tout ce qui s'est passé hier, si j'étais comme Funes de Borges...

— ... *qui se souvient de chaque feuille de chacun des arbres qu'il a vus dans sa vie, de chaque lettre de chaque phrase de tous les livres qu'il a lus...*

— ... je serais perdu. Funes, vous vous en souvenez, ne peut plus ni agir ni même bouger... Ce qui caractérise la transmission de la mémoire, c'est le filtrage. Et avec le filtrage, la généralisation. Je viens de rentrer d'un voyage à Istanbul, je garde dans ma mémoire plusieurs souvenirs. Mais si j'essayais de raconter tout ce qui m'est arrivé pendant ce voyage, je m'apercevrais que j'en ai déjà oublié la moitié. J'ai laissé s'évanouir, et heureusement, tout ce qui ne me semblait pas digne d'attention. Et j'ai généralisé, j'ai fait des abstractions. Je conserve en mémoire des détails, très précis, mais aussi des impressions floues. Je me souviens par exemple que j'ai pris plusieurs taxis. Si je me souvenais de chacune des courses que j'ai faites à travers la ville, ce serait un bagage très encombrant. Je me souviens seulement de deux d'entre elles, d'un chauffeur qui ne savait pas trouver un certain endroit, et d'un autre qui a évidemment triché sur le prix, ce dont je me suis rendu compte après. Mais c'est tout. Il arrive sans doute, pendant une psychanalyse, que l'on puisse repêcher dans l'inconscient des choses qu'on avait mises de côté et qui n'avaient pas été éliminées. Mais l'inconscient sert justement à ça, c'est une poubelle dans laquelle on jette ce qui ne nous sert pas sur-le-champ. Or, la culture, la société font la même chose. Ce serait fou si un livre d'histoire romaine avait retenu tout ce que Jules César a fait le jour de sa mort, avant de se rendre au Sénat.

— *Et c'est en cela que résidait la maladie de Funes : il ne pouvait rien éliminer.*

— Ici je vous arrête parce que Internet, ou le World Wide Web, est déjà (ou sera bientôt) un immense Funes. Jusqu'à présent la société avait filtré pour nous, à travers les manuels et les encyclopédies. Avec le Web, tout le savoir, toute l'information possible, même la moins pertinente, est là, à notre disposition. Alors question : qui filtre ? J'utilise sur Internet deux moteurs de recherche nommés Altavista et Yahoo. La grande différence entre eux, c'est que Yahoo est encore d'une facture artisanale et filtre les informations. Altavista, au contraire, vous donne tout sans rien trier. Imaginez que vous cherchiez des renseignements sur la culture du café. Si vous demandez *café* sur Yahoo, il peut vous donner des informations filtrées (c'est le cas de le dire !) à propos de tous les sites où l'on parle effectivement du café de manière scientifique. Altavista, au contraire, vous donne la liste des quatorze millions de sites où le mot café est utilisé. Or le programme destiné à s'imposer demain, c'est plutôt Altavista, et non Yahoo, et notre société se prépare à avoir une tête électronique construite sur le modèle de celle de Funes, *el memorioso.* Or l'incapacité de filtrer, c'est l'impossibilité de discriminer. Pour moi, quatorze millions de sites, c'est comme s'il n'y avait rien, parce que je suis dans l'incapacité de choisir. Dans le futur, cette mémoire de tout ce qu'on a dit sur le café va m'accabler. Nous avons agrandi nos capacités de stockage de la mémoire, mais nous n'avons pas encore trouvé le nouveau paramètre de filtrage.

— *Vous êtes partisan d'une réhabilitation de l'oubli ?*

— Dans une certaine mesure oui, mais vous touchez à un point délicat. J'ai écrit autrefois un petit essai mi-rigolo, mi-sérieux (j'évoque aussi ce problème dans *Le Pendule de Foucault*) sur la possibilité de mettre en œuvre un *ars oblivionalis,* un art de l'oubli. On s'est aperçu très tôt qu'il était impossible d'inventer une technique pour oublier, parce qu'il est impossible d'oublier volontairement. Il y a même dans les arts mnémotechniques de la Renaissance, dans la *Plutosophia* de Gesualdo, un chapitre sur les moyens d'oublier qui est tout à fait risible. En général, l'oubli est accidentel et involontaire. Il peut être favorisé par l'excès d'information. Si, au cours d'une réception, on vous présente cinquante personnes, vous aurez très vite oublié leurs noms. Cela signifie que l'oubli a partie liée avec le hasard, qu'il ne peut pas être programmé. Si je veux me souvenir de votre nom, je commence par me le répéter plusieurs fois, et cela marchera peut-être. Mais si je veux l'oublier et que je répète intensément que je le veux, je suis certain de m'en souvenir. Moralité : en face du Web, vous ne disposez ni de règle pour sélectionner l'information ni de règle pour oublier ce qui ne mérite pas d'être conservé. Vous ne disposez de certains critères de sélection que dans la mesure où vous êtes intellectuellement préparé pour affronter l'épreuve de surfer sur le Web. Je m'explique.

L'été dernier, j'étais à la campagne sans ma bibliothèque et j'avais besoin de renseignements sur Emmanuel Kant. J'ai activé le Web, et j'ai trouvé une quantité incroyable d'informations sur mon philosophe. Puisque j'ai une bonne culture philosophique, j'ai été capable d'éliminer les farfelus, les fanatiques, les sites qui produisaient seulement des informations niveau bac, et peu à peu j'ai pu sélectionner, disons, les dix sites qui donnaient une information valable. Mais je suis pour ainsi dire un spécialiste, j'ai derrière moi une vie d'étude... Alors pour les autres, tous les innocents qui cherchent sur le Web ce qu'il faut savoir sur Emmanuel Kant, que se passe-t-il ? Ils sont certainement plus perdus que le gosse d'un petit village qui ne trouve chez le curé qu'une vieille histoire de la philosophie écrite par un jésuite du XVIIIe siècle.

— *Votre position n'incite-t-elle pas à traiter avec indulgence une certaine censure idéologique, quelle soit religieuse ou politique ?*

— Personnellement, je ne cautionne pas ce type de censure. Mais je m'explique très bien que, en l'absence d'un parti ou d'une Église très forts, les gens aient recours aux sectes pour trouver une autorité qui se charge de filtrer les informations pour eux. La liberté de choix entre une multiplicité d'informations est positive pour les riches (je dis les riches du point de vue intellectuel, ceux qui sont capables de discrimination critique) mais non pour les pauvres. On va vers une nouvelle division des classes, non plus fondée sur l'argent mais sur la capacité d'exercer son esprit critique et de trier l'information.

— *Quelles solutions préconisez-vous face à cette mondialisation de la mémoire ?*

— Un certain apprentissage de la sélection pourrait constituer un premier élément de réponse. Une discipline tout à fait nouvelle, à inventer. Je prévois en attendant une situation inconfortable à laquelle nous devons nous préparer. En face d'une information totale, à la Funes, chacun fait son choix. Avant, on savait qu'il existait des choix privilégiés, disons le choix catholique, le choix marxiste, le choix réactionnaire, etc. On pouvait prévoir de quelle manière l'information serait sélectionnée selon que le texte de référence était la Bible, l'*Encyclopédie* de Diderot, *Le Capital,* le *Cours de linguistique générale...* À présent, chacun fait son choix de manière tout à fait inédite et imprévisible. Cinq milliards d'habitants sur la planète, cinq milliards de filtrages idéologiques. Le résultat risque d'être une société composée d'identités individuelles juxtaposées (ce qui me semble un progrès) sans médiation de groupe (ce qui me semble un danger). Je ne sais pas si une société comme celle-là aurait des chances de fonctionner. Il me semble qu'un peu de grégarisme est nécessaire...

— *Sans oublier que l'individu, pour mettre en ordre sa vision du monde, réclame des critères, une hiérarchie.*

— Absolument ! Personne n'est capable dans sa vie personnelle de construire ces critères. C'est pour cela que nous acceptons le filtre de la mémoire collective. Parce qu'elle nous aide. Imaginez qu'on nous demande d'oublier tout ce que nous avons appris sur l'astronomie. Chacun de nous, au cours de sa vie, aurait le devoir de reconstituer le système planétaire en observant la course du soleil : ce serait insensé ! Nous avons besoin qu'une culture précédente ait filtré ces connaissances et nous ait donné une description cohérente du système planétaire. Qu'elle soit fausse, à la limite, n'est pas grave. Nous avons vécu tranquillement pendant des millénaires en faisant confiance au système de Ptolémée : la terre a continué à tourner et nous n'en sommes pas morts. Les choses allaient à peu près. Depuis Galilée, on a compris quelque chose de plus, qui nous a finalement permis de faire les grandes découvertes et enfin d'aller sur la lune. Mais on avait très bien pu vivre avec un système faux, à partir du moment où il était cohérent. On l'acceptait de génération en génération en faisant de petites critiques marginales, en rajoutant des épicycles... Impensable de demander à chaque être humain de construire un tel système au cours de sa vie ! Aujourd'hui, même si l'on donnait à chacun de nous la totalité du savoir mémorisé, même si l'on imaginait qu'au milieu de ce labyrinthe chacun soit capable de se constituer sa propre mémoire, celle-ci serait toujours inférieure à la mémoire sociale et nous aurions une société avec cinq milliards de mémoires insuffisantes. Autant dire une société qui parlerait cinq milliards de langues différentes, mais chacune serait un pidgin !

— *Ce serait la Tour de Babel !*

— C'est bien pis ! Je veux dire quelque chose de très cruel sur les autodidactes. J'ai connu de grands artistes et de grands intellectuels qui étaient autodidactes. On trouvait parmi eux de véritables génies, mais il leur manquait toujours quelque chose. On découvrait qu'ils savaient tout, disons, sur Cervantès, mais ils ne savaient pas dans quel siècle situer, disons, Lope de Vega. Tandis qu'un type qui avait fait des études régulières, même s'il ne savait presque rien sur Lope de Vega, savait au moins le situer. La force de l'éducation régulière, avec ses filtrages parfois draconiens, est de nous fournir une sorte de tableau de Mendeleïev, des casiers où situer nos connaissances au fur et à mesure que nous les absorbons. La Tour de Babel, c'était des gens qui parlaient soixante-dix langues différentes : avec de bons traducteurs on s'en sort. Mais le Web peut devenir une Tour qui produira des millions d'encyclopédies différentes.

— *Une civilisation s'élabore à partir de quelques propositions communes...*

— Je voudrais vous donner un exemple peut-être un peu extrême, mais qui me semble éclairant. Quelle est, dans le cadre de l'historiographie contemporaine, la différence entre un révisionniste et un négationniste ? Le révisionniste est d'accord en gros avec le jugement de la collectivité sur ce qui s'est passé, mais entend corriger des détails. Pour lui, il n'y a pas eu six millions de morts dans les camps, mais cinq millions et demi ; ou bien il conteste le fait qu'il y ait eu des chambres à gaz dans tel camp, etc. Il existe même une historiographie révisionniste qui ne concerne pas la Shoah mais d'autres événements, par exemple la guerre d'Espagne. Le révisionniste ne nie pas ce qui s'est passé, ni les responsabilités de Franco, mais simplement il veut évaluer différemment son rôle, il soutient par exemple que Franco n'était pas fasciste mais seulement anticommuniste... Il peut discuter à l'infini, sur la base de faits et de critères qui sont acceptés par les deux parties en cause.

Le négationniste, au contraire, est celui qui a « révisionné » l'histoire de la Seconde Guerre mondiale dans son ensemble. Il ne reconnaît pas le jugement de la collectivité : il le nie catégoriquement. Il nie l'existence des chambres à gaz. Si la collectivité lui soumet des documents, il décide que sa façon de valider les documents n'est pas la sienne. Selon lui, soit la collectivité se trompe, soit elle est manipulée. C'est-à-dire qu'il lie d'une façon personnelle tous les éléments d'information qui circulent dans l'encyclopédie historique, il en laisse tomber quelques-uns, donne plus d'importance à d'autres ; il ne suit pas les critères collectifs, il suit ses propres critères. Or, cette logique perverse, qui reste celle d'une minorité de fanatiques, pourrait un jour devenir la logique du Web. Chacun produirait ses propres critères pour sélectionner l'information. C'est l'histoire à la carte... Le jour où toute norme commune disparaîtra parce que chacun pourra inventer sa propre lecture des événements historiques et scientifiques, il ne restera plus aucune base commune pour étayer notre aventure collective...

— *Pour revenir à la question de la mémoire, se pose aussi aujourd'hui le problème du stockage, de la conservation d'une mémoire de plus en plus lourde.*

— Supposons que, malgré le Web, on parvienne à maîtriser une mémoire standard dans un format accessible : une encyclopédie des encyclopédies. Comment la conserver pour les générations futures ? Sous forme de livre ? Non, c'était possible à l'époque de Diderot, mais pas un demi-siècle après. Tout simplement parce que vers la moitié du XIXe siècle on a cessé de fabriquer le papier avec du chiffon et qu'on a commencé à le faire à partir du bois, de la cellulose. Ce qui pose le problème du facteur d'acidité. Bref, un incunable imprimé au XVe siècle est encore frais comme s'il sortait de l'atelier de typographie, tandis qu'un livre actuel a une espérance de vie moyenne de 70 ans — sans parler des ouvrages des années 1940-1950 qui sont déjà littéralement en miettes, comme des hosties ! Comment sauver, je ne dis pas l'information qu'on trouve sur Internet, mais celle de nos librairies ? Par le microfilmage ? Ce serait très coûteux ; il faudrait ouvrir chaque livre page par page et il y a des bibliothèques qui possèdent des millions de livres... Et même si l'on parvenait à microfilmer toutes ces pages, on peut supposer que ces œuvres seraient largement soustraites à la lecture publique et réservées aux savants qui auraient le courage de lire des microfilms. Deuxième solution, le sauvetage chimique. Très coûteux lui aussi, et nécessitant un traitement page par page... Troisième solution : le *scanning* et la transposition sur un support magnétique. Mais nous n'avons pas la garantie que le support magnétique soit éternel, au contraire, on sait qu'il est plus fragile que le support papier — il faudrait alors établir des échéances pour retransférer l'information sur un support plus « frais »...

Enfin, même si l'on décidait de recourir à ces techniques-là, on ne pourrait jamais traiter tous les livres, il faudrait faire un choix. Qui fera ce choix ? Comment sera choisi le comité qui en sera chargé ? Qui osera décider que Dupont va survivre et que Dupond sera éliminé ? Il ne pourrait s'agir, de toute façon, que d'un filtrage artificiel. Le vrai filtrage de la mémoire dont je parlais tout à l'heure suit le rythme des saisons et des générations ; c'est une société entière qui discute et décide finalement de ce qui doit survivre. C'est cela qui m'empêche de dormir, pas la fin du monde annoncée pour les premiers jours de l'an 2000 !

Le mythe de la table rase

— *Ne craignez-vous pas que l'accumulation de toutes ces mémoires nous empêche d'inventer de nouvelles manières de penser ?*

— Au contraire ! Elles nous servent peut-être à conserver encore quelques points de repère, à ne pas sombrer dans l'illusion de la nouveauté absolue. Il n'y a jamais de nouveauté absolue. Vous ne pouvez pas transformer radicalement la langue française d'un jour à l'autre, et même si vous pouviez le faire, les autres ne seraient pas capables de vous suivre. Vous pouvez seulement faire le boulot normal que font les artistes et les écrivains, inventer un nouveau mot, une nouvelle construction syntaxique, et peut-être alors, dans un siècle ou deux, s'apercevra-t-on qu'il y a eu un changement. Mais ce changement ne pourra s'établir que dans la mesure où, dans les écoles, on aura continué à enseigner la grammaire traditionnelle. Il est vrai que les surréalistes, par exemple, ont proposé abruptement un nouvel usage de la langue française : mais que se serait-il passé si, dans les écoles, on avait enseigné le français des surréalistes sans référence aucune à un usage traditionnel de la langue française ? Si on nous proposait tout à coup une nouvelle vision du monde qui porte sur l'ensemble du savoir dans sa globalité, nous serions incapables de l'assimiler. La connaissance, ou la science, est réformiste, elle n'est pas révolutionnaire. Elle procède par changements discrets, par petites touches ici et là, gardant tout le reste en équilibre. La part novatrice de la science et de l'art doit toujours composer avec leur part conservatrice. Il n'y a pas de révolution d'Octobre dans la science, pas de table rase.

— *À la fin de ce siècle, on a tout de même le sentiment que nous vivons une remise en question générale de tous les savoirs hérités des siècles précédents...*

— Vous avez l'impression que l'on scie la branche sur laquelle vous êtes assis : mais vous limitez votre pensée à un certain niveau d'analyse. Les bouleversements idéologiques sont considérables, je ne le nie pas, cependant personne n'a encore mis en doute la composition chimique de l'aspirine ! On nous laisse entendre que le big-bang n'a peut-être jamais eu lieu, mais personne ne conteste que le système solaire soit organisé comme les astrophysiciens nous l'ont enseigné.

— *Mais n'avons-nous pas plus de doutes que dans les autres siècles ?*

— Je n'en suis même pas sûr. Le XVIIe siècle avait plus de doutes que nous ! Pour les intellectuels européens, d'un point de vue astronomique, mathématique, chimique, médical, tout un monde s'écroulait... Ce n'est pas par hasard si l'art et la littérature se sont mis à devenir baroques, si les architectes ont commencé à construire des espaces et des murailles qui n'ont pas l'air de pouvoir tenir debout. Une différence pourtant avec ce qui nous arrive aujourd'hui : cette désillusion n'affectait qu'une petite classe de savants et d'intellectuels. Les paysans et les prêtres ignoraient, volontairement ou non, l'étendue des dégâts dont les savants s'étaient rendus coupables vis-à-vis de l'ordre ancien. Il y a eu, à l'évidence, des siècles moins bien lotis que le nôtre.

— *Mais on pouvait encore croire que le ciel avait toujours existé, que les nuages étaient immortels, que l'océan battrait éternellement les rochers. Il semblait y avoir quelque chose de permanent.*

— Mais aujourd'hui aussi ! Un certain nombre de certitudes emportent toujours l'adhésion du plus grand nombre. Laissons en dehors de nos statistiques les sectes révolutionnaires et les fous. Nous savons que notre manière de construire les maisons est valable à partir du moment où elles restent debout un certain nombre d'années, et que seuls les tremblements de terre peuvent les jeter à terre. Et personne n'a encore songé à proposer de nouvelles règles de solfège...

— *Stephen Jay Gould nous a rappelé qu'au* XVIII*e siècle les savants se sont aperçus qu'on ne devait plus calculer l'histoire du monde en milliers d'années mais en millions, voire en milliards...*

— Voyez donc ! Notre siècle n'est pas le seul à avoir connu des secousses dans le bâtiment du savoir. Certes, chez nous, tout marche plus vite. À la fin des années 1950, je travaillais dans une maison d'édition qui publiait un livre de vulgarisation sur l'histoire des inventions. Je me souviens d'avoir mis en page des légendes où on disait que l'homme existait depuis 40 000 ans. Gould parle à présent de 200 000 ans. Elle va vite, la connaissance !

« Si j'étais un éléphant, j'aurais des défenses »

— *Jean-Claude Carrière a attiré notre attention sur la disparition de certains temps grammaticaux. Y voyez-vous, comme lui, le signe d'un changement d'époque ?*

— J'ai beaucoup apprécié son analyse des temps verbaux. Je suis particulièrement sensible au problème de l'existence ou non de l'imparfait dans des langues différentes. Je m'occupe depuis quarante ans de *Sylvie,* le chef-d'œuvre de Gérard de Nerval, qui est le texte de ma vie, et j'ai fait récemment plusieurs expertises des traductions anglaises. Or, *Sylvie* est fondé sur le passage continuel du passé simple à l'imparfait, et inversement. Comment rendre cette oscillation en anglais, une langue qui ne possède pas d'imparfait ? Jean-Claude Carrière en donne un exemple : « Je lui disais » se dit en anglais « *I was telling him* », et non « *I told him* » qui est un passé simple : « *Je lui dis* ». La « durativité » et l'« itérativité » de l'imparfait, l'anglais les récupère non pas du point de vue morphologique en conjuguant le verbe, mais à l'aide d'une construction syntaxique différente. C'est pourquoi même les langues sans imparfait sont capables de rendre cette temporalité un peu floue dont Proust a tellement usé.

Le problème du subjonctif me paraît plus inquiétant. Il y a plusieurs langues où il est en passe de disparaître. En français, vous n'employez plus ces très beaux verbes qui finissent en *eussent* ou *assent.* Une fois, dans une soirée, je me suis risqué à en employer un, l'occasion s'y prêtait, et on m'a regardé comme si j'étais un phénomène de la nature ! En italien aussi, on l'utilise de moins en moins, mais on dit encore « *se io andasi* » au subjonctif. En français on le traduit par « si j'allais » et non « si j'allasse », comme en bon français du XVIIIe siècle. On emploie l'indicatif, le subjonctif a disparu. En anglais, le subjonctif est encore employé mais pas par les immigrés récents. Les nouvelles générations sont en train de perdre toutes les nuances que marque le passage du subjonctif au conditionnel.

— *Mais pourquoi la perte du subjonctif vous paraît-elle si grave ?*

— Parce que le subjonctif est seul à exprimer le temps de l'hypothèse et du possible, du non-réel. « Si j'allais à Paris ce soir, j'irais à la Comédie-Française. » « Si j'allais » doit être reconnu comme un subjonctif. En fait je n'y vais pas, mais je pourrais y aller. Si cette condition était donnée, alors, comme dit le conditionnel qui suit, *j'irais* à la Comédie. Le subjonctif suspend ma pensée dans le virtuel. Il a aussi un aspect fondamental dans certains exercices de logique, que l'on appelle le conditionnel contra-factuel. Si j'étais un éléphant, j'aurais des défenses. Cette proposition reste vraie, même si je ne suis pas un éléphant. Il faut le subjonctif pour souligner cette potentialité. Une maîtrise du subjonctif permet d'établir dans le discours une distinction entre ce qui est virtuel et ce qui est réel. En ce sens, la disparition du subjonctif risque de diluer encore plus cette différence. J'exagère peut-être, mais je me demande si cela ne correspond pas à notre tendance, à l'ère informatique, à confondre de plus en plus le virtuel avec le réel.

Un chansonnier italien très drôle, Beppe Grillo, une sorte de Savonarole qui tonne contre la civilisation contemporaine, a dit récemment : « Imaginez-vous qu'il y a des gens qui se masturbent par téléphone avec une carte de crédit en écoutant une voix qui vient du Wyoming alors que, s'ils regardaient sur le palier d'en face, ils verraient une fille qui n'attend qu'un signe depuis des années ! » On atteint un point extrême de confusion entre virtuel et réel, s'il est sexuellement plus excitant de se masturber avec une carte de crédit que de faire un signe à la fille d'en face. Je ne veux pas faire le moraliste et dire qu'il s'agit d'une tragédie de notre temps. Il y a eu d'autres époques où les limites entre l'imaginaire et le réel étaient très minces. Les Grecs et les Romains mêlaient la réalité et la fiction sans ligne de démarcation, ils voyaient des dryades et des naïades dans les fleuves et les cascades. Les gens du Moyen Âge voyaient des licornes dans la forêt, et ils croyaient si fort aux sorcières que les sorcières ont réellement existé... Mais enfin, la modernité nous avait habitués à fixer une ligne de démarcation entre l'imaginaire et le réel.

— *Êtes-vous de ceux qui pensent que les gens en*

arrivent parfois à ne plus percevoir la différence entre une réalité virtuelle et une réalité « réelle » ?

— C'est encore plus compliqué que cela. Écoutez. Une de mes étudiantes a écrit un article sur un phénomène japonais : c'est une femme qui s'appelle Yoko et qui est devenue une vedette célèbre au Japon. Or Yoko n'existe pas : elle a été produite sur ordinateur, par collage d'éléments censés représenter l'optimum de la grâce chez une jeune fille de vingt ans. Yoko passe à la télé, bavarde avec les autres invités... Les gens disent que parfois, lorsqu'elle danse, on sent qu'elle n'est pas tout à fait réelle... Mais somme toute elle peut très bien passer pour une fille réelle. Et elle est très populaire, beaucoup de gens lui écrivent. Or je prétends que, hormis quelques fous, tous ces gens savent très bien que Yoko n'existe pas, mais qu'ils ont décidé de la prendre au sérieux, de « faire comme si ». Je préviens votre objection : n'avons-nous pas des stendhaliens qui discutent dans leurs symposiums comme si Mathilde de la Môle ou la Sanseverina étaient des créatures réelles ? Les fans de James Joyce ne vont-ils pas à Dublin suivre rue par rue le parcours de Leopold Bloom le 16 juin 1904 ? Oui, d'accord. Et pourtant, ce qu'on appelle le virtuel n'est pas ce qu'auparavant on appelait l'imaginaire collectif (ou romanesque). La preuve en est que personne n'a jamais écrit de lettres à Molly Bloom (ni au Petit Chaperon Rouge, d'ailleurs), mais on écrit à Yoko. Je crois que la crise du subjonctif a quelque chose à voir avec tout cela.

— Le problème de la violence à la télévision n'entre-t-il pas dans le même cadre ?

— Non, là il ne s'agit plus d'une confusion entre le virtuel et le réel, mais du problème de l'imitation.

Tout le monde sait que s'il y a deux suicides à la une des journaux, il y en aura un troisième le lendemain. Un bonze qui s'arrose d'essence et se fait flamber sur la place publique aura certainement plusieurs émules... La violence télévisée peut séduire et engendrer une certaine violence mimétique. Mais dans la mesure où elle se donne pour réelle, ou du moins pour réaliste, elle ne risque pas de nous induire en erreur, de nous faire croire qu'elle n'a pas de conséquences. Or il existe une autre forme de violence qui, elle, est virtuelle, qui séduit nos enfants depuis des années, et qui me paraît très inquiétante. C'est la violence contenue dans les dessins animés où l'on voit des personnages (comme Tom et Jerry par exemple) tomber d'un gratte-ciel, être écrasés par un poids lourd, être réduits en miettes ou s'aplatir comme une feuille de papier, et deux secondes plus tard se relever comme si rien ne s'était passé, sans qu'aucune des mille morts qu'ils ont eu à endurer ait eu la moindre conséquence. La voilà, la véritable confusion entre le virtuel et le réel ! On la rencontre aussi, à plus forte raison, dans les jeux vidéo, où l'on tue des personnages qui ressuscitent aussitôt pour pouvoir mourir de nouveau.

— *Lorsqu'on est un personnage public, comme vous l'êtes, n'entre-t-on pas aussi, d'une autre manière, dans le monde virtuel ?*

— Il ne faut rien exagérer ! Ma célébrité n'a rien à voir avec celle d'une vedette du cinéma ou de la télé, ou celle d'un acteur qui peut être confondu avec ses personnages. Les gens ont pu voir ma photo sur la couverture d'un livre ou dans un journal, et il m'est arrivé, en tant qu'écrivain, de passer quelquefois dans l'émission de Bernard Pivot, voilà tout. Cependant, c'est vrai, cette modeste notoriété m'a procuré quelques expériences curieuses auxquelles j'ai déjà consacré un article.

S'il arrive donc que des gens me reconnaissent dans la rue, dans un train ou dans un bar, je les entends parfois converser entre eux à haute voix : « Regarde là-bas, c'est Umberto Eco ! » Ils font cela juste au moment où ils passent à côté de moi et ils savent parfaitement que je les entends. Mais bizarrement, ils n'ont pas l'impression d'être mal élevés, ils ne sont pas gênés par le fait de parler de moi devant moi. Or, cette attitude va à l'encontre de toutes les règles qu'ils ont apprises dans l'enfance (on ne montre pas du doigt le monsieur, on ne parle pas de son drôle de chapeau s'il peut nous entendre, etc.). Ils se conduisent donc comme avec un personnage qui leur semble à la fois réel et imaginaire, un personnage réel qui a quelque chose en commun avec des personnages imaginaires. Mais attention ! Il s'agit là du phénomène inverse de celui de Yoko. Là, un personnage — inventé et donc non réel — est considéré comme réel. Ici, un personnage — que l'on sait réel, connu à travers les médias — est traité comme s'il était irréel, une pure image. D'une certaine façon, être médiatisé, c'est en effet déjà appartenir au monde virtuel.

Le temps de la repentance

— *Parlons un moment du siècle qui va s'achever. En quoi est-il différent de ceux qui l'ont précédé ? Avant tout, notre siècle n'aura-t-il pas été le plus meurtrier de toute l'histoire ?*

— Je vais donner l'impression d'aller systématiquement à contre-courant, mais je ne pense pas que, malgré ses grands crimes, la Shoah, l'apocalypse nucléaire, la guerre bactériologique, notre siècle ait été plus meurtrier que les autres. On a tué plus de gens dans les siècles passés, avec plus de désinvolture, moins de remords, plus de banalité. Si vous examinez le chiffre de la population mondiale à certaines époques, vous constaterez que les pogroms antijuifs lors de l'entrée des croisés à Jérusalem, par exemple, ont constitué, proportionnellement, des massacres encore plus épouvantables que ceux du XXe siècle. Ce qui nous frappe dans les massacres de notre siècle c'est leur organisation industrielle, le fait que l'on trouve encore des gens qui prétendent qu'ils n'en savaient rien, qu'ils n'ont pas eu de responsabilité directe, qu'ils ont seulement signé un document. Les massacres du passé exigeaient une cruauté plus directe, il fallait plonger ses propres mains dans les entrailles de quelqu'un, se couvrir de sang. Donc nous avons connu dans ce siècle une cruauté différente, j'oserais dire une cruauté plus lâche, sans grandeur. Mais c'est tout. Shakespeare n'a pas attendu notre époque pour définir la vie comme « *a tale told by an idiot, full of sound and fury* », « une fable pleine de bruit et de fureur, racontée par un idiot ». Franchement, je ne puis me convaincre que la Saint-Barthélemy fut moins cruelle qu'un bombardement au napalm.

En revanche, et j'irai à contre-courant une fois de plus, je voudrais affirmer que notre siècle a été plus moral que beaucoup d'autres. Avoir un sens moral ne signifie pas que l'on évite de faire le mal : cela signifie que l'on sait que tel acte est mauvais et qu'il vaudrait mieux ne pas le commettre. En ce sens, l'hypocrisie est une constante de la conscience morale, car elle consiste à reconnaître le bien et à l'apprécier, même si, par ailleurs, on est en train de faire le mal. Eh bien, notre siècle a été peut-être hypocrite mais il a été également moral. C'est en ce siècle que s'est développée pour la première fois une solidarité à l'échelle planétaire. Même quand on ne la pratique pas, on la ressent comme un devoir. C'est ainsi par exemple que les grands rites du remords moderne témoignent de cette prise de conscience générale. Autrefois, on massacrait et on ne se repentait pas.

— *Une des sources de l'angoisse contemporaine ne gît-elle pas aussi dans ce sentiment que l'humanité est en situation de s'autodétruire ?*

— Notre siècle médite sur ses grands crimes passés. Je crois que tout le monde est prêt à admettre que l'exploitation des enfants ou le génocide sont des crimes. Cependant la grande menace du futur, je veux dire cette possibilité que nous avons pour la première fois dans l'histoire de l'humanité de détruire la planète, est un sujet qui donne lieu à de nombreuses interventions dans les médias, mais qui ne semble réellement troubler le sommeil de personne. Qui d'entre nous, par exemple, est prêt à renoncer à son automobile ? J'ai donc l'impression que cette formidable repentance à laquelle se livre notre siècle est un alibi pour nous éviter de prendre nos responsabilités face aux menaces qui pèsent sur notre avenir. Il n'y a pas, sur ces problèmes, de réflexion générale.

— *Vous semblez plus soucieux du problème écologique que du péril nucléaire...*

— Nous nous sommes aperçus qu'une catastrophe atomique ne serait pas rentable, c'est pourquoi les États responsables font de leur mieux pour réduire le risque d'une guerre nucléaire. Pour le reste, il faut faire confiance au bon sens des hommes d'État (je dis cela avec un certain fatalisme, bien que j'aie participé dans les années 1950 et 1960 aux grandes luttes contre l'armement nucléaire). Pourtant le président américain, alors qu'il semble faire de son mieux pour limiter les risques d'un conflit nucléaire, encourage et dope chez lui l'activité industrielle qui menace nos équilibres écologiques. Il ne me semble pas que l'humanité ait encore pris conscience des vrais enjeux. À moins qu'on ne poursuive des objectifs symboliques. Partout, aux États-Unis, on bannit les fumeurs, mais je crois que ceux qui meurent d'infarctus à cause de leur obésité sont plus nombreux que ceux qui meurent d'un cancer du poumon...

— *Voyez-vous dans cette nonchalance un comportement suicidaire ?*

— Le suicide personnel est une expérience que chacun d'entre nous est en mesure, plus ou moins, de concevoir. Même si je n'ai aucune intention de me suicider, je saurais très bien comment m'y prendre. Parler de suicide à l'échelle de la planète suppose l'existence d'une volonté collective. La destruction de la planète ne serait pas a priori un acte volontaire, mais une conséquence tragique de notre manière de transformer la nature sans négocier avec elle. Un accident, non un suicide.

Pour une éthique de la négociation

— *L'animal doué de raison porte en lui cette capacité de transformation et donc de destruction du monde au sein duquel il évolue...*

— Le processus de destruction de l'environnement a commencé avec l'invention du feu et, plus loin encore, avec le premier coup porté sur un silex pour en modifier la forme. Dès que l'homme agit sur le monde, il le déforme et, lentement, il le détruit. Donc je suis opposé à tout écologisme radical, selon lequel on devrait même éliminer l'homme, pourvu que l'on sauve Gaïa, la terre. La terre c'est la planète, plus les espèces qui y vivent ; aussi bien les abeilles qui construisent leurs ruches que les hommes qui construisent leurs gratte-ciel. Bien entendu, la différence entre elles et nous est évidente : la planète a eu des millions d'années pour s'habituer aux constructions des abeilles, tandis que nous autres, nous changeons nos techniques à chaque saison et avons la fâcheuse tendance à ne jamais nous arrêter. Notre problème est donc de pactiser avec la terre. Puisque nous avons besoin d'elle (on ne peut pas changer de véhicule) nous devons tester jusqu'à quel point elle peut nous supporter. Donc il faut négocier. Avec elle, avant tout, et entre nous.

C'est bien de ne pas sentir la transpiration grâce aux déodorants aérosols, mais si les aérosols produisent un trou dans la couche d'ozone, il faudra trouver un autre moyen d'éviter les mauvaises odeurs. Je donne un exemple simple, chacun sait que dans ce cas on est parvenu à négocier le remplacement de l'aérosol par le stick, et qu'on est ainsi peu à peu parvenu à se mettre d'accord.

— *Pouvez-vous donner un exemple de négociation non aboutie ?*

— Tout le reste ! Les voitures à essence, par exemple. C'est évident qu'elles nous tuent (non seulement la terre, mais nous-mêmes). Un tel constat exigerait qu'on passe sans attendre à la voiture électrique. Rien de plus simple en apparence : les clients renoncent à la vitesse, les producteurs à leurs bolides puissants et coûteux, et l'univers entier de l'industrie du pétrole entame sa reconversion... Mais cela reste de la science-fiction. Personne n'est prêt à négocier. Prenez l'exemple de ces deux magnétophones *(Um-*

berto Eco désigne nos deux appareils enregistreurs posés sur la table basse, dans son salon) : ils ont été produits de façon à tomber en panne dans un délai très court, un an ou deux...

— *Après cette conversation, du moins nous l'espérons...*

— Il est également prévu qu'ils seront rapidement dépassés par les nouveaux modèles qui seront lancés dans six mois. Si ceux-ci se cassent, la réparation coûtera plus cher que l'achat. En fait, il n'y a aucune nécessité de produire de nouveaux modèles de magnétophone. Vous êtes content de celui-ci et il vous rend le service que vous attendez de lui. Et pourtant, pensez à ces milliards de vieux magnétophones qui viendront peser de tout leur poids sur l'équilibre écologique de la planète... Ce serait si simple de décider de produire des magnétophones qui dureraient vingt ans et plus ! Réunissons-nous autour d'une table, nous, ingénieurs, fabricants, consommateurs, et négocions intelligemment pour trouver une solution qui force le respect de tous. J'ai encore quelque part la vieille radio Telefunken que ma famille avait achetée en 1938 : il est donc possible de fabriquer des radios qui marchent pendant soixante ans. Pourquoi les radios actuelles se cassent-elles après un an ou deux, pourquoi leurs composants tombent-ils en miettes ?

— *Ceux qui conçoivent ces objets jetables ont sans doute une réflexion à trop court terme.*

— Nous voilà revenus au problème du Millennium Bug. En effet, les ingénieurs qui ont produit des ordinateurs incapables de franchir le cap de l'an 2000 considéraient leur invention comme inscrite dans le court terme, de même que toutes les inventions nées à la fin du XXe siècle. Pourquoi le principe de la courte durée, valable pour les ordinateurs régulièrement périmés du fait des nouveaux progrès informatiques, est-il aussi appliqué aux magnétophones ? Une négociation fondée sur le bon sens devra établir que toute décision ayant pour conséquence la diminution générale de la pollution doit être profitable pour tous, y compris pour le fabricant de magnétophones. Il est vrai que, dans l'immédiat, il risque de vendre moins de pièces détachées. Il nous les fera payer plus cher — maigre consolation, puisqu'elles seront plus robustes... Il est difficile de conclure une négociation de ce genre, qui exige des chefs d'entreprise un peu visionnaires.

— *Il est difficile de demander à un homme qui relève sa caisse tous les soirs d'être un visionnaire...*

— Une négociation de ce genre contrarie nos pulsions les plus élémentaires. Prenons le modèle de l'incendie. C'est un classique : le feu se déclare dans le théâtre et la foule se précipite vers les issues de secours. Puisque chacun s'efforce de sortir avant les autres, il se forme un embouteillage tel que 80 % des gens meurent. S'ils se mettaient tous en rang et adoptaient devant la catastrophe une attitude plus solidaire, ils sortiraient du théâtre en flammes l'un après l'autre, et presque tous en réchapperaient, avec un pourcentage de victimes, disons de 5 %. Pourquoi préférer un risque de 80 % à un risque de 5 % ? Pour des raisons élémentaires ; parce que chacun espère avoir la chance de son côté et faire partie de la minorité qui sera sauvée. C'est irrationnel, mais humain. Au moment précis où le danger est immédiat et mortel, le recours à la négociation semble impossible et chacun se croit plus malin que les autres. Donc, parmi les vœux que je peux formuler pour le siècle à venir, il y a cette espérance d'une nouvelle éthique de la négociation.

— *Peut-on espérer que l'économie mette au point une espèce de marketing de la survie ? Les industries seraient intéressées à produire des objets qui garantiraient le respect de l'environnement...*

— C'est possible, je ne suis pas totalement pessimiste. Dans certains cas, une réflexion intellectuelle et la pression moralisatrice des médias peuvent contribuer à changer le cours des choses. Ma génération ne respecte pas les arbres autant que les enfants d'aujourd'hui qui ont été éduqués en ce sens. Ils ont une attitude différente par rapport aux cigarettes, aux manteaux de fourrure, etc. Ici, en Italie, les gens sont prêts à faire l'effort de jeter leurs ordures dans trois poubelles différentes, une pour le plastique, une pour le papier, une pour le verre. En France ce n'est pas encore obligatoire, mais ce n'est qu'une question de temps. Ce sera difficile, il y aura encore des réticences, des déviations et des accidents, mais il est possible qu'un jour prochain on en arrive à décider qu'il vaut mieux payer plus cher pour avoir un magnétophone plus résistant... Après tout, il y a moins de cinquante ans que sévit cette folie de l'objet nouveau. On peut penser que nous deviendrons peu à peu une civilisation moins dispendieuse. Il n'est pas fatal que la tendance actuelle continue. Vous voyez, on revient à l'une de vos précédentes questions : nous devons désormais accepter l'idée que le progrès n'est pas linéaire.

— *Une société ne doit-elle pas déterminer un certain nombre d'interdits qui échappent à la négociation ?*

— Mais les interdits eux-mêmes sont le résultat de longues négociations ! L'interdit de l'inceste, par exemple, fut établi à partir du moment où l'on s'est aperçu que la consanguinité engendrait des conséquences néfastes — à moins qu'il ne se soit agi d'un caprice de Dieu... Même le prophète qui interdit à son peuple de manger du porc se prononce en fonction d'une négociation préalable. Cela ne veut pas dire que toutes les négociations aboutissent. Il n'y aurait jamais de divorces ni de guerres si la négociation triomphait toujours.

— En quoi le principe de la négociation vous paraît-il tellement central ?

— Dans mon dernier livre, *Kant et l'ornithorynque,* j'ai essayé d'analyser ce principe au-delà du domaine commercial, voire des questions politiques et morales. Je pense désormais que nous négocions sur le signifié même des mots et des énoncés que nous employons ; ainsi, notre façon même d'utiliser le langage pour parler du monde est fondée sur la négociation. Et peut-être y a-t-il de la négociation dans la façon dont nous reconnaissons des objets et des états du monde en tant que tels. Je parle à ce propos de réalisme contractuel. On peut même négocier sur la possibilité de dire : « Il pleut. » En principe, si je sors ma main par la fenêtre et que je la retire mouillée, j'ai une base empirique pour affirmer qu'il pleut, mais il faut encore négocier à l'intérieur d'un système météorologique général pour distinguer la pluie de la rosée, ou de l'arrosage des pots de fleurs du quatrième étage. On négocie aussi à propos du degré de tolérance dans la prononciation d'un phonème. Aujourd'hui, vous négociez avec moi pour me permettre de produire des phonèmes français, et vous les acceptez jusqu'à un certain point. Quant à moi, je dois faire un effort pour savoir que *nom* ne se prononce pas comme s'il était écrit *nome* mais comme s'il était écrit *non.* Plusieurs fois j'ai dit *nome,* mais comme nous sommes en négociation, vous l'avez accepté. Si vous étiez le directeur de la Comédie-Française, vous auriez réagi différemment...

— *Cela dépend pour quel rôle !*

— Hier soir, j'ai vu la mise en scène par Bob Wilson de *La Dame de la mer* d'Ibsen, adaptée par Susan Sontag. C'était en italien, mais les deux acteurs principaux, Philippe Leroy et Dominique Sanda, étaient français. Ils parlent italien, et pas mal, mais on entend qu'ils ne sont pas italiens, et donc l'effet risquait d'être un peu comique, un peu comme si vous jouiez *Phèdre* avec l'accent corse... Qu'a fait Wilson pour résoudre ce problème ? Il a pris d'autres acteurs, italiens ceux-là, et il les a tous fait parler d'une façon mécanique, un peu artificielle. Ainsi, Dominique Sanda parlait comme les autres. Cela m'est apparu comme un beau cas de négociation phonétique.

— *Diriez-vous que le XXᵉ siècle a favorisé l'émergence de nouvelles façons de penser ? Ou bien est-il avant tout celui du triomphe de la science ?*

— J'irai encore à contre-courant, mais je crois pouvoir dire, sans rire, que, mises à part l'énergie atomique et la télévision, toutes les grandes inventions que nous connaissons sont antérieures au XXᵉ siècle, au moins pour ce qui concerne leurs principes fondamentaux, y compris les ordinateurs (et naturellement la radio, l'électricité, l'aviation, l'automobile, etc.). Dès le XIXᵉ siècle on a pu entrevoir l'apparition d'une société fondée sur la technologie. La révolution technologique actuelle ne peut être appréciée que dans la continuité de ce que le XIXe siècle a initié.

En fait, la grande révolution de notre siècle n'est pas technologique mais sociale. Un nouveau type de relation entre les personnes est apparu avec notre siècle. Le simple fait que le racisme et l'intolérance soient aujourd'hui mal considérés en est la preuve. Il s'agit d'un renversement total des relations et des rapports humains. Au XIXe siècle, tandis qu'on inventait l'avion, l'automobile et l'électricité, les rapports entre pères et fils ou entre hommes et femmes étaient plus ou moins identiques à ce qu'ils avaient été au Moyen Âge. Les enfants travaillaient encore, à peu près autant qu'au XIIe siècle. L'éducation n'était accessible qu'aux riches. L'Occident avait déjà amorcé tout ce qui allait devenir le miracle technologique de nos sociétés, mais la société anglaise faisait le procès d'Oscar Wilde pour homosexualité. En fait, il n'y avait pas eu de réel changement dans les mœurs.

Aujourd'hui, le fait qu'un Noir puisse devenir le maire de New York est en soi l'indice d'un bouleversement social considérable. Le fait qu'à l'ONU, au moins en principe, la république de Bango-Bango ait les mêmes droits que les États-Unis est un phénomène typique de notre temps. Dans un autre ordre d'idées, le fait que l'on dénonce publiquement la pédophilie relève d'un sens plus mûr de la dignité de l'enfant qu'à l'époque de Socrate, qui était pédophile et ne s'en cachait pas...

— *Mais le souci des droits de l'homme est pourtant déjà en germe chez les philosophes du XVIIIe siècle...*

— La *Lettre sur la tolérance* de Locke est du XVIIe siècle. Mais Locke, comme les philosophes du siècle suivant, aborde la question de façon abstraite en excluant du débat toutes les personnes dont les opinions sont jugées dangereuses pour le bien de l'État. Voltaire était très tolérant, mais il avait investi sa fortune dans la traite des Noirs. Le saviez-vous ? Il n'est pas plus surprenant d'apprendre que Voltaire était un négrier que d'apprendre qu'un État européen moderne s'enrichit grâce au commerce des armes avec le tiers-monde. La différence est que la presse peut aujourd'hui pointer du doigt les contradictions de nos sociétés. Personne, à son époque, n'a eu l'idée de faire remarquer à Voltaire que son éloge de la tolérance s'accordait mal avec le trafic des esclaves. Il est vrai que le XIXe siècle est celui du *Manifeste communiste* de Marx et Engels. Mais justement, vous voyez qu'à l'époque il fallait un cri de révolte, une provocation inouïe, pour dénoncer les souffrances et proclamer les droits des travailleurs, alors qu'aujourd'hui ces valeurs sont devenues universelles et indiscutables — et peut-être trouve-t-on là une des raisons de la défaite du communisme : le marxisme serait entré en crise non pas — ou non pas seulement — parce qu'il a été mal appliqué à l'Est, mais aussi parce que ses revendications ne font plus scandale à l'Ouest.

— *Vous voyez donc émerger avec le XXe siècle un principe de solidarité ?*

— Les menaces globales qui pèsent sur nos vies nous ont sans doute rendus plus solidaires et nous ont donné le sentiment que nous étions embarqués sur le même bateau. Ce sentiment est absolument neuf. Le sens d'une égale dignité pour tous les hommes est nouveau, il n'existait pas au XIXe siècle. Mais naturellement, je le répète, le surgissement d'une nouvelle conscience morale ne correspond pas nécessairement à un nouveau comportement moral ; il y a toujours un décalage entre les valeurs proclamées et la pratique quotidienne. Pourtant, si l'on juge les civilisations à partir de ces décalages, on dira que le christianisme n'a pas changé la conscience morale de l'Occident puisque les gens ont continué à tuer leur prochain, à voler et à ne pas respecter la femme du voisin, etc.

— *Avec le mur de Berlin sont tombées les murailles idéologiques du XXe siècle. Notre société pourra-t-elle survivre sans idéologie ?*

— Elle ne vit pas sans idéologie, si on entend le terme dans son sens le plus large, comme un ensemble d'idées qui nous offrent une certaine vision du monde et des lignes d'action. Notre siècle a vu la chute des grandes idéologies qui impliquaient une certaine participation à la construction de la société. C'est là un élément de désarroi pour beaucoup de jeunes. D'où un certain retour aux religions, qu'elles soient officielles ou hérétiques, pour retrouver avant tout le sens de l'aventure collective. Prenons l'exemple du rassemblement des J. M. J. à Paris, à l'initiative du pape, pendant l'été 1997. Je ne crois pas qu'il ait été inspiré par un sentiment religieux profond. La moitié des jeunes gens qui se sont rendus à Paris auraient aussi bien participé à une autre manifestation. Mais ils ont trouvé là l'occasion de manifester leur adhésion à des idéaux acceptables et de vivre ensemble une certaine union fraternelle. D'ailleurs beaucoup de nos contemporains cherchent de nouvelles formes d'engagement dans le bénévolat, un phénomène important de cette fin de siècle. Mais tout cela reste insuffisant. On ne peut nier que la génération née dans les années 1960 actuellement traverse une crise très profonde. J'ai autour de moi des gens qui, entre trente et quarante ans, sont en passe de s'écrouler. Rien de ce qu'ils ont entrepris ne peut donner sens à leur vie. Ils n'ont pas non plus une raison supérieure, communautaire, qui les tienne au-dessus du vide. La crise est terrible. A-t-elle à voir avec l'an 2000 ? Réponse : non. Mais puisque l'an 2000 est là et invite à réfléchir sur le couchant du siècle, alors, bien sûr, profitons de l'occasion.

— *Le siècle est-il en quête de nouvelles utopies ?*

— Je dirais plutôt que notre siècle a peur des nouvelles utopies. Vous savez, je suis un lecteur passionné des utopistes classiques, de Thomas More à Charles Fourier, et je pense qu'avoir conçu ces utopies à une époque où elles ne pouvaient être réalisées a été philosophiquement ou politiquement intéressant. Le malheur de notre siècle est d'avoir voulu réaliser ces utopies et de la manière la plus scientifique possible. Les « villes radieuses » des architectes ont été des faillites, les sociétés parfaites du communisme ont fait long feu... Mais tout était déjà là chez nos utopistes. Relisez l'*Utopie* de Thomas More et essayez de l'imaginer réalisée : c'est *1984* d'Orwell. L'idée de vivre dans un monde comme celui-là est un cauchemar.

Le XXe siècle est le siècle de l'industrialisation de l'utopie. Ce qui rend la Shoah particulièrement horrible, c'est quelle fait partie d'un projet utopique global. J'ai parlé des pogroms pendant les croisades. Mais les croisés n'avaient pas de théorie, pas de plan d'extermination, ce qui les inspirait était un antijudaïsme primaire et un certain mépris de la personne humaine en général. Leurs petites expériences de génocide furent des accidents de parcours sur la route de Jérusalem, qui parfois découlèrent de simples nécessités de ravitaillement. Le génocide des juifs par les nazis au contraire fait partie intégrante du plan de réalisation d'une société parfaite, d'une société « purifiée ».

Optimisme tragique

— *Notre époque a vu la fin de l'espérance chrétienne, puis la fin de l'espérance laïque d'un avenir radieux... Avons-nous encore des raisons d'espérer ou faut-il renoncer à toute forme d'espérance ?*

— Toute ma position religieuse et philosophique peut être résumée par une formule d'Emmanuel Mounier, le « personnaliste » des années 1930, qui a eu une grande influence sur moi dans ma jeunesse : il parlait d'« optimisme tragique ». Nous vivons avec toute une série d'épées de Damoclès suspendues au-dessus de nos têtes. Nous nous attendons tranquillement qu'il y ait demain une guerre atomique entre le Pakistan et l'Inde, ou que la pollution tue dix millions d'Européens. Et pourtant ça marche, ça continue... Chez Mounier il y avait une espérance liée à la foi, ce qui n'est plus le cas pour moi. Mais je reste un adepte de l'optimisme spécifique qui consiste à mettre en œuvre de petites améliorations successives. C'est un optimisme fondé sur la confiance dans la communauté humaine. Pourquoi écrire des livres puisqu'on ne sait pas s'il y aura encore quelqu'un pour les lire dans mille ans ? Pourquoi faire des enfants puisqu'on ignore s'ils feront eux-mêmes des enfants, et ainsi de suite ? C'est pour cette raison que le risque de destruction planétaire est bien le risque majeur. Le pessimisme, bien plus tragique, commence en effet quand on pense que peut-être un jour il n'y aura plus d'êtres humains. Mais peut-être pourrait-on alors, comme le suggère Gould, placer notre espérance dans les bactéries...

— *Sommes-nous d'abord les héritiers d'une très*

longue tradition ou bien des primitifs à l'aube d'une longue histoire ?

— Nous n'avons dit jusqu'à présent qu'une seule chose : que notre identité est fondée sur la longue mémoire collective...

— *Yves Coppens, le paléontologue, parle du passage de la matière inanimée à la matière animée, puis de la matière animée à la matière pensante, et semble envisager autre chose, une autre étape...*

— C'est la théorie de Teilhard de Chardin sur le processus d'hominisation...

— *Pensez-vous que l'homme commence seulement aujourd'hui à savoir se servir de cet instrument formidable qu'est la pensée et à en mesurer les pouvoirs ?*

— Non, il l'avait déjà appris au temps de Touthmosis ! Nous avons prolongé la durée de la vie, produit de nouvelles prothèses chimiques qui donnent à l'homme une plus grande stature. Il y a aujourd'hui probablement plus d'esprits bien formés qu'avant. Le cerveau moyen d'un chauffeur de taxi est mieux entraîné que celui d'un paysan de l'ancienne Mésopotamie. De ce point de vue, oui, il y a un progrès, de la même façon que les athlètes d'aujourd'hui sont capables de battre des records qu'on n'imaginait pas pouvoir atteindre au début du siècle. Il y a un accroissement quantitatif des possibles. Mais regardez tout ce qu'Aristote a compris sans avoir les moyens et les encyclopédies dont nous disposons ! Il y a de quoi être impressionné par la capacité d'un seul cerveau ! La différence, c'est qu'il s'agissait alors de génies isolés. Une quantité plus grande d'individus accède aujourd'hui à la connaissance. On pourrait dire d'eux ce qu'on dit des athlètes : ils sont mieux nourris et mieux entraînés.

— *Selon vous, il n'y a pas de progrès philosophique ?*

— Les thomistes disaient déjà qu'il n'y a pas de progrès en métaphysique, mais cela signifiait pour eux qu'on ne pourrait jamais trouver de meilleures réponses que celles de Thomas d'Aquin. La philosophie n'a pourtant rien à voir avec les réponses : sa tâche est de formuler les questions auxquelles justement il n'y a pas de réponse (pas de réponse simple et immédiate). Dans ce sens-là, oui, les grandes questions philosophiques sont toujours les mêmes.

— *Hegel disait, en effet, que toute la philosophie occidentale est un commentaire de Platon et d'Aristote. Êtes-vous d'accord avec lui sur ce point ?*

— Absolument. Je serais bien incapable de citer un seul problème qui ait été produit après eux. Aujourd'hui, la bioéthique soulève bien des questions. Faut-il faire des clones, oui ou non ? Pour répondre, nous avons recours aux mythes de la nature, nous parlons du bon et du mauvais, du bien et du mal... Les problèmes sont toujours les mêmes ! Ce qui stimule le questionnement a changé, mais le problème fondamental est toujours le même. Il n'existe ni progrès infini ni, comme le veulent les traditionalistes, de cercle par lequel on repasserait indéfiniment. Nous sommes confrontés à des formes spiralées ou à explosion.

— *Nous nous sommes accordés pour dire que l'an 2000 était un prétexte pour dresser des bilans.*

Pourriez-vous esquisser le bilan de deux mille ans de christianisme ?

— Vous avez cité mes lettres au cardinal Martini. Dans l'une d'elles, nous parlons du fait que les non-croyants peuvent avoir également des principes éthiques. Si je suis croyant, je trouve sublime que Dieu ait demandé à son propre fils de se sacrifier pour le salut de tous les hommes. C'est cela, la spécificité du christianisme ; ce n'est pas que le christianisme primitif ait passé sept ou huit siècles à discuter pour savoir si le Christ était doté d'une nature seulement humaine ou seulement divine, ou les deux, et combien de personnes et de volontés il incarnait... Tout cela nous apparaît comme des jeux théologiques complètement inutiles, mais l'enjeu était justement d'apprécier ce mystère : comment, de quelle manière, Dieu pouvait-il avoir fait cela pour nous ? Mais si je considère que Dieu n'existe pas, alors la question devient plus sublime encore : je dois en effet me demander comment une partie de l'humanité a eu assez d'imagination pour inventer un dieu fait homme et acceptant de se laisser mourir pour l'amour de l'humanité. Que l'humanité puisse concevoir une idée aussi sublime, aussi paradoxale, sur laquelle se fonde une telle intimité avec la divinité, me pousse à éprouver une grande estime pour elle. Cette humanité a fait des choses effrayantes, c'est certain, mais elle a su inventer ça ! Même si Dieu n'existe pas, elle a su inventer un roman vraiment extraordinaire.

Auparavant, elle inventait des dieux qui dévoraient leurs fils, des dieux adultères, des divinités mauvaises, boulimiques, qui mangeaient des êtres humains. Et puis elle a conçu l'idée du sacrifice de l'amour. Pas mal ! Dans ce sens, l'invention du christianisme est une belle justification de l'existence de notre espèce, de son droit à l'existence. Ensuite, que des papes aient été des salauds, que les chrétiens aient tué plus d'infidèles que les infidèles de chrétiens, qu'on ait brûlé des hérétiques, tout cela fait partie des effets secondaires inévitables. Comme je le disais, il y a toujours un décalage entre ce que nous jugeons devoir faire et ce que nous faisons.

(Entretiens réalisés à Paris et à Milan le 16 novembre 1997 et le 8 juin 1998.)

CONCLUSIONS

CONCLUSION

de

Stephen Jay Gould

Les philosophes nous expliquent souvent, non par cynisme mais par souci d'exposer un principe de base du questionnement humaniste, que les mensonges fournissent de précieux indices à qui veut évaluer l'histoire et la signification des événements culturels. Après tout, la vérité des faits se contente d'être, mais les mensonges, eux, doivent être inventés par des gens particuliers, et pour des raisons spécifiques. Dès lors les mensonges deviennent des phénomènes uniques, dont on peut raconter l'histoire, tandis que les vérités disponibles peuvent être redécouvertes de multiples fois, de manière indépendante. (J'écris ce paragraphe à New York, pendant cette infâme semaine américaine où le président Clinton a dû admettre publiquement ses mensonges antérieurs à propos de liaisons sexuelles à la Maison-Blanche. Un épisode de l'histoire qui peut servir d'illustration à ce principe de base, ainsi d'ailleurs qu'à la fameuse boutade de Marx, selon lequel les grands événements se produisent généralement deux fois, la première sous forme de tragédie

— Nixon et le Watergate —, et la seconde sous forme de farce — Clinton et le Sexgate.)

Appliquons le même raisonnement à des événements en fait insignifiants, mais qui nous semblent tumultueux et chargés de sens : nous obtenons cette même disjonction entre réalité subjective et réalité objective (ici le mensonge présenté comme une vérité, là l'événement insignifiant soudain investi d'un sens dramatique), qui permet de conférer à un événement humain une signification psychologique et sociologique particulière. L'intérêt planétaire pour la transition vers le prochain millénaire illustre à merveille mon propos. La mécanique céleste produit quelques cycles réels (jours, mois lunaires, années), qui ont été reconnus par presque tous les calendriers humains. Mais nous avons aussi, au moins dans les calendriers occidentaux, construit des cycles plus longs (siècles et millénaires, en particulier) dont la définition est d'une absolue précision, mais dont la durée assignée est totalement arbitraire. Rien, dans la nature physique ou biologique, ne fonctionne par cycles de 10 ou de 100 ; ainsi toutes nos angoisses fin de siècle, tout le débat autour des « terreurs » de l'an mil, ou à propos des événements qui doivent advenir en 2000 sont des conséquences de notre décision de recourir à un système arithmétique décimal, et à la notation en chiffres arabes qui impose un changement visuel maximal à certaines dates (les quatre chiffres de la date ne changent en même temps qu'une fois tous les mille ans, ainsi entre 1999 et 2000). À la limite, on pourrait dire que le système décimal est naturel puisqu'il a une base biologique : nous avons dix doigts. Mais si nous en avons dix, ce n'est qu'un hasard de l'histoire, car les premiers vertébrés terrestres avaient six à huit doigts de chaque côté, et la réduction à cinq doigts, qui s'est produite par la suite, ne peut être considérée comme une évolution inévitable.

Prenez cette étrange propriété de la notation numérique. Ajoutez-y deux caractéristiques humaines. D'abord un besoin psychologique de s'assurer d'une certaine régularité dans un monde apparemment chaotique, l'espoir de découvrir du sens et de trouver un réconfort dans cette vallée de larmes... Ensuite, les mythes spécifiques que nos sociétés ont élaborés pour essayer de répondre à cette demande, par exemple la croyance eschatologique, fondée sur l'Apocalypse chapitre 20, selon laquelle Jésus reviendra bientôt régner sur la terre pour mille ans de félicité. Alors, vous vous trouvez en situation de comprendre la signification, humainement très profonde, de cette transition fort triviale qui se produira en 2000 (ou en 2001, pour faire allusion à un autre débat insignifiant mais chargé de passions humaines).

Plus que tout, notre fascination pour le millénaire illustre l'une des caractéristiques les plus fondamentales et paradoxales de la nature humaine, dont la manifestation est constante tout au long de notre histoire, pour le meilleur et souvent pour le pire. Les êtres humains sont des créatures en quête de structures. Nous avons besoin de localiser un ordre dans notre environnement, que cet ordre possède ou non le sens et le fondement causal que nous sommes amenés à postuler. (C'est pourquoi l'observation d'Umberto Eco est si profonde : « Les hommes ne peuvent pas concevoir que les choses arrivent par hasard... Ils ont une sainte horreur du hasard. »)

Dans leur recherche de cet ordre dont ils ont tant besoin, les humains se révèlent aussi être des conteurs d'histoires. En d'autres termes, nous éprouvons le besoin de trouver le sens d'une série d'événements historiques (ou, dans certaines cultures, d'expliquer ce qui, apparemment, n'a aucun sens), en confectionnant un récit cohérent, en général une fable destinée à soulager nos petites misères (ainsi, dans les histoires millénaristes, le futur âge d'or qui commencera par un big-bang apocalyptique). Et puisque le monde naturel ne se conforme guère au schéma prévu par nos histoires favorites, nous finissons souvent par fabriquer de fausses explications des régularités ou des irrégularités de notre histoire.

Cette tendance profonde de la nature humaine — notre besoin de découvrir des régularités et de les agencer à l'aide de récits — ne doit pas nécessairement être considérée comme une trahison, même si elle conduit à des inventions manifestes qui aboutissent beaucoup trop souvent (quand elles sont combinées avec la ferveur de la « vraie foi ») à des mutilations et à des destructions. Cela se produit quand nous essayons d'imposer nos histoires préférées à des gens qui croient à d'autres fables. (Je citerai encore les sages paroles d'Eco : « Il y a des millions de gens qui sont morts à cause de ces délires de l'interprétation. ») Ces chemins d'explication, bien qu'ils soient limités et propres à nous égarer, sont les nôtres. Libre à nous de les suivre jusqu'à l'illumination ou la destruction. Si nous parvenons à l'intelligence de nos lubies, y compris cette obsession étrange pour l'événement insignifiant qu'est la transition du millénaire, nous parviendrons peut-être à mettre à profit ces lubies pour avancer vers davantage de lumière. Giordano Bruno (brûlé en place publique en 1500 pour expier le crime d'avoir mis en question l'une des fables les plus puissantes de l'histoire) disait justement que nos théories sur l'ordre de la nature peuvent fonctionner soit comme des « véhicules », soit comme des « chaînes ». Aucun combat humain n'est plus noble que celui que nous menons pour briser les chaînes et aller de l'avant sur les véhicules de la compréhension. Peut-être pas vers la splendeur mythique et inaccessible du Millénium, mais au moins vers une existence convenable et pacifique, fondée sur le respect de la diversité humaine.

CONCLUSION

de

Jean Delumeau

Ma première réaction aux interventions de mes trois interlocuteurs dans ce livre d'« entretiens » est d'admiration et de sympathie pour leur humour. Je crois que cette attitude est la bonne pour aborder l'an 2000. *Keep cool,* suggère Umberto Eco. J'espère que ce conseil sera entendu. Face à l'avenir, comme Stephen Jay Gould, je suis « prudemment optimiste » et, de même que mes trois partenaires, je vois surtout dans les prétendues peurs de l'an 2000 un « mensonge médiatique ». Je suis convaincu que nos contemporains, dans leur grande majorité, ne redoutent pas une fin du monde imminente.

Je rejoins aussi Jean-Claude Carrière et Umberto Eco lorsqu'ils affirment, contre l'opinion largement répandue chez beaucoup de gens qui ne l'ont pas lue, que l'Apocalypse a été rédigée moins pour faire peur que pour apporter une espérance.

Je voudrais encore souligner la pertinence du diagnostic porté sur notre temps par l'un ou l'autre des intervenants. Nous sommes arrivés, au moins en Occident, au moment de la « multiplication des seuls », de la « pluralité des identités individuelles » (Umberto Eco), de la dissolution des identités de groupes. D'où, en partie, notre difficulté à vivre sans les solidarités et les supports collectifs d'autrefois. Le siècle qui s'achève a été celui de l'« exil » hors de nos sécurités traditionnelles. Tandis que les repères s'estompent, le virtuel nous envahit « comme une nouvelle drogue » (Jean-Claude Carrière).

Le XXIe siècle va s'ouvrir sur des attitudes fortement contrastées. D'un côté se trouve confirmée l'observation de Chesterton (« Depuis que les hommes ont cessé de croire en Dieu, ce n'est pas qu'ils ne croient plus à rien ; ils croient à tout ») ; de l'autre, des énigmes croissantes s'ouvrent sans cesse devant nous malgré le progrès fulgurant des connaissances, ou plutôt à cause de lui. « Le savoir entraîne l'ignorance » (Jean-Claude Carrière).

Toutefois, le troisième millénaire nous invite à la réhabilitation du temps irréversible. L'espace peut être pluriel mais le temps est un. Et dans cet écoulement qui ne remonte jamais vers l'amont, comment ne pas remarquer avec Stephen Jay Gould que « l'apparition de la conscience humaine a été l'invention la plus sensationnelle de l'histoire de l'évolution » ? C'est la réponse qu'il apporte à la question qu'il avait par ailleurs posée avec humour : « Pourquoi se préoccuper d'une espèce bizarre qui n'est là que depuis 200 000 ans, alors que les bactéries sont vieilles de 3,5 milliards d'années ? »

Je me sépare, certes, de Stephen Jay Gould lorsqu'il affirme que l'apparition de la conscience humaine a été « une invention accidentelle ». Mais je le rejoins lorsqu'il écrit : « Je suis prêt à parier que la contingence n'apparaît pas du fait de notre ignorance de la nature déterministe des choses. Je suis prêt à parier qu'il y a une indétermination, une liberté essentielle quelque part. » De façon concordante, l'astrophysicien

Trinh Xuan Thuan qui, certes, « parie » quant à lui pour un « régleur » de l'univers, estime que tout n'a pas été déterminé par le big-bang. Les lois physiques, selon lui, fournissent un cadre général sur lequel la nature peut « broder ». L'imprévisibilité existe. Déterminisme et liberté peuvent maintenir entre eux un certain équilibre et, donc, la personne peut exister comme réalité autonome.

Dans le dialogue avec Jean-Claude Carrière, une question rappelle l'opinion d'Einstein selon qui la science n'a pas évacué la question de l'origine du monde et des fins dernières. Je fais mien ce diagnostic d'Einstein et je pose donc des questions qui ne me paraissent nullement périmées en cette fin de siècle : et si la Création avait un sens ? Si, à l'intérieur du flux qui nous emporte, chaque vie humaine avait, elle aussi, un sens ? Et s'il y avait un au-delà du temps ? Interrogations auxquelles la science n'a pas à répondre, mais que peut éclairer une parole venue d'ailleurs, je veux dire une Révélation se situant, sans la contredire, sur un autre registre que la science.

Le christianisme se veut messager d'une telle Révélation ; et cette conviction me ramène à l'an 2000. Que signifie cet anniversaire, ou plutôt que devrait-il logiquement signifier ? Incontestablement, il n'a de sens que pour marquer deux mille années — chiffre rond — de christianisme. Quelle autre raison avons-nous, en dehors de celle-ci, de marquer l'an 2000 ? Il s'agit, à l'évidence, du passage au troisième millénaire de l'ère chrétienne.

Mais le fait, d'ores et déjà prévisible, que, lors de ce passage, on sablera souvent le champagne sans penser à la vraie signification de l'an 2000, comme beaucoup partent en vacances à la Pentecôte sans savoir à quoi correspond cette fête, pose problème. Le christianisme est-il derrière nous ? La fin du millénaire va-t-elle marquer le moment de son agonie, le terme de son histoire ? Cette interrogation me poursuit depuis longtemps, puisqu'elle a fourni le thème d'un des livres qui m'ont fait connaître — *Le christianisme va-t-il mourir ?* (1977).

L'historien n'est pas futurologue. En revanche il peut, d'une part, dresser le bilan d'un passé et, d'autre part, y déceler des caractéristiques susceptibles de déboucher dans le futur.

Au moment de faire les comptes de deux millénaires de christianisme, il faut rappeler à nos contemporains parfois enclins à l'oublier que, malgré des infidélités assurément importantes au message dont il était porteur, le christianisme a bien rempli la colonne positive de son bilan, et cela dans de multiples domaines — spiritualité, culture, instruction, art, aide aux plus démunis... Je suis aussi de ceux qui pensent que ce n'est pas par hasard si à la fois la science moderne et les « droits de l'homme » sont nés en terre chrétienne, même s'il est vrai que des conflits, maintenant datés, ont surgi dans ces domaines entre la modernité et les autorités religieuses. Au vu de ce bilan, je n'hésite pas à dire : si le christianisme doit mourir, ce sera dommage !

Mais ne nous pressons pas d'annoncer cette mort. Celle de Dieu avait été prophétisée et clamée dès avant la fin du XIXe siècle. Or, apparemment, cette anticipation s'est révélée inexacte. Qui aurait deviné en 1900 que, cent ans plus tard, la religion ferait la une des médias et qu'en France, par exemple, les hôtelleries des monastères feraient le plein, retenues de longs mois à l'avance par des gens, souvent instruits, avides de recueillement ?

Le christianisme a manifesté — c'est une évidence historique — une extraordinaire capacité de renouvellement et d'adaptation dans le temps et dans l'espace. La diversité des formes artistiques qu'il a suscitées, mais aussi des systèmes de pensée, des organisations, des liturgies ne peut que frapper l'observateur du passé et du présent. Qui possède les clés de l'avenir pour affirmer que celui-ci est désormais fermé et que les capacités chrétiennes de rénovation et d'ajustement à des réalités changeantes sont épuisées ?

Du point de vue de l'histoire chrétienne, nous sommes assurément à la fin d'un temps : celui du conformisme et, plus globalement, de la religion héritée de la famille. Mais peut-être sommes-nous en train d'entrer dans le christianisme du baptême des adultes.

CONCLUSION

de

Jean-Claude Carrière

Une conclusion sur la fin des temps : c'est assez risible. La conclusion est œuvre humaine, elle est le dernier fruit de notre rhétorique. L'univers n'a pas de conclusion, l'histoire non plus.

Comme souvent, les perspectives d'avenir, qu'elles soient sombres ou souriantes, conduisent à parler presque uniquement de ce temps-là, du temps présent dans lequel nous vivons. Nous n'avons pas failli à cette règle. Nous avons moins parlé de la fin des temps que des façons de l'envisager, chez nous et maintenant.

Avec cette conviction souveraine que nous vivons en un morceau de temps particulier, privilégié, exceptionnel. Depuis près de deux cents ans, depuis le début de la Grande Accélération, toutes les générations ont affirmé qu'elles coïncidaient avec la fin d'un temps, que rien ne serait plus jamais comme avant, qu'il s'agissait d'une révolution totale. Nous voulons tous avoir connu le temps des temps, la charnière fatale, la vraie rupture, le passage sans retour.

Encore une règle que nous avons sans doute respectée. Et nous sommes loin d'être les seuls. Autour de nous, ne serait-ce que dans ce siècle, que de prophètes extatiques ! Les derniers en date sont les cyberprophètes. Illuminés, catégoriques : demain, on communiquera gratis. Et tout est là, oui, tout, dans l'information partagée. Le monde ancien s'écroule (une fois de plus), vive la lumière virtuelle ! Conquête de ceci, de cela. Voilà nos problèmes enfin résolus, nos angoisses levées, nos vieux péchés impraticables. Sur le Web, enfin, s'ouvre un avenir d'araignée.

Bien entendu, tout cela passera. Cela passe déjà, on le sent. Certains reviennent à la solitude et à la lenteur. Nouveau pas de côté : on peut se désabonner du bonheur.

Et la fin des temps aussi passera. C'est plus que probable. Car l'idée d'un anéantissement est au fond liée à cette impression de surface que « ça suffit comme ça, ça ne peut plus durer ». Impression ancienne, liée sans doute au sentiment d'une faute profonde. La fin des temps, nous l'avons méritée. C'est bien fait pour nous. Sentiment que l'accélération rend évidemment plus aigu, car tout moteur qui s'emballe ne peut qu'exploser. Sentiment qui s'atténuera peu à peu et qui disparaîtra peut-être avec l'accélération elle-même. Bientôt, qui sait ?

Quand la fin du monde ne sera plus que le souvenir d'une chimère, et puisque le Temps majuscule reste désespérément hors d'atteinte, que restera-t-il des temps, de nos temps petits et variés, qui tantôt se succèdent et tantôt s'accumulent ? De ces temps auxquels nous nous sommes attaqués, faute d'imaginer une seule arme contre l'autre ?

Nous n'en savons rien. Sans doute vivrons-nous plus longtemps, dans un ou deux siècles. Cela modifiera notre rapport, sinon avec le temps, du moins avec la durée. On parle même, plus tard, d'une forme d'immortalité. Nous nous conserverons, grâce à nos prothèses multiples. Ce qui signifie, comme nous l'avons dit, que si la mort s'efface la naissance aussi disparaîtra, frappée d'interdit sévère par les immortels. Défense de naître ! Halte à la vie ! Ce sera la fin de l'évolution, la fin de ce temps qui nous fabriqua lentement, en agissant sur la matière.

Vision problématique, très commune en science-fiction, mort de la mort (au moins pour quelques-uns), changement radical de notre rapport avec le seul temps qui nous importe, qui est celui de notre vie.

J'imagine parfois une autre fin des temps, de notre temps. Dans une galaxie voisine, sur une très grosse planète, une espèce intelligente, au fil des millénaires, a réussi à s'adapter à la gravitation et à développer une civilisation que nous ne connaissons pas, mais qui nous paraîtrait à coup sûr grandiose.

Par malheur, les occupants de cette planète n'ont pas réussi à extirper d'eux-mêmes les défauts redoutables qui accompagnent, sous tous les cieux, l'intelligence. Ils sont avides, conquérants, brutaux et bassement haineux. C'est pourquoi les autorités supérieures de la galaxie (que les peuples de la grosse planète appellent « dieux ») décident d'anéantir toute vie sur ce corps céleste et de repartir de zéro, ailleurs.

On prépare une arme totale, la foudre authentique des dieux. Et on la lance. À ce moment, à force de prières et de sacrifices (intrigue à imaginer), les occupants de la grosse planète parviennent à fléchir les autorités. D'accord, on va les épargner, on va leur donner un sursis.

Mais l'arme est lancée dans les espaces. Impossible de la rappeler, ni de l'arrêter. Peut-on au moins la dévier ? Oui, dit un jeune expert, un habitant de la planète. Il connaît un moyen. Tout le monde s'y met. L'arme terrible se rapproche et d'extrême justesse, au dernier instant, passe au large. Tous respirent.

L'arme exterminatrice poursuit sa course folle, elle

sort de ce système solaire, pénètre dans le nôtre — et frappe la terre comme une furie. Rien ne reste de nous, pas même un atome peut-être, pas même, comme disait un poète persan, « la patte d'une fourmi boiteuse ».

Et le Temps continue, lui qui en a vu d'autres. Sur la grosse planète épargnée, la vie reprend. Avec la vie viennent les affaires, les expéditions, les tracas de toujours, les peurs. Et les individus au teint pâle et aux yeux brûlants, qui vont hurlant : « La fin des temps est proche ! »

CONCLUSION

de

Umberto Eco

Vous avez demandé à chacun de vos interviewés d'écrire quelques mots de conclusion, après avoir pris connaissance des autres entretiens. Mais il se trouve que j'avais donné ma deuxième interview en dernier, et que, dans une certaine mesure, j'avais donc déjà pu tenir compte, dans mes réponses, de ce que mes collègues avaient dit. Je n'avais ainsi plus rien à dire de nouveau. Mais en lisant les trois autres conclusions, je m'aperçois que Stephen Jay Gould met en valeur (et je l'en remercie) l'une de mes remarques sur le fait que les hommes ne parviennent pas à concevoir que les choses arrivent par hasard, qu'ils ont d'ailleurs une sainte horreur du hasard et que, pour cette raison, ils ont toujours besoin d'inventer des histoires qui expliquent ce qui est arrivé. Je suis évidemment d'accord avec mon opinion, mais en relisant la version finale de mon interview, je ne la retrouve pas. L'explication est simple : en relisant mes réponses, j'avais proposé à mes amis (les inventeurs de ce livre à plusieurs voix) de laisser tomber une ou deux questions qui ne me paraissaient pas coller avec les autres et qui, selon moi, rompaient le fil du discours. Cela arrive dans les interviews. Bref la version finale ne comporte plus la remarque que cite Gould.

Je suis donc obligé d'y revenir. Il s'agissait tout simplement de répondre à la question de savoir si l'atmosphère de fin des temps ne favorise pas le syndrome du complot qui a hanté l'imaginaire des derniers siècles. Ma réponse était prudemment négative. Karl Popper a très bien démontré, dans un essai célèbre, que le syndrome du complot est déjà présent dans la mythologie classique. La chute de Troie, qui est la conséquence d'un conflit commercial entre la Grèce et l'Asie Mineure, y est présentée comme le fruit d'un complot fomenté par les dieux. Popper fait remonter ce syndrome à l'origine de toute tentative d'explication d'événements inattendus ou extraordinaires. On peut ainsi considérer la théorie du complot comme la version mythologique d'une explication causale du hasard. Les hommes y recourent lorsqu'un phénomène ne peut être expliqué d'une façon causale, parce que l'esprit humain ne peut s'empêcher de chercher une explication aux phénomènes qui n'ont pas de cause intentionnelle manifeste. En ce sens, notre siècle (avec le concours du précédent) a produit pas mal de complots — il suffit de penser aux *Protocoles des Sages de Sion* et au « complot juif » — et il va de soi que nous en connaîtrons d'autres au cours du troisième millénaire. Mais encore une fois, je ne voyais rien dans tout cela de typiquement « millénariste ».

Fin de l'explication. Mais notons ceci : ce petit accident rédactionnel se présente comme une belle allégorie du filtrage de la mémoire, de la façon dont la culture laisse tomber quelque chose pour le récupérer plus tard — et de la façon dont le langage, parfois, est capable de brouiller la flèche du temps, puisque je suis ici en train de produire la cause dont l'effet avait été une remarque de Gould : pour le lecteur de ce livre, la citation de Gould vient avant, non après la phrase qu'il cite, et que j'écris seulement après sa citation...

Mais tout cela n'a rien à faire avec l'an 2000, ni avec mes conclusions. Et je propose maintenant à nos lecteurs de jouer à un jeu auquel nous n'avons pas encore joué dans ce livre : non pas parler de la fin du monde, et du fait que ce spectacle n'aura pas lieu, mais plutôt de certains phénomènes qui ne devront rien au complot, et que la seule logique du hasard pourrait produire dans les siècles prochains — peut-être avant 2100.

1. Fin de l'Europe des États nationaux. L'État national est une invention somme toute récente (quelques siècles pour la France ou l'Espagne, un et demi pour l'Italie et l'Allemagne). Les moins solides parmi les États européens sont déjà en train de s'effondrer. Dans l'univers télématique qui se met en place, deux villes, aussi éloignées fussent-elles l'une de l'autre, sont en contact immédiat : c'est ainsi que se mettront en place aux quatre coins de l'Europe des échanges permanents, commerciaux et culturels, ainsi que des réseaux de villes associées, tandis que l'union représentée par un État national perdra progressivement de sa force.

2. Cause et conséquence de cette évolution : dans le même temps, fin de l'Europe blanche. L'Europe sera un continent « coloré ». Or, s'ils sont tous deux « colorés », pourquoi un citoyen de Barcelone devrait-il se considérer comme appartenant à une famille nationale différente de celle d'un citoyen de Berlin ? Lorsque je dis « coloré », je ne pense pas (ou pas seulement) à la couleur de la peau : il y aura peut-être aussi des religions « colorées ». Pourquoi pas un christianisme sunnite, un avicennisme anglican, un soufisme bouddhiste ?

3. Fin de l'expérience de la fraternité. Pour faire face à la croissance de la population du globe, on sera obligé de prendre des mesures à la mode chinoise : pas plus d'un enfant par famille. Les notions telles que frère et sœur s'enfouiront dans la mémoire, un peu à la manière de la fée ou de l'ogre des contes de notre enfance. Sans parler de la figure de la nourrice — quel enfant actuel a rencontré une nourrice ? Naturellement, la fraternité survivra en tant que métaphore, mais il sera difficile d'expliquer à un enfant ce que signifie aimer une sœur ou un frère.

4. Fin de la démocratie représentative. Pour gouverner chaque grand « territoire global » sera élu un chef choisi pour ses qualités médiatiques ; des groupes très puissants soutiendront un candidat qui aura exactement les mêmes qualités et le même programme politique que le candidat adverse ; le choix des citoyens (motivé par les exigences liées à la société du spectacle et non par un choix politique) devenant ainsi une formalité qui ne décide de rien (petit soupçon : nous y sommes déjà).

5. Fin de l'éthique. Toute doctrine morale consiste à proposer un modèle de comportement que l'on doit s'efforcer d'imiter. Si l'imitation ne coûtait pas d'effort, il n'y aurait pas de doctrine morale. D'où la fonction « modélisante » du saint, du sage, du gourou, du héros... Or, la télévision, de plus en plus, propose en modèle la personne absolument normale, telle que lui ressembler ne demande aucun effort pour devenir comme elle. Le cas de Lady Diana est exemplaire à cet égard. L'objectif, aujourd'hui, est de mettre en scène sa propre normalité dans l'univers médiatique. Ainsi le succès éthique (le Bien) n'aura bientôt plus de lien avec la quête de la vertu, mais avec le combat pour la visibilité. Récemment, un test réalisé parmi un groupe de jeunes filles italiennes qui se présentaient pour le concours de Miss Italie a révélé

qu'un nombre appréciable d'entre elles considérait Monica Lewinsky comme un modèle positif parce qu'elle a été capable de se rendre médiatiquement aussi visible qu'un président des États-Unis.

Je ne suis pas Nostradamus et je ne garantis pas que ces perspectives se réaliseront au cours du prochain millénaire. Mais puisque la capacité de relever les défis du hasard (sans rejeter la faute sur le complot des Autres) fait partie des vertus laïques, pourquoi, au lieu de nous interroger sur la fin des temps, ne commençons-nous pas à nous préparer aux échéances possibles du troisième millénaire ?

Table des matières

Jean-Claude Carrière

Les questions du Sphinx

Umberto Eco

À toutes fins utiles

Conclusions

IMPRIMÉ EN FRANCE PAR BRODARD ET TAUPIN
6965W – La Flèche (Sarthe), le 2-11-1999
Dépôt légal : octobre 1998

POCKET – 12, avenue d'Italie - 75627 Paris cedex 13
Tél. : 01.44.16.05.00